## LESERMEINUNGEN

Das Buch bietet klare, bewährte Ratschläge, die jedem agilen Coach oder ScrumMaster helfen. Vom Einstieg in den Übergang über das Sauberhalten des Codes bis zum Durchführen einer Retrospektive behandelt dieses Buch alles, was Sie wissen müssen, um das Beste aus einem agilen Team herauszuholen.

Mike Cohn
Autor von *User Stories Applied* und *Agile Estimating & Planning*

Ich habe zahllose Präsentationen gesehen, die sich darum drehen, ein agiler Coach zu sein, aber keine von ihnen kommt der Art von praktischem Ratschlag nahe, den Rachel und Liz in diese gedruckte Schatztruhe gepackt haben.

Lasse Koskela
Coach, Reaktor Innovations und Autor von *Test Driven*

Ein gutes Buch über das Coaching zu schreiben, ist eine außerordentlich schwierige Aufgabe. Rachel und Liz haben tolle Arbeit geleistet, wenn sie erklären, wieso man nicht vorgegebenen, wohldefinierten Schritten zum Trainieren von Teams folgen kann (es gibt keinen Königsweg ... noch nicht!). Teams bestehen nun einmal aus unterschiedlichen Personen und arbeiten jeweils unter völlig verschiedenen Bedingungen. Das Schöne an diesem Buch ist, dass es Sie zum »Denken« anhält – und nicht dazu, ihm blind zu folgen. Es zeigt anhand von Beispielen, wie Sie als Coach agil und pragmatisch an die Übernahme agiler Methoden herangehen können.

Naresh Jain
Agile Software Community of India (ASCI)

Die Autoren teilen ihre umfangreichen Erfahrungen mit dem Leser. Dieses Buch ist randvoll mit Hinweisen, Tipps, Ideen und Anregungen, die Ihnen helfen, einem agilen Team zu helfen. Im Gegensatz zu anderen Büchern diskutiert dieses auch die Ecken und Kanten, Grenzfälle und Schwierigkeiten, denen sich die meisten Teams gegenübersehen.

Allan Kelly
Autor von *Changing Software Development: Learning to Become Agile*

Ich hatte irgendwann einmal damit begonnen, eine Sammlung von Verhaltensmustern zum Aufbau eines wunderbaren Unternehmens aufzuschreiben. Die Sammlung enthielt ein Muster namens »Der richtige Coach« mit der folgenden Beobachtung: »Ein Coach ist wie ein Spiegel: Man kann sich ohne Spiegel anziehen, riskiert aber, dass man es nicht richtig macht.« Training ist wichtig – sowohl für wachsende Unternehmen als auch für sich entwickelnde Teams. Seit sich agile Teams bilden, haben wir den Bedarf für das Coaching erkannt, allerdings fehlte uns die richtige Anleitung dafür, der »Coach« für den Coach! Ich bin deshalb hoch erfreut, dass es nun dieses Buch gibt. Dieses hilfreiche Handbuch bietet genau die Art von praktischen Ratschlägen, die man von erfahrenen Coaches und Autoren erwartet. Wenn Sie sich für Coaching interessieren, mit einem Coach gearbeitet haben oder sich darüber Gedanken machen, wie das sein könnte, dann müssen Sie dieses Buch unbedingt lesen.

*Linda Rising*
Co-Autorin von *Fearless Change: Patterns for Introducing New Ideas*

Dieses Buch ist der unentbehrliche Führer für alle, die danach streben, ein erfolgreicher Softwarecoach zu werden. Rachel und Liz haben das Wesen, den Geist und die besten Herangehensweisen des Coachings agiler Teams ganz wunderbar erkannt und aufgeschrieben.

*Xavier Quesada-Allue*
Agiler Coach und Autor des Visual Management Blog

Das Trainieren eines agilen Teams ist im besten Fall schwierig und kann für einen neuen Coach einschüchternd sein. Jeder Tag bringt neue Situationen mit sich, in denen das Team auf Ihre Expertise vertraut, und jeder Tag präsentiert neue Herausforderungen, die sorgsam behandelt werden müssen, bevor sie sich in echte Probleme verwandeln. Dieses Buch führt die Leser durch viele verschiedene Situationen. Ausgehend von ihren jahrelangen Erfahrungen geben Rachel und Liz neuen Trainern das Vertrauen, das sie brauchen, während sie uns alten Hasen noch ein paar neue Tricks beibringen.

*Russ Rufer*
Silicon Valley Patterns Group

Dieses Buch bietet einen ausgezeichneten Überblick über das agile Coaching und enthält sehr praktische Tipps, um Teams den Einstieg in die gebräuchlichsten agilen Techniken zu erleichtern. Es ist ein Muss für agile Trainer und ScrumMaster.

*Kati Vilkki*
Manager, Agile Coaching, Nokia Siemens Networks

# Agiles Coaching

Praxis-Handbuch für ScrumMaster,
Teamleiter und Projektmanager in der agilen
Software-Entwicklung

Rachel Davies
Liz Sedley

*Übersetzung aus dem Amerikanischen
von Kathrin Lichtenberg*

**Bibliografische Information Der Deutschen Nationalbibliothek**
Die Deutsche Nationalbibliothek verzeichnet diese Publikation in der
Deutschen Nationalbibliografie; detaillierte bibliografische
Daten sind im Internet über <http://dnb.d-nb.de> abrufbar.

Bei der Herstellung des Werkes haben wir uns zukunftsbewusst für
umweltverträgliche und wiederverwertbare Materialien entschieden.
Der Inhalt ist auf elementar chlorfreiem Papier gedruckt.

ISBN 978-3-8266-9046-4
1. Auflage 2010

E-Mail: kundenbetreuung@hjr-verlag.de

Telefon: +49 89/2183-7928
Telefax: +49 89/2183-7620

www.mitp.de

Übersetzung der amerikanischen Originalausgabe:
Rachel Davies, Liz Sedley: Agile Coaching
ISBN: 978-1-934356-43-2
Original English Edition Copyright © 2009 Rachel Davies and Liz Sedley,
published by The Pragmatic Programmers, LLC.
All Rights Reserved.

© 2010 mitp, eine Marke der Verlagsgruppe Hüthig Jehle Rehm GmbH
Heidelberg, München, Landsberg, Frechen, Hamburg

Dieses Werk, einschließlich aller seiner Teile, ist urheberrechtlich geschützt.
Jede Verwertung außerhalb der engen Grenzen des Urheberrechtsgesetzes ist
ohne Zustimmung des Verlages unzulässig und strafbar. Dies gilt insbesondere für Vervielfältigungen, Übersetzungen, Mikroverfilmungen und die Einspeicherung und Verarbeitung in elektronischen Systemen.

Lektorat: Sabine Schulz
Sprachkorrektorat: Maren Feilen
Satz: III-satz, Husby, www.drei-satz.de
Druck: Beltz Druckpartner GmbH und Co. KG, Hemsbach

# Inhalt

Vorwort .................................... 9
Danksagungen ............................. 12
Einführung ................................ 13

**Teil 1: Coaching-Grundlagen**   19

Kapitel 1: Auf die Reise gehen ............ 21
  1.1  Was macht ein agiler Coach?   22
  1.2  Eine Coaching-Einstellung entwickeln   23
  1.3  Machen Sie sich bereit zum Training   28
  1.4  Wie man mit dem Training beginnt   32
  1.5  Das Tempo halten   35
  1.6  Hindernisse   40
  1.7  Checkliste   42

Kapitel 2: Mit Menschen arbeiten .......... 43
  2.1  Zuhören   44
  2.2  Feedback geben   48
  2.3  Konflikte lösen   51
  2.4  Zustimmung aufbauen   54
  2.5  Hindernisse   56
  2.6  Checkliste   58

Kapitel 3: Den Wandel einleiten ........... 59
  3.1  Die Änderung vorstellen   59
  3.2  Fragen stellen   65

| 3.3 | Zum Lernen ermutigen | 72 |
| 3.4 | Meetings moderieren | 75 |
| 3.5 | Hindernisse | 77 |
| 3.6 | Checkliste | 79 |

### Kapitel 4: Ein agiles Team aufbauen .................. 81
| 4.1 | Helfen Sie einem Team, Gestalt anzunehmen | 81 |
| 4.2 | Einen Platz für das Team schaffen | 85 |
| 4.3 | Rollen abgleichen | 87 |
| 4.4 | Das Team motivieren | 89 |
| 4.5 | Hindernisse | 94 |
| 4.6 | Checkliste | 97 |

## Teil 2: Planen im Team — 99

### Kapitel 5: Das tägliche Standup Meeting .............. 101
| 5.1 | Aufstehen | 103 |
| 5.2 | Für das Team durch das Team | 104 |
| 5.3 | Der Umgang mit Problemen | 110 |
| 5.4 | Die Zeit festlegen | 112 |
| 5.5 | Wann sind Sie als Coach gefragt? | 113 |
| 5.6 | Hindernisse | 114 |
| 5.7 | Checkliste | 120 |

### Kapitel 6: Verstehen, was entwickelt wird .............. 123
| 6.1 | Der Lebenszyklus einer User Story | 124 |
| 6.2 | Zu Gesprächen ermutigen | 125 |
| 6.3 | Mit Karten arbeiten | 126 |
| 6.4 | Die Einzelheiten bestätigen | 130 |
| 6.5 | Hindernisse | 135 |
| 6.6 | Anforderungen müssen dokumentiert werden | 136 |
| 6.7 | Checkliste | 137 |

### Kapitel 7: Vorausplanen ............................. 139
| 7.1 | Das Planen vorbereiten | 140 |
| 7.2 | Die Prioritäten verstehen | 141 |
| 7.3 | Die Arbeit einteilen | 142 |

| 7.4 | Auswerten und Bestätigen | 147 |
| 7.5 | Den Überblick behalten | 154 |
| 7.6 | Hindernisse | 155 |
| 7.7 | Checkliste | 159 |

### Kapitel 8: Behalten Sie alles im Blick .................. 161
| 8.1 | Das Teamboard | 162 |
| 8.2 | Große, öffentliche Diagramme | 169 |
| 8.3 | Das Teamboard pflegen | 173 |
| 8.4 | Hindernisse | 174 |
| 8.5 | Checkliste | 176 |

## Teil 3: Für Qualität sorgen — 177

### Kapitel 9: Fertig werden ........................... 179
| 9.1 | Wer erledigt das Testen? | 180 |
| 9.2 | Definieren, was »fertig« bedeutet | 181 |
| 9.3 | Das Testen einplanen | 183 |
| 9.4 | Bugs verwalten | 185 |
| 9.5 | Frühes Feedback bekommen | 191 |
| 9.6 | Unfertige Stories wiedergutmachen | 192 |
| 9.7 | Hindernisse | 194 |
| 9.8 | Checkliste | 196 |

### Kapitel 10: Die Entwicklung mit Tests unterstützen ..... 199
| 10.1 | Die Einführung der testgetriebenen Entwicklung | 200 |
| 10.2 | Continuous Integration | 208 |
| 10.3 | Die testgetriebene Entwicklung fortsetzen | 213 |
| 10.4 | Hindernisse | 216 |
| 10.5 | Checkliste | 218 |

### Kapitel 11: Sauberer Code ......................... 221
| 11.1 | Inkrementelles Design | 221 |
| 11.2 | Gemeinsamer Codebesitz | 229 |
| 11.3 | Pair Programming | 235 |
| 11.4 | Hindernisse | 238 |
| 11.5 | Checkliste | 242 |

## Teil 4: Auf Feedback achten — 243

**Kapitel 12: Ergebnisse vorstellen** .................... 245
12.1 Die Demo vorbereiten — 246
12.2 Jeder trägt etwas bei — 251
12.3 Software Release — 255
12.4 Hindernisse — 256
12.5 Checkliste — 259

**Kapitel 13: Änderungen mit Retrospektiven unterstützen** — 261
13.1 Eine Retrospektive moderieren — 262
13.2 Eine Retrospektive gestalten — 273
13.3 Breiter gefasste Retrospektiven — 276
13.4 Hindernisse — 278
13.5 Checkliste — 280

**Kapitel 14: Entwickeln Sie sich** ........................ 281
14.1 Möglichkeiten, Ihr Wissen zu erweitern — 281
14.2 Einen Plan machen — 285
14.3 Ihr Netzwerk ausbauen — 286
14.4 Persönliche Reflexionen — 289
14.5 Sich einrichten — 293
14.6 Checkliste — 295

**Bibliografie** ................................................. 296

**Index** ........................................................... 299

# Vorwort

Falls Sie sich für die agile Softwareentwicklung oder für Softwareentwicklung im Allgemeinen interessieren, dann kann Ihnen das Buch von Rachel und Liz mit Sicherheit helfen. Hier geht es nicht nur um das Coaching, sondern darum, das ganze Spiel gut zu spielen.

Wenn es uns mit irgendetwas wirklich ernst ist, sei es Golf spielen, Klavier spielen, Malen oder einige Kilo abnehmen, dann profitieren wir von der Hilfe eines Trainers. Ein guter Coach kennt die betreffende Materie und kann einschätzen, wo wir stehen und wie wir uns verbessern könnten. Der Coach kann uns helfen, motiviert zu bleiben, wenn wir unvermeidliche Schwierigkeiten meistern müssen.

Die meisten von uns bringen mehr Zeit bei der Arbeit zu als bei solchen Zeitvertreiben wie Golf oder Situps. Allerdings erhalten wir viel zu selten (oder überhaupt nie) Hilfe, um uns zu verbessern. Dabei sind die Möglichkeiten, anderen zu helfen, Hilfe zu erhalten oder uns selbst zu helfen, alle vorhanden. Dieses Buch unterstützt uns dabei, diese Möglichkeiten zu finden und auszunutzen.

Agile Softwareentwicklung ist scheinbar einfach. Im Grunde genommen geht es nur darum, Dinge auszuwählen, die man entwickeln möchte, diese in relativ kurzer Zeit herzustellen, darüber nachzudenken, was geschehen ist und den Vorgang zu wiederholen, bis das Produkt fertig ist. Nichts weiter, oder?!

Dabei gibt es eine Menge zu tun. Die meisten Teams, die anfangen, agile Methoden einzusetzen, bemerken ziemlich schnell die Vorteile. Die besten agilen Teams jedoch verdoppeln ihre Produktivität – oder steigern sie noch mehr. Solche Hochleistungsteams sind nicht unbedingt schlauer als Ihr Team, sie arbeiten lediglich besser. Jedes Team muss bessere Methoden finden, die für seine Zwecke funktionieren und davon handelt dieses Buch: bessere Methoden zu finden und diese umzusetzen.

Wenn Sie als agiler Coach mit wechselnden Teams arbeiten, dann hilft Ihnen dieses Buch, Ihre Kunden besser zu bedienen. Als interner Coach, als ScrumMaster oder als Kunde/Produkteigentümer hilft Ihnen dieses Buch dabei, Ihrem Team besser zu dienen. Sind Sie »nur« ein Teammitglied, dann hilft Ihnen dieses Buch auch, da sich uns allen irgendwann einmal kleinere Gelegenheiten zum Coaching bieten.

Rachel und Liz führen uns durch alle wesentlichen Aspekte des agilen Zyklus, vom Aufbauen eines Teams, Schätzen und Planen über das Verfolgen der Arbeitsfortschritte und Vorstellen der Zwischenergebnisse bis hin zum Abhalten von Retrospektiven, die uns helfen, uns weiter zu verbessern. Sie zeigen uns, wie wir unsere Definition von »fertig« verbessern und wie wir unsere Software so testen und aufbauen, dass wir schneller fertig werden. Sie helfen uns dabei, die Bedeutung sauberen Codes zu verstehen und zeigen uns, wie wir ihn erstellen.

Nun, Softwareentwicklung ist wirklich umfassend und komplex und das ist auch die Teamarbeit. Es ist unmöglich, alles, was man wissen muss, in ein Buch – oder in ein Dutzend Bücher – zu packen. Rachel und Liz zeigen uns wichtige Aspekte der Arbeit unseres Teams und liefern uns einige wesentliche Ideen, die uns helfen, unsere Tätigkeit zu verstehen und zu formen. In jedem

Kapitel listen sie Hindernisse auf, die uns bei unserer Weiterentwicklung wahrscheinlich begegnen werden und liefern eine Checkliste mit Dingen, auf die wir achten müssen.

Rachel und Liz berichten außerdem über Beispiele aus ihren umfassenden Erfahrungen mit Teams. Eine echte Geschichte ist natürlich viel besser geeignet, uns Dinge zu verdeutlichen, als die graue Theorie. Darüber hinaus wirkt es befreiend, wenn man weiß, dass jemand anders bereits in der gleichen Situation war und überlebt hat. Sobald wir wissen, dass es Möglichkeiten gibt, mit einem Problem umzugehen, können wir uns beruhigen und gute Entscheidungen treffen.

Schon die Geschichten, Checklisten und Hindernisse rechtfertigen den Erwerb dieses Buches. Aber warten Sie, da ist noch mehr. Rachel und Liz geben uns in Kapitel 14 außerdem gute Ratschläge, wie wir uns selbst verbessern können. Ein Rat aus diesem Kapitel lautet, pro Monat ein Buch über unseren Beruf zu lesen. Mein Rat lautet, mit diesem hier zu beginnen. Sie werden es nicht bereuen.

Ron Jeffries (*www.XProgramming.com*)
Juli 2009

# Danksagungen

Ohne die Unterstützung unserer Familien wäre dieses Buch nicht möglich gewesen. Einen Großteil dessen, was Sie hier lesen, haben wir an Wochenenden und Abenden geschrieben. Wir hatten lange Skype-Telefonate, während sie auf den Zehenspitzen um uns herumschlichen. Deshalb danken wir unseren beiden Familien für alles: Don, Alex, Abby und Josh sowie Ian, Sapphire und Stephanie.

Wir möchten unseren offiziellen Gutachtern danken: Mike Cohn, Frank Goovaerts, Ben Hogan, Leigh Jenkinson, Colin Jones, Allan Kelly, Turner King, Simon Kirk, Lasse Koskela, Andy Palmer, Timo Punkka, Xavier Quesada-Allue, Dan Rough, Russ Rufer, Karl Scotland, Bas Vodde, Leah Welty-Rieger, Matt Wynne und der Silicon Valley Patterns Group.

Außerdem danken wir folgenden Leuten, die Teile dieses Buches geprüft haben, um uns dabei zu helfen, es zu verbessern: Esther Derby, Willem van den Ende, Ellen Gottesdiener, Julian Higman, Ron Jeffries, Norm Kerth, Antony Marcano, Richard Lyon, Ivan Moore, Linda Rising, Jerry Weinberg und Rebecca Wirfs-Brock.

Danke auch an Ron Jeffries, Michael Feathers, Lasse Koskela, Antony Marcano, Ivan Moore und Karl Scotland für ihre Beiträge zu diesem Buch.

Schließlich möchten wir Andy Hunt, Dave Thomas und Jackie Carter von Pragmatic Bookshelf danken, ganz besonders unserer Lektorin Jackie, die uns das ganze letzte Jahr geduldig begleitet und uns geholfen hat, unseren Text auf das Wesentliche zu kürzen. Danke für deine Unterstützung.

# Einführung

Bei agilen Methoden dreht es sich um Teams, die zusammenarbeiten, um großartige Software herzustellen. Als agiler Coach können Sie Ihrem Team von den ersten Schritten mit agilen Methoden bis zum Ausschöpfen des ganzen agilen Potenzials helfen.

In diesem Buch geht es darum, wie man Teams dazu befähigt, das Beste aus den agilen Methoden herauszuholen. Es konzentriert sich auf praktische Ratschläge, Tipps und Techniken für das Coaching von Teams, um deren Effektivität zu verbessern. Es richtet sich an jeden, der sein Team in agiler Entwicklung trainieren möchte – ob als Projektmanager, als technischer Leiter oder einfach als Mitarbeiter in einem Softwareteam.

Die Kunst des agilen Coachings besteht darin, die Situation und die Werte, die der agilen Softwareentwicklung zugrunde liegen, zu verstehen sowie herauszubekommen, wie man die beiden miteinander kombinieren kann. Als agiler Coach müssen Sie nicht alle Antworten kennen; es dauert eine Weile und erfordert einige Experimente, um den richtigen Ansatz zu finden. Wir haben mit Teams zusammengearbeitet, die großartige Lösungen entwickelt haben, und wir lernen von jedem Team, mit dem wir arbeiten.

Wir werden Sie durch das gesamte Spektrum der agilen Praktiken führen, vom Erstellen der Pläne bis zum Release der Software. Wir haben uns entschieden, eine größere Spannbreite an Techniken zu erkunden, als bei einigen agilen Methoden üblich ist und sowohl das Planen als auch technische Aspekte einzubeziehen, da beide zusammen einander bedingen. Unserer Erfahrung nach ist das Schwierige jedoch nicht die Funktionsweise der agilen Praktiken, sondern die Frage, wie man die Leute dazu bringt, sie zu übernehmen. Darum geht es in diesem Buch.

## Der Begriff »Agile Methoden«

Die meisten Teams, mit denen wir es zu tun haben, verwenden eine Mischung aus Extreme Programming (XP), Lean und Scrum, so dass wir dies in diesem Buch als *Agile Methoden* bezeichnen.

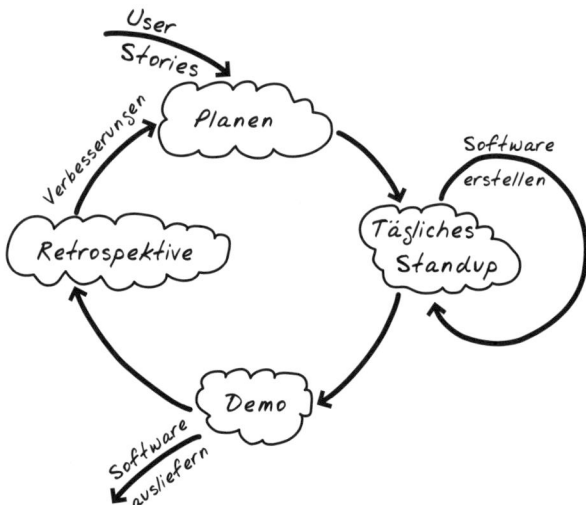

Hier ist ein vereinfachter Lebenszyklus für diesen agilen Prozess zu sehen. Er zeigt, dass ein Team in Iterationen arbeitet, um Software abzuliefern. Jede Iteration beginnt mit einer *Planung*, basierend auf den *User Stories*, und schließt mit einer *Demo* und einer *Retrospektive*. Das Team arbeitet in einem gemeinsamen Arbeitsbereich und beginnt seinen Tag mit einem täglichen *Standup-Meeting* am *Teamboard*. Software wird mittels *testgetriebener Entwicklung* und *Continuous Integration* hergestellt. Manche Teams arbeiten in kurzen, einwöchigen Iterationen, während andere einen Monatsrhythmus bevorzugen.

Als agile Coaches versuchen wir, eine gesunde Zusammenarbeit zwischen einem funktionsübergreifenden Entwicklungsteam und den Interessenvertretern aus den Geschäftsbereichen aufzubauen. Wir verwenden für den Unternehmensvertreter, der mit dem Team zusammenarbeitet, den Begriff *Kunde* (äquivalent zum Product Owner in Scrum), ohne in die Verantwortlichkeiten der Teamrollen einzugreifen, die unserer Erfahrung nach von Organisation zu Organisation anders ausfallen.

Der Lebenszyklus zeigt, wie diese agilen Praktiken zusammenspielen. Sie müssen jedoch nicht beginnen, die agilen Methoden von oben nach unten umzusetzen. Ihr Team könnte mit einer beliebigen Praxis in diesem Zyklus beginnen und dann mit der Zeit weitere Praktiken übernehmen.

## Das Ziel dieses Buches

Beim Coaching geht es um das Arbeiten mit Menschen. Diese Menschen arbeiten an Projekten und in Teams und diese Teams befinden sich innerhalb einer Organisation. Jede Person, jedes Projekt, jedes Team und jede Organisation ist anders, so dass wir nicht exakt vorhersagen können, was Sie in Ihrer Situation tun sollten. Stattdessen geben wir allgemeine Ratschläge, die Sie befolgen können, und Anregungen zu den verschiedenen Optionen, die Sie haben.

Wir können Ihnen keine Formeln bieten, die immer funktionieren, weil keine zwei Situationen gleich sind. Je nach Kontext geben wir einem Team den genau entgegengesetzten Ratschlag desjenigen,

> ### Rachel sagt ...
>
> **Zeigen, nicht reden**
>
> Ich glaube nicht, dass es möglich ist, nur über das Coaching zu reden, ohne darauf einzugehen, wie agile Praktiken funktionieren. Das ist eines der wichtigsten Dinge, die wir agilen Coaches tun. Sie sind dazu da, um dem Team zu helfen – um zu entmystifizieren, um Verwirrung zu lösen und um das, was schwierig war, zu vereinfachen.
>
> Stellen Sie sich vor, dass Sie jemanden sehen, der einen Hammer benutzt, um einen Nagel in die Wand zu schlagen, allerdings mit dem Stiel. Sie würden ihm anbieten, ihm zu veranschaulichen, wie es geht, drehen dann den Hammer um und hauen mit dem Hammerkopf auf den Nagel. Der andere weiß nun, wie man einen Hammer benutzt, seine Arbeit wird leichter und er ist zufriedener, weil er jetzt versteht, wie der Hammer funktioniert.
>
> Oft treffe ich Teams, die versuchen, agile Praktiken zu verfolgen, allerdings handeln sie dabei sehr seltsam und nutzen ihre Zeit nicht besonders gut. Anstatt nur darüber zu reden, zeige ich ihnen, wie sie die Dinge anders machen können. Sie entscheiden dann, ob sie das anwenden, was ich ihnen gezeigt habe.

den wir einem anderen Team erteilt haben. Zum Beispiel würden wir normalerweise empfehlen, dass der Projektmanager am täglichen Standup teilnimmt, allerdings ist es auch schon vorgekommen, dass wir davon abgeraten haben. Einige der Faktoren, die Sie bedenken müssen, sind die Teamgröße, der Druck, der auf dem Team lastet, und die Erfahrungen der Teammitglieder.

Im Laufe des Buches berichten wir von unseren Erfahrungen unter unterschiedlichen Umständen und geben speziellere Tipps, die Sie einsetzen können, wenn Ihre Lage der von uns beschriebenen Situation ähnelt. Sie müssen selbst entscheiden, ob Sie unseren Rat auf Ihr Team anwenden.

Zeit und Erfahrung sind nötig, um ein effektiver agiler Coach zu werden. Mit diesem Buch werden Sie Ihr Wissen vergrößern. Es hilft Ihnen, Fallen beim Coaching zu vermeiden und bietet Ihnen Tipps, um sich zu verbessern. Es liefert Ihnen Inspirationen und Ideen, um das, was Sie gelernt haben, mit Ihrem Team umzusetzen.

## Wie Sie dieses Buch lesen sollten

Die einzelnen Kapitel sind relativ eigenständig. Sie können einfach irgendwo einsteigen oder auch alles nacheinander lesen. Wir diskutieren zuerst allgemeine Coaching-Prinzipien und beschreiben anschließend, wie man sie auf die speziellen agilen Praktiken anwendet. Nehmen Sie sich am Ende jedes Kapitels die Zeit, um die Checkliste durchzugehen und darüber nachzudenken, wie Sie das Gelesene in Ihr Team einbringen können.

Wir haben viele Hindernisse entdeckt, die wir beim Trainieren von agilen Teams überwinden mussten. Diese führen wir jeweils am Ende eines Kapitels auf, wo wir Ihnen auch verraten, wie Sie damit umgehen können. Natürlich kann diese Liste nicht vollständig sein, allerdings hoffen wir, dass sie Ihnen als Anregung dient, falls Sie einmal nicht weiterkommen.

Teil 1

# Coaching-Grundlagen

| KAPITEL 1 |

# Auf die Reise gehen

*Auch der längste Marsch beginnt mit dem ersten Schritt.*
*Laotse (604 v.u.Z.-531 v.u.Z.)*

Machen wir uns auf die Reise, um agiler Coach zu werden. Ihre Aufgabe ist es, Teams mittels agiler Methoden bei der Erstellung guter Software zu unterstützen. Um erfolgreich zu sein, brauchen Sie Hingabe und Enthusiasmus für agile Methoden. Darüber hinaus ist natürlich auch Erfahrung in der Anwendung von agilen Methoden vonnöten, um ein Team anleiten zu können.

Ihre erste Frage lautet wahrscheinlich: »Was macht ein agiler Coach?«, gefolgt von: »Wie kann ich das machen?« Ihr Erfolg als agiler Coach läuft darauf hinaus, dass Sie grundlegende Coaching-Fähigkeiten und -Strategien erwerben, die Ihnen dabei helfen, gemeinsam mit einem Team die Änderungen umzusetzen.

Wir werden später darauf eingehen, wie man Teams in speziellen agilen Praktiken, etwa der testgetriebenen Entwicklung und User Stories, schult. Zuvor wollen wir jedoch einmal darlegen, was agile Coaches tun und wie sie es tun. Anschließend behandeln wir einige der notwendigen Vorbereitungen.

## 1.1 Was macht ein agiler Coach?

Ihr Ziel ist es, ein produktives agiles Team aufzubauen, das selbst denkt, anstatt sich darauf zu verlassen, dass Sie das agile Gesetz festlegen. Es reicht nicht, den Leuten zu zeigen, wie man agil ist; sie müssen die Art und Weise ändern, wie sie arbeiten und denken, damit es wirklich agil wird. Oft müssen sie alte Angewohnheiten ablegen und verlernen, bevor sie tatsächlich effektiv in einem agilen Team tätig werden können. Sie als agiler Coach müssen diese Leute bei den Schwierigkeiten begleiten, bis sie ihren eigenen Weg gefunden haben.

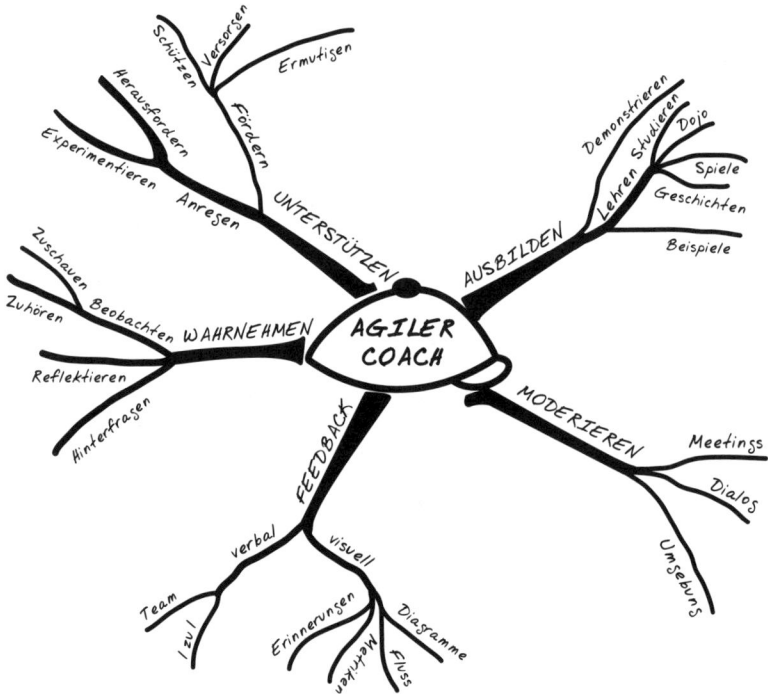

Jedes Team ist anders, es besteht aus einer einzigartigen Truppe von Charakteren mit eigenen Projektaufgaben. Wie Sie ein Team schulen und trainieren, hängt deshalb davon ab, was von Ihnen erwartet wird. Wenn ein Team gerade erst den agilen Weg beschreitet, dann sind Sie wie ein Sporttrainer und zeigen ihm aktiv, wie die agilen Praktiken funktionieren. Für erfahrenere Teams stellen Sie eher so etwas wie einen Lebensberater dar, der zuhört und Fragen beantwortet, die ihnen helfen, sich zu verbessern, anstatt Lösungen anzubieten.

Die Mindmap auf Seite 22 bietet einen Überblick über die erforderlichen Aktivitäten. Wir wollen die einzelnen Zweige untersuchen, damit Sie die Dinge sehen, die Sie zu tun haben werden:

**Beobachten:** Halten Sie Augen und Ohren offen, beobachten Sie, wie das Team arbeitet, und denken Sie über die zugrunde liegenden Ursachen nach.

**Feedback:** Berichten Sie dem Team, was Sie beobachtet haben. Helfen Sie ihm, das Feedback in seine Arbeitsweise einzubinden, damit es Probleme selbst erkennt.

**Ausbilden:** Suchen Sie nach Möglichkeiten, zum Lernen anzuregen. Veranschaulichen Sie z.B., wie man agil ist, indem Sie Geschichten erzählen und Trainingseinheiten durchführen.

**Moderieren:** Machen Sie es leicht, agil zu sein, indem Sie den Weg für konstruktive Kommunikation und Zusammenarbeit ebnen.

**Unterstützen:** Seien Sie da, wenn das Team hängen bleibt, ermutigen Sie es weiterzumachen und helfen Sie ihm, aktiv zu bleiben.

Das sieht vielleicht nach einer ganzen Menge aus, allerdings müssen Sie diese Dinge nicht alle auf einmal tun. Coaches gehen schrittweise vor und verursachen nicht gleich einen ganzen Strudel an Änderungen. Sie werden feststellen, dass das Geheimnis des Erfolgs im Prinzip darin besteht, die richtige Einstellung zu entwickeln.

## 1.2 Eine Coaching-Einstellung entwickeln

Es ist absolut entscheidend, eine positive Einstellung zu Ihrem Coaching zu entwickeln. Sie müssen daran glauben, dass eine Änderung möglich ist, bevor Sie sie wirklich durchführen können. Zeigen Sie, dass Sie offen für neue Möglichkeiten und Ideen sind, während Sie mit den Füßen fest auf dem Boden der Tatsachen bleiben. Ein Team erwartet von Ihnen Beratung hinsichtlich dessen, was es tun kann, sowie Ermutigung, um diese Änderungen wahr werden zu lassen.

Dies sind einige wichtige Angewohnheiten, die Sie als agiler Coach entwickeln müssen:

- Führen Sie durch Ihr Beispiel.
- Behalten Sie die Fassung.
- Geben Sie ein realistisches Tempo vor.
- Achten Sie auf Ihre Sprache.
- Lernen Sie selbst immer weiter.

Wir werden uns die einzelnen Punkte jetzt anschauen, um ihre Bedeutung zu ergründen.

**Führen Sie durch Ihr Beispiel**

Geben Sie dem Team ein echtes Beispiel, indem Sie selbst die agilen Prinzipien befolgen. Ein wichtiges Beispiel für agiles Arbeiten ist es etwa, dass man in einer vernünftigen Geschwindigkeit arbeitet (anstatt sich völlig zu verausgaben). Achten Sie also darauf, das Büro zu einer vernünftigen Zeit zu verlassen, um zu demonstrieren, dass Sie dieses Prinzip ernst nehmen. Führen Sie persönliche Gespräche, anstatt E-Mails zu versenden, um zu zeigen, wie man kommuniziert. Versuchen Sie, eine Liste der Prinzipien aufzustellen, die Sie demonstrieren möchten und beschreiben Sie, wie Sie es tun wollen.

Seine eigenen Ratschläge zu befolgen, ist eine sehr starke Führungsmethode. Wenn Sie Ihren eigenen Empfehlungen folgen, wissen die Leute, dass man sich auf Sie verlassen kann. Nehmen Sie sich einen Augenblick Zeit, um darüber nachzudenken, wie Sie anderen zeigen können, dass Sie selbst das praktizieren, was Sie predigen.

**Behalten Sie die Fassung**

Es ist völlig natürlich, wenn das Team etwas gegen die Änderungen hat. Als Coach sind oft Sie derjenige, der diese Änderungen einführt. Erwarten Sie bei jeder Änderung eine gewisse Gegenreaktion und lassen Sie sich von der Reaktion des Teams nicht aus der Fassung bringen. Möglicherweise hat sich das Team noch nicht von der letzten »großartigen Idee des Managements« erholt, die nicht funktioniert hat und reagiert momentan zynisch auf alle geplanten Änderungen.

Nehmen Sie Kritik niemals persönlich; meist reagiert das Team auf die Änderungen und nicht auf Sie. Bleiben Sie positiv und lassen Sie die Kirche im Dorf. Gehen Sie in die Offensive, versuchen Sie zum Beispiel festzustellen, welche Ursachen die Vorbehalte des Teams haben und suchen Sie dann nach Wegen, diese auszuräumen.

**Geben Sie ein realistisches Tempo vor**

Geduld ist eine der wichtigsten Eigenschaften eines Coaches. Erwarten Sie vom Team keine sofortige Perfektion; Änderungen brauchen Zeit. Achten Sie darauf, dass Sie den Stress für das Team nicht erhöhen, indem Sie an den frühen Versuchen, agil zu arbeiten, herumkritteln oder unrealistische Erwartungen hegen. Denken Sie daran, auf dem Team lastet vielleicht auch von anderer Seite her noch Druck, der es daran hindert, jetzt sofort alle agilen Prinzipien zu erlernen. Entspannen Sie sich und bringen Sie keine neuen Belastungen mit.

Wenn das Team die Dinge, die Sie ihm beibringen, nur langsam umsetzt, dann tadeln Sie es nicht. Übernehmen Sie Verantwortung und suchen Sie selbst nach den Ursachen. Sind Sie zu schnell? Haben Sie einen schlechten Zeitpunkt für den Start gewählt? Halten Sie sich eine Weile zurück und lassen Sie Dampf ab, indem Sie mit einer Person außerhalb des Teams reden.

Geduld ist nicht das gleiche wie Gleichgültigkeit – geben Sie nicht auf. Irgendwann werden Sie eine Änderung bemerken, drängen Sie höflich, aber bestimmt weiter. Können Sie eine andere Möglichkeit ergreifen, um dem Team vor Augen zu führen, wie wichtig es ist, innezuhalten und die neuen agilen Fertigkeiten zu erwerben? Suchen Sie nach Wegen, um das Team zu unterstützen, indem Sie die Steine aus dem Weg räumen und ihm das Gefühl zu vermitteln, dass es kein Problem darstellt, wenn man etwas Neues ausprobiert.

**Achten Sie auf Ihre Sprache**

Das klingt vielleicht überraschend, aber wenn Sie als Coach arbeiten, müssen Sie auf Ihre Sprache achten! Natürlich sollten Sie sich einer anständigen Ausdrucksweise befleißigen, worauf wir jedoch hinauswollen, ist, dass Sie darauf achten müssen, wie Sie mit dem Team reden.

Zeigen Sie, dass Sie zum Team gehören, indem Sie aus einer Teamperspektive heraus reden, also »unser/wir« anstatt »ich/ihr/euer«. Sagen Sie »Wir müssen unser Release-Burnup-Chart aktualisieren«, anstatt »Sie müssen Ihr Release-Burnup-Chart aktualisieren«. Der Unterschied ist klein, aber wichtig, weil er dem Team zeigt, dass Sie auf seiner Seite stehen. Diese einschließenden Wendungen müssen Sie nicht durchgehend benutzen; wenn Sie eine persönliche Meinung äußern, dann ist das klarer, wenn Sie »ich« sagen, als wenn Sie sagen: »Ich habe bemerkt, dass unsere Tests mehr als eine Stunde für die Ausführung brauchen.«

Sagen Sie, wenn Sie etwas Ungewöhnliches bemerken. Zum Beispiel: »Ich habe das noch nicht so gesehen« oder konkreter »Das letzte Team, mit dem ich zusammengearbeitet habe, hat immer erst beim Kunden nachgefragt, bevor es ein Release veröffentlicht hat«. Wenn Sie dies als Information und nicht als Ratschlag oder Kritik äußern, bringen Sie das Team eher dazu, alternative Ansätze in Betracht zu ziehen.

Vermeiden Sie es, pauschale Verallgemeinerungen von sich zu geben. Verwenden Sie keine Wörter wie »niemals«, »immer«, »richtig« und »falsch«, weil dies die vorhandene Situation abwerten kann. Achten Sie darauf, dass Sie die frühere Praxis nicht abtun, indem Sie sagen, dass sie falsch oder inkorrekt war; dies würde ein schlechtes Gefühl erzeugen und die Leute annehmen lassen, dass sie das Gesicht verloren haben.

Hüten Sie sich davor, die Leute in Schubladen zu stecken, indem Sie sie mit Etiketten versehen und von »den Entwicklern« oder »dem Management« reden. Wenn man Menschen in Kategorien einteilt, errichtet man Kommunikationsbarrieren. Versuchen Sie, die Leute bei ihren Namen zu nennen.

**Lernen Sie selbst immer weiter**

Geraten Sie nicht in Panik, wenn sich die Dinge nicht so entwickeln, wie Sie es sich erhoffen. Nehmen Sie sich die Zeit, um zu überlegen, was passiert ist und wieso. Die besten Lehren zieht man aus Fehlern. Fragen Sie sich selbst, was Sie anders machen können, wenn Sie der gleichen Situation noch einmal begegnen.

Auch wenn es verlockend ist, sollten Sie nicht versuchen, das Team davor zu schützen, Fehler zu begehen. Geben Sie dem Team stattdessen Raum, Fehler zu machen und seien Sie hilfreich zur Stelle, damit es aus der Erfahrung lernt.

Sie müssen nicht die ganze Zeit mit dem Team arbeiten. Nehmen Sie sich Zeit, neue Ideen zu sammeln und bleiben Sie auf dem Laufenden mit dem, was in der agilen Gemeinschaft außerhalb des Unternehmens geschieht. Lesen Sie Bücher, verfolgen Sie Blogs, hören Sie Podcasts und versuchen Sie, Verbindung mit anderen aufzunehmen, die ebenfalls an agilen Methoden interessiert sind. Wir werden in Kapitel 14 näher auf dieses Thema eingehen.

## 1.3 Machen Sie sich bereit zum Training

Genau wie ein Sporttrainer muss ein agiler Coach wissen, wie das Spiel funktioniert. Sie müssen verstehen, wie die agilen Methoden funktionieren und Erfahrungen sammeln, wie man sie in der Praxis anwendet. Wenn Sie diese Erfahrungen erworben haben, dann können Sie besser einschätzen, wie es funktioniert und haben reale Beispiele, um Ihre Argumente zu unterstreichen.

Erfahrungen in der Anwendung agiler Techniken befähigen Sie nicht automatisch dazu, diese Techniken anderen Leuten verständlich zu machen. Üben Sie und bereiten Sie sich darauf vor, unerwarteten Fragen zu begegnen. Suchen Sie sich jemanden zum Zuhören, der noch nicht weiß, wie agiles Arbeiten funktioniert. Falls Sie an Ihrer Arbeitsstelle niemanden finden können, falls Ihre Familie bereits aus agilen Experten besteht und falls selbst Ihre Katze das Wort »agil« nicht mehr hören kann, dann fragen Sie in Ihrer lokalen agilen Benutzergruppe nach, wie andere Leute vorgehen. Sie können Tipps von Profis aufschnappen, wenn Sie sich agile Podcasts anhören; ein guter Ausgangspunkt ist das Agile Toolkit[1].

Bevor Sie beginnen, mit dem Team zu arbeiten, schaffen Sie ein Fundament, um Ihre Rolle festzulegen. Agil zu sein, ist kein Selbstzweck. Welchen Nutzen wollen Sie dem Team bringen? Was erwarten sowohl das Team als auch dessen Manager von Ihnen? Nehmen Sie sich die Zeit, die Fragen aus dem Kasten auf der nächsten Seite zu beantworten. Mit ihrer Hilfe können Sie sich am besten auf den Einstieg vorbereiten.

**Bereiten Sie Ihren Einstieg vor**

Es ist wichtig, mit dem richtigen Fuß »loszulaufen«. Bevor Sie irgendein Training durchführen können, müssen Sie dem Team

---

[1] Siehe http://agiletoolkit.libsyn.com/.

vorgestellt werden. Selbst wenn die Teammitglieder Sie bereits kennen, sollten sie Ihre neue Rolle als agiler Coach verstehen.

**Keine formelle Einführung**
Henry wurde als agiler Coach ins Spiel gebracht, um einem Team bei der Übernahme der testgetriebenen Entwicklung zu helfen. Allerdings wurde er nicht als Trainer vorgestellt. Er selbst ging davon aus, dass der Entwicklungsmanager dem Team seine Rolle bereits erläutert hatte. Als er jedoch versuchte, dem Team Ratschläge zu geben, stieß er auf viele Widerstände.

In den Augen der Entwickler war Henry »der neue Tester«, dessen Aufgabe darin bestand, automatisierte Storytests für sie zu schreiben. Sie sahen keinen Grund, ihm zuzuhören und betrachteten seine Versuche, ihnen Feedback zu ihrem Vorgehen zu geben, als unnütz und störend. Für Henry war diese Situation sehr frustrierend und nach dem schlechten Start auch schwer zu lösen, da das Team sich inzwischen angewöhnt hatte, ihn zu ignorieren.

Eine anständige Vorstellung hilft, Glaubwürdigkeit und Vertrauen beim Team aufzubauen. Das ist entscheidend, bevor man Ihnen zuhört. Die Leute müssen verstehen, was Sie ihnen anbieten können und welche Unterstützung Sie durch das Management genießen. Denken Sie außerdem daran, dass sie unter Umständen erst einmal einen Überblick benötigen, was agile Methoden sind und welchen Vorteil sie davon haben, damit Ihre Rolle überhaupt sinnvoll erscheint.

Wer die Vorstellung vornimmt, hängt von Ihrer jeweiligen Situation ab:

**Externer Trainer:**
Wenn Sie als agiler Experte ins Spiel gebracht werden, um mit dem Team Verbesserungen zu erarbeiten, dann sprechen Sie mit dem Auftraggeber, um die Vorstellung zu arrangieren. Helfen Sie ihm bei einer starken Einführung, indem Sie dafür sorgen, dass ihm bekannt ist, welche relevanten Empfehlungen dem Team genannt werden müssen. Er könnte z.B. erwähnen, dass

> **Übung: Fragen, die man sich vor dem Training stellen sollte**
>
> Hier finden Sie einige Fragen, die Sie beantworten sollten, bevor Sie das Coaching eines Teams beginnen.
>
> Motivation:
> - Weshalb trainiere ich dieses Team?
> - Was will ich verändern?
> - Was möchte ich lernen?
>
> Fähigkeiten:
> - Was kann ich anbieten?
> - Was müssen die Leute über mich wissen?
> - Wie werde ich diese Information dem Team zur Verfügung stellen?
>
> Verantwortlichkeiten:
> - Benötige ich jemandes Zustimmung, um mit dem Training zu beginnen?
> - Welche Verantwortung hat meine offizielle Rolle?
> - Steht eine von ihnen im Widerspruch zu meiner Arbeit als agiler Coach?
> - Wie werde ich meinen Fortschritt bewerten?
> - Woher weiß ich, dass ich fertig bin?
>
> Unterstützung:
> - Welche Unterstützung kann ich von anderen bekommen?
> - Wie werde ich dem Team vorgestellt?
> - Gibt es andere agilen Coaches, mit denen ich zusammenarbeiten muss?
> - Muss ich den Fortschritt beim Training einem Auftraggeber mitteilen?

Sie an einem Open-Source-Testwerkzeug mitgearbeitet haben, dass Sie ein fleißiger Blogger sind oder dass Sie an einem bahnbrechenden agilen Projekt in einem anderen Unternehmen mitgewirkt haben. Das ist viel besser, als wenn er sagt: »Ich möchte, dass Ihr Allan kennenlernt. Er ist ein agiler Guru.«

**Interner Trainer:**
Falls Sie von Ihrem Manager gebeten wurden, als Trainer an einem Pilotprojekt mitzuwirken oder die groß angelegte Einführung von agilen Techniken in Ihrer Einrichtung zu unterstützen, dann sollte Ihr Team von Ihrer neuen Rolle erfahren. Die Leute müssen außerdem mehr über die Pläne für den agilen Übergang wissen. Sorgen Sie dafür, dass ein übergeordneter Manager mit einer gewissen Weisungsbefugnis die Motivation für agile Techniken in Ihrem Unternehmen erläutert. Dies zeigt dem Team, dass Sie den Segen des Managements haben und erhöht die Wahrscheinlichkeit dafür, dass das Team Ihren Empfehlungen Aufmerksamkeit schenkt.

**Ihre Rolle ausweiten:**
Möglicherweise hat niemand Sie darum gebeten, agile Methoden einzuführen. Sie glauben jedoch, dass agile Techniken Ihr Team weiterbringen, und haben die Autorität, Ihre Rolle auszuweiten und agiler Trainer zu werden. Niemand muss Sie vorstellen, allerdings sollten Sie die Einführung auch nicht einfach weglassen. Beraumen Sie eine Sitzung mit dem Team an, in der Sie Ihre neue Rolle vorstellen und erste Fragen über den Wechsel zu agilen Methoden beantworten.

Vorstellungen sind eine gegenseitige Sache. Ihre Vorstellung bietet Ihnen Gelegenheit, die Leute im Team kennenzulernen. Man ist im Team möglicherweise besorgt, dass Sie einen verborgenen Plan verfolgen. Reden Sie offen mit ihnen über Ihre Motivation, die Rolle eines agilen Trainers anzunehmen. Zeigen Sie ihnen, dass Sie auf ihrer Seite stehen, indem Sie nach ihren Hoffnungen und Befürchtungen in Bezug auf das Projekt fragen. Dies sollte Ihnen eine gute Vorstellung davon vermitteln, was Sie als Nächstes tun können, um sie zu unterstützen und ihr Vertrauen zu gewinnen.

Verbringen Sie im Anschluss an Ihre Vorstellung Zeit mit dem Team, um die »Mitspieler« kennenzulernen und festzustellen, wie sie arbeiten. Setzen Sie sich mit dem Team zusammen, anstatt es aus der Ferne zu beobachten. Versuchen Sie, unauffällig wie ein Chamäleon zu sein, da das Team sich ansonsten immer nur dann vorbildlich verhält, wenn Sie in der Nähe sind.

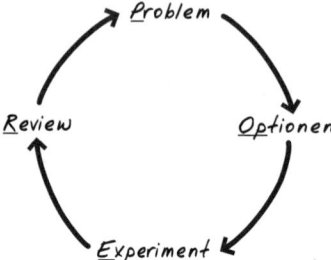

**Abbildung 1.1:** Der richtige (PrOpERe) Coaching-Zyklus

Das Team muss Vertrauen in Ihre Fähigkeiten und Erfahrung aufbauen, bevor es willig Ihrer Führung folgt. Möglicherweise hilft es, mit etwas zu beginnen, was sein Interesse weckt, beispielsweise einer interaktiven Sitzung, um mehr über agile Methoden zu lernen, wie etwa dem XP-Spiel[1] oder einem Coding-Dojo[2].

## 1.4 Wie man mit dem Training beginnt

Sie fiebern vermutlich schon dem Einstieg entgegen, aber wo sollen Sie anfangen? Es gibt keine richtige Stelle. Am einfachsten ist es, sich eine Sache herauszupicken und loszulegen. Falls nicht offensichtlich ist, welches Problem am dringendsten ist, können Sie einen agilen Ansatz verfolgen. Stellen Sie eine Liste der möglichen Problembereiche zusammen, die das Arbeiten des Teams am Projekt verbessern könnten. Legen Sie dann auf der Grundlage Ihrer Trainingsaufgabe Schwerpunkte auf dieser Liste fest – jetzt haben Sie einen Ausgangspunkt.

---

1. Siehe http://www.xp.be/xpgame.html.
2. Siehe Kasten auf Seite 151.

## 1.4 – Wie man mit dem Training beginnt

Sie können auf jede Trainingsepisode unseren PrOpER-Zyklus (dargestellt in Abbildung 1.1) anwenden.

**Problem:** Suchen Sie ein Problem heraus, an dem gearbeitet werden muss. Beobachten Sie, wie das Team arbeitet. Was muss verbessert werden?

**Optionen:** Bedenken Sie Ihre Optionen. Welcher Ihrer Versuche könnte die Situation zum Besseren wenden? Führen Sie wenigstens drei Möglichkeiten auf.

**Experiment:** Wählen Sie eine Option zum Ausprobieren aus.

**Review:** Werten Sie das Ergebnis aus. Haben Sie etwas verbessert? Haben Sie etwas gelernt, auch wenn sich nichts verbessert hat?

Wir wollen zusammen ein Beispiel durcharbeiten.

**Problem:** Jack ist heute zu spät zum täglichen Standup-Treffen gekommen. Das ist auch letzte Woche schon passiert. Sie sind besorgt, weil er daran arbeitet, eine neue Testumgebung aufzubauen. Er verpasst wichtige Informationen über Probleme, die das Team mit der aktuellen Testumgebung findet.

**Optionen:** Hier einige Möglichkeiten, die Sie in Betracht ziehen könnten:

*Packen Sie den Stier bei den Hörnern:* Nehmen Sie Jack für einen Augenblick beiseite, wenn er kommt, und informieren Sie ihn darüber, was er beim täglichen Standup verpasst hat. Während Sie mit ihm die Probleme besprechen, betonen Sie noch einmal, wie wichtig es ist, dass er am gesamten täglichen Standup teilnimmt.

*Schulen Sie das Team:* Führen Sie eine Trainingssitzung für das gesamte Team durch, damit es lernt, wie man das tägliche Standup verbessert; auf diese Weise könnte Jack verstehen, wie wichtig es ist, dass alle aus dem Team am Treffen teilnehmen.[1]

---

[1]. Bill Wakes »Scrum from Hell« ist eine Rollenspielübung, die hier gut funktionieren könnte; siehe http://xp123.com/g4p/0410b/index.htm.

*Schieben Sie jemandem den Schwarzen Peter zu:* Sie brauchen jemanden, der Sie vertritt; fragen Sie Jack, ob er Ihnen helfen kann, indem er morgen das tägliche Standup durchführt.

*Warten Sie ab und schauen Sie zu:* Tun Sie nichts und warten Sie ab, ob das Team Jack spüren lässt, dass allein seine Verspätung das Problem darstellt.

**Experimentieren:** Sie entscheiden sich für die erste Möglichkeit – Sie reden mit Jack darüber. Beginnen Sie das Gespräch, indem Sie erwähnen, dass Sie bemerkt haben, dass er einige Male das tägliche Standup-Treffen verpasst hat. Er scheint ehrlich überrascht zu sein, dass dies eine Rolle spielt; aus seiner Sicht arbeitet er nicht an einer der Stories der Kunden, so dass er eigentlich nicht da sein müsste. Erläutern Sie, dass der Grund für Ihre Befürchtung darin besteht, dass er Informationen von seinen Teamkollegen verpasst, die beim Aufbau der neuen Testumgebung beachtet werden müssen. Erklären Sie außerdem, dass das tägliche Standup dem Team dient, nicht dem Kunden. Schlagen Sie vor, dass er ein Treffen mit dem Tester vereinbart, um die Probleme durchzusprechen, die er verpasst hat. Er nickt und willigt ein, beim morgigen Standup-Treffen pünktlich zu sein.

**Review:** Werten Sie das Ergebnis aus. Trifft Jack am nächsten Tag zur rechten Zeit ein? Hat Ihr Gespräch etwas bewirkt? Welche anderen Möglichkeiten könnten Sie ausprobieren, falls es immer noch ein Problem gibt?

Hier einige Ideen, die Sie in Betracht ziehen sollten, wenn Sie versuchen, sich einige Optionen zu überlegen:

- Das Problem zum Vorschein bringen: Machen Sie dem Team das Problem sichtbar.
- Das Problem kommunizieren: Reden Sie mit dem Team über das Problem.
- Abwarten und zuschauen: Lassen Sie das Problem ruhen; wenn es schlimmer wird, bemerkt das Team es schon.

> **Rachel sagt ...**
>
> **Zurückspulen und Fast-Forward**
>
> Es ist wichtig, dass man als Coach ein Gefühl für Ursache und Wirkung hat. Wenn etwas geschieht, benutzen Sie Ihre Vorstellungskraft, um Ereignisse vor- oder zurückzuspulen.
>
> Indem Sie mehr darüber herausfinden, was in der Vergangenheit passiert ist, können Sie künftiger Hindernisse eher gewahr werden. Fragen Sie das Team: »Wie ist es so weit gekommen?«
>
> Durchdenken Sie alles, wenn Sie Änderungen vornehmen. Welche längerfristigen Konsequenzen erwachsen aus den aktuellen Aktionen? Was könnte geschehen, wenn die Dinge auf diese Weise weiterlaufen?

- Zur Seite treten: Geben Sie das Problem an jemanden innerhalb oder außerhalb des Teams weiter.
- Ursachenanalyse: Suchen Sie nach der Grundursache des Problems.
- Das Team schulen: Liefern Sie dem Team mehr Informationen, damit es eine Lösung findet.
- Die anderen in die Pflicht nehmen: Übergeben Sie die Verantwortung an das Team oder ein Teammitglied.

Wir haben darüber gesprochen, wie Sie selbst den PrOpER-Zyklus benutzen können – dieser ist aber kein Geheimnis. Sie können ihn offen mit dem Team einsetzen, entweder formlos oder in einer Retrospektive.

## 1.5   Das Tempo halten

Es dauert eine Weile, agile Teams zusammenzustellen und an manchen Tagen sieht es vielleicht so aus, als würden Sie überhaupt nicht vorankommen. Mit ziemlicher Sicherheit werden Sie Rückschritte erleiden, die Sie fast zum Aufgeben bringen. Wie erhalten Sie sich daher Ihren Schwung und machen weiter?

James Shore hat unter dem Titel »Change Your Organization (For Peons)« einen inspirierenden Vortrag über seine Erfahrungen bei dem Versuch, agile Techniken in seiner Organisation einzuführen, gehalten (siehe *Proceedings of the 2003 Agile Development Conference* [Lit03]). Uns gefällt sein Ratschlag, sich kleine Freuden zu suchen. Er sagt: »Organisatorische Änderungen entziehen sich größtenteils Ihrer Kontrolle. Suchen Sie sich kleine Dinge an Ihrer Arbeit, die Sie jeden Tag tun können und die Ihnen ein Gefühl der Befriedigung verschaffen.«

Seien Sie nicht traurig, wenn die Dinge zu langsam voranzugehen scheinen; versuchen Sie, jeden Tag einen kleinen Schritt zu schaffen. James stellte fest, dass er langsam in der Lage war, die Art und Weise zu ändern, wie Leute über die Dinge dachten, auch wenn sich die Leute zunächst nicht in ihrer Arbeitsweise änderten. Diese mentale Änderung im Team war unsichtbar, so dass es zuerst aussah, als würde er überhaupt keinen Fortschritt erzielen. Das Erklären der Ideen war jedoch ein notwendiger Schritt, bevor man daran ging, die agilen Methoden in die Praxis umzusetzen, was in seiner Organisation schließlich der Fall war.

### Eine Schulter zum Ausweinen
*von Rachel*

Bei meinem ersten großen Engagement als agiler Coach gehörte ich zu einer Reihe von externen Trainern, die angeheuert wurden, um den Teams beim Übergang zum agilen Arbeiten zu helfen. Für den Einstieg war es eine raue Umgebung. Ich war daran gewöhnt, mit Entwicklern zusammenzuarbeiten, die gern agil waren und noch dazu begierig, es noch mehr zu sein. Diese Teams dagegen waren nicht so enthusiastisch, und das aus gutem Grund – die Änderung erfolgte überstürzt und das gefiel ihnen nicht.

Was im Angesicht dieses Widerstands half, war die Tatsache, dass die Trainer sich zusammentaten. Einige von uns kannten sich bereits aus dem Extreme Tuesday Club in London[1]. Wenn ich mit meinem Team auf eine Hürde stieß, konnte ich mich an einen der anderen Trainer wenden. Sie hatten ein ähnliches Problem möglicherweise bereits gelöst, so dass wir Zeit sparen konnten. Und selbst wenn das nicht der Fall war, half es, Notizen zu vergleichen und mit ihnen durchzusprechen. Außerdem war es gut, jemanden zu haben, der einen bedauerte und eine Tasse Tee mit einem trank, wenn es zu hart war.

Versuchen Sie, andere Trainer innerhalb oder außerhalb Ihrer Einrichtung zu finden, an die Sie sich anschließen und mit denen Sie Ihr eigenes Mininetzwerk bilden können.

Falls man nicht weiterkommt, ist es außerdem sinnvoll, sich vorzustellen, was ein anderer Coach, den man kennt, tun würde, wenn er in der gleichen Situation stecken würde. Suchen Sie nach Gelegenheiten, mit anderen agilen Trainern zusammenzuarbeiten; Sie werden wahrscheinlich bemerken, dass sie unterschiedliche Coaching-Stile haben. Beobachten Sie, wie sie in bestimmten Situationen reagieren, um Ihr eigenes Repertoire zu erweitern. Anstatt ihnen exakt alles nachzumachen, was sich sicherlich nicht gut anfühlt, sollten Sie darüber nachdenken, wie Sie einige von deren Techniken in Ihren eigenen Ansatz aufnehmen.

### Ihre Trainerschuhe einlaufen

Wir haben festgestellt, dass es eine Weile gedauert hat, bis wir uns daran gewöhnt hatten, dass wir agile Trainer waren und nun selbst Ratschläge erteilten, anstatt einfach nur eine aktive Rolle beim Erledigen der Arbeit zu spielen. Zuerst werden Sie es seltsam finden, weniger praktisch tätig zu sein und das Team entscheiden zu lassen, anstatt selbst die Richtung festzulegen.

---

1. Der Extreme Tuesday Club ist eine agile Benutzergruppe, die sich seit 1999 jeden Dienstag in einem Pub in London trifft – *http://www.xpdeveloper.net/* – und in der Liz und Rachel sich kennengelernt haben.

In *Becoming a Manager* [Hil] folgt Linda Hill 19 neuen Managern durch ihr erstes Jahr als Manager. Sie verdeutlicht, wie schwer es ist, die Rollen zu tauschen. Wenn Sie technischer Leiter oder Projektmanager waren und nun als agiler Coach arbeiten, brauchen Sie Zeit, um Ihre alte Identität bei der Arbeit loszuwerden und eine neue anzunehmen. Ein Großteil unseres Lebens dreht sich um unsere Arbeit und darum, wie wir uns selbst definieren, dass eine Änderung überall Verwerfungen erzeugt.

Sie ziehen es vielleicht vor, den Wechsel schrittweise vorzunehmen, indem Sie als »Spieler-Trainer« beginnen. Wenn Sie die Trainerrolle als Mitspieler im Team übernehmen, haben Sie den Vorteil, dass Sie Probleme bei der Art, wie das Team arbeitet, direkt erfahren anstelle über die Beobachtung. Das Team weiß, dass Sie Probleme aus erster Hand wahrnehmen und respektiert Sie als Gleichgestellten.

Wir merken, dass es schwierig ist, die Zeit zu finden, das Team zu trainieren, wenn man stark in die Projektaufgaben eingebunden ist. Wenn wir die Trainerrolle von der Seitenlinie aus spielen, anstatt auf dem Feld mitzumischen, können wir uns völlig darauf konzentrieren, den Prozess und die Teamarbeit zu verbessern. Sie werden feststellen, dass das Agieren als Trainer von dieser Stelle aus den Blick auf das Große und Ganze erleichtert, so dass Sie sich in einer besseren Position befinden, um dem Team beim Optimieren des Ganzen zu helfen.

Wie können Sie also feststellen, wie Sie sich als agiler Trainer machen?

- Ist das Team, zurückblickend betrachtet, agiler als noch vor einem Monat?
- Hatten Sie einen positiven Einfluss auf das Team?
- Werten Sie Ihre Antworten auf die Vorbereitungsfragen aus dem Kasten aus.

## 1.5 – Das Tempo halten

> **Liz sagt ...**
>
> **Das Team loben**
>
> Erwarten Sie nicht viel Beachtung für Ihre Arbeit als agiler Coach. Es ist eine unterstützende Rolle und keine, die direkte Vorteile zeitigt.
>
> Ein guter Trainer schreibt den Erfolg seinem Team zu. Wenn Sie mit Frank an einer Idee arbeiten, dann ist es im Erfolgsfall Franks Idee gewesen. Sind Sie nicht erfolgreich, dann jammern Sie zusammen.

Ein weiteres Zeichen, dass das Team Ihr Training aufnimmt, ist, wenn Sie hören, dass Teammitglieder Ratschläge auf der Grundlage dessen erteilen, was Sie zuvor erklärt haben. Richtig schön wird das Coaching, wenn Sie sehen, dass das Team seine Ziele erreicht, ohne absichtlich agil sein zu wollen. Man plagt sich nicht ab, sondern es gibt eher ein geschäftiges Summen, wenn das Team bei der Arbeit ist.

### Weiterziehen

Was passiert mit einer Gurke, wenn sie zu lange in der Lake liegt? Sie wird sauer – ob sie will oder nicht. In *The Secrets of Consulting* [Wei85] warnt uns Jerry Weinberg davor, »sauer zu werden« – wenn wir länger als ein paar Monate beim gleichen Team (oder im gleichen Unternehmen) bleiben, dann verlieren wir unter Umständen unsere frischen Ansichten. Auf einmal bemerken Sie keine der Probleme mehr, die Sie früher geradezu angesprungen haben. Sie fangen an, die gleiche Geisteshaltung anzunehmen wie der Rest des Unternehmens und sagen auf einmal: »Das wird eben hier so gemacht.«

Falls Sie sich Sorgen machen, dass Sie »sauer« werden, versuchen Sie, einem Außenstehenden das Vorgehen des Teams und die Herausforderungen, denen Sie sich gegenübersehen, zu erklären. Beim Erklären werden Sie sich der Probleme im Arbeitsablauf, der verborgenen Annahmen und der verdrängten Schwierigkeiten (wieder) bewusst.

Gerade wenn das Leben im Team richtig gut zu werden beginnt, werden Sie merken, dass Ihre Aufgabe als Trainer erfüllt ist. Das Team trainiert sich jetzt selbst und Sie müssen seine Beziehung zu Ihnen abbrechen. Es ist Zeit, weiterzuziehen!

## 1.6 Hindernisse

Es gibt einige mögliche Hindernisse.

**Keine Zeit für das Training**

Wenn Sie stark in die Projektarbeit einbezogen sind und die Leute im Unternehmen sich auf Sie als die einzige Person verlassen, die bestimmte Aufgaben durchführen kann, dann haben Sie nicht den Freiraum, eine Trainerrolle anzunehmen. Sie müssen Ihren Wunsch, als Trainer zu arbeiten, jedoch nicht zu den Akten legen. Entwickeln Sie stattdessen einen Plan, mit dessen Hilfe Sie die Rolle der Person ablegen, von der jedermann abhängig ist. Machen Sie langsamer und zeigen Sie anderen Leuten, wie diese die Aufgaben erledigen können, die bisher ausschließlich Ihnen zugefallen sind.

Vielleicht sollten Sie in ein anderes Team wechseln, das Ihnen die Möglichkeit bietet, Erfahrungen im Bereich der agilen Methoden zu sammeln, auf denen Sie aufbauen können. Falls jedoch Sie selbst und Ihr innerer Drang, zu viel Arbeit anzunehmen, die Quelle des Stresses sind, sollten Sie eine Pause einlegen, um einen anderen Blick auf die aktuelle Situation zu erhalten.

**Keine Erfahrung**

Wenn Sie einer Situation begegnen, die außerhalb Ihrer Erfahrungen mit agilen Teams liegt, dann bluffen Sie nicht, sondern seien Sie dem Team gegenüber offen. Sie verfügen z.B. vielleicht über viel

Erfahrung mit kleinen Projekten, haben aber noch nie in einem großen, verteilten agilen Projekt mitgearbeitet. Oder möglicherweise sind Sie im Programmieren momentan nicht so firm, erkennen aber, dass das Team Hilfe beim Einstieg in das automatisierte Testen benötigt.

Ein agiler Trainer muss nicht alle Antworten kennen; manchmal ist das sogar besser so. Wenn man kein Experte ist, kann man sich genügend Abstand zu einem Problem bewahren, um es weiterhin aus der Perspektive eines Außenstehenden zu betrachten.

Helfen Sie dem Team, das Problem durchzuarbeiten, indem Sie die Diskussion anleiten und herausfinden, was andere agile Teams innerhalb oder außerhalb Ihrer Einrichtung probieren. Erfahrungsberichte von agilen Konferenzen bilden oft eine nützliche Quelle für Ideen. Agile Benutzergruppen sind eine weitere gute Möglichkeit, um festzustellen, was andere Teams tun. Falls Sie glauben, dass das Team die Hilfe eines Spezialisten benötigt, dann erkunden Sie die Möglichkeit, einen Experten in das Team zu holen, der es durch die Herausforderungen führt, die ihm gegenüberstehen.

**Blockaden**

Manchmal treffen wir Teams, die von ernsthaften Blockaden daran gehindert werden, agil zu werden. Wir empfehlen Ihnen, sich dieser Blockaden anzunehmen, bevor Sie versuchen, ein Team in agilen Methoden zu unterrichten. Ansonsten kann sich das Ganze für alle Beteiligten zu einer frustrierenden Erfahrung entwickeln. Probleme, die ihre Ursache darin haben, dass nicht die richtigen Ausgangsbedingungen eingerichtet wurden, führen vielleicht sogar dazu, dass die agilen Methoden für das Fehlschlagen verantwortlich gemacht werden.

Manchmal sind die Blockaden technischer Art, sie können aber auch organisatorische Gründe haben. Falls z.B. ein Team kein Source-Control-System verwendet, riskiert es, Änderungen an der Software zu verlieren. Bevor dieses Team in die agile Praxis einsteigen kann, muss es zunächst diese grundlegende Entwicklungstechnik übernehmen.

Wenn sich ein Unternehmen mitten in der Umgestaltung befindet, werden die Leute eher darauf bedacht sein, ihre Jobs zu behalten, als agil zu werden. Wir raten in diesen Fällen von einem entsprechenden Training ab, weil der Druck auf das Team zu störend ist und Sie wahrscheinlich Ihre Zeit verschwenden.

## 1.7 Checkliste

- Üben Sie, anderen Leuten die agile Methode zu erklären. Sie können das mit jedem tun, der gewillt ist, Ihnen zuzuhören. Agile Benutzergruppen sind ein guter Ort, um Ihr agiles Repertoire zu verfeinern.
- Führen Sie einige Vorarbeiten durch und erarbeiten Sie sich die beste Methode, sich dem Team vorzustellen.
- Suchen Sie nach Wegen, um zu zeigen, dass Sie selbst die agilen Prinzipien anwenden. Sie können z.B. iterativ arbeiten und persönliche Gespräche führen, anstatt Ihre Fragen per E-Mail zu stellen.
- Wenden Sie auf Ihre Eingriffe als Trainer den PrOpER-Zyklus an. Beginnen Sie mit dem Problem, ziehen Sie wenigstens drei gangbare Optionen in Betracht, wählen Sie eine aus und probieren und überprüfen Sie dann das Ergebnis.
- Halten Sie inne, um zu reflektieren und aus Ihren Fehlern zu lernen. Lassen Sie auch dem Team Raum, um aus Fehlern zu lernen.
- Suchen Sie nach Möglichkeiten, von anderen agilen Trainern – sowohl innerhalb als auch außerhalb Ihres Unternehmens – zu lernen.
- Falls Sie sehr lange in einer Organisation arbeiten, können Sie dort »versauern«. Wenn das Team einen effektiven agilen Arbeitsablauf verfolgt, ist es wahrscheinlich an der Zeit, weiterzuziehen.

| KAPITEL 2 |

# Mit Menschen arbeiten

*Hören Sie genau zu, was die Leute sagen. Führungsprinzip*

Um agilen Teams zu helfen, sich zu verbessern, müssen Sie mit den einzelnen Personen im Team arbeiten. Sie sind die eigentlichen Experten dafür, wie das Team arbeitet und weshalb es dies tut. Zapfen sie ihre Fachkenntnisse an um zu enthüllen, was sie zurückhält. Hören Sie sich ihre Bedenken und Ideen an, damit Sie einen Einblick gewinnen, wie sie sich verbessern können. Geben Sie ihnen Feedback, damit sie erkennen, wo ihr Potenzial liegt.

Agile Methoden bringen ein Team zu einer engeren Zusammenarbeit als jemals zuvor. Erwartungsgemäß werden bei einem so engen Zusammenwirken widersprüchliche Meinungen aufkommen. Schulen Sie das Team, um diese Unterschiede zu erkunden und Lösungen zu finden, mit denen alle zufrieden sind.

In diesem Kapitel geht es um Fähigkeiten, die Ihnen bei der Arbeit mit den Leuten aus dem Team helfen. Wir beginnen mit der Kunst des Zuhörens. Anschließend lernen Sie, wie Sie Rückmeldungen liefern, die den Kern der Sache treffen, und befassen uns mit Techniken, die Sie dabei unterstützen, Konflikte zu lösen und Zustimmung im Team zu erzeugen.

## 2.1 Zuhören

Ein Mann geht zum Arzt in die Sprechstunde und sagt: »Herr Doktor, Herr Doktor, es tut weh, wenn ich meinen Arm über den Kopf hebe.« Der Arzt antwortet: »Na, dann heben Sie den Arm doch nicht über den Kopf.« Der Witz ist nicht besonders gut, aber er zeigt uns zumindest das Schema dieser Art von Witz: Der Arzt hört eigentlich nicht zu und hilft deshalb auch nicht, das Problem zu lösen. Wir als Trainer wollen nicht in die gleiche Falle tappen.

Ein Trainer hört ganz genau zu. Wir hören uns die Beschwerden und Nöte des Teams an. Wir hören auch auf den Keim einer Idee, der Unterstützung braucht, um Form anzunehmen.

Durch respektvolles Zuhören zeigen Sie, dass Sie sich um die Person kümmern, die spricht, was sich wiederum darauf auswirkt, wie sehr man Ihnen zuhören wird. Beweisen Sie, dass Sie wirklich zugehört haben, indem Sie anschließend nachfragen.

Gutes Zuhören ist eine Fertigkeit, die Sie erlernen können. Beginnen Sie, indem Sie dem Sprecher Ihre ganze Aufmerksamkeit zuwenden. Unterbrechen Sie Ihre aktuelle Tätigkeit und wenden Sie sich dem Sprecher zu. Wenn er zu zögern scheint, dann schlagen Sie vor, den Team-Arbeitsbereich zu verlassen, um sich irgendwo in Ruhe hinzusetzen oder einen Kaffee zu trinken. Dies kann helfen, das Gespräch zu eröffnen, weil Ihr Gegenüber sich dann nicht sorgen muss, dass es belauscht wird und weil es weniger Störungen gibt.

Widmen Sie ihm Ihre volle Aufmerksamkeit, und zwar die ganze Zeit. Schielen Sie nicht nebenbei auf die Uhr und schauen Sie auch nicht ständig auf Ihr Mobiltelefon. Zeigen Sie nun, dass Sie zuhören, indem Sie die Tipps aus dem Kasten befolgen.

Wir haben festgestellt, dass es beim Zuhören am schwierigsten ist, der Versuchung zu widerstehen, zu früh mit einem Ratschlag hineinzuspringen oder das Gespräch auf eine ähnliche Geschichte zu lenken, die Ihnen passiert ist. Konzentrieren Sie sich auf die Per-

> **Ja, ich höre zu**
>
> Das Zuhören ist ein interaktiver Vorgang. Wenn Sie mit versteinertem Gesichtsausdruck dasitzen, weiß der Sprecher nicht, ob Sie wirklich zuhören. Geben Sie ihm durch Signale zu verstehen, dass Sie aufmerksam sind und mehr hören wollen.
>
> Hier einige Tipps, die Ihnen helfen, Ihrem Gegenüber die Nervosität zu nehmen, damit es sich wohlfühlt und Ihnen die ganze Geschichte erzählt.
>
> **Lassen Sie Freiraum:** Ergreifen Sie nicht das Wort und reden über sich selbst. Wenn es im Gespräch eine Pause gibt, müssen Sie die Lücke nicht füllen.
>
> **Seien Sie offen:** Tragen Sie einen entspannten und offenen Gesichtsausdruck, anstatt finster dreinzublicken oder zu grinsen, wodurch sich jemand vorkommen könnte, als würden sie ihn aburteilen oder nicht ernst nehmen.
>
> **Zeigen Sie Interesse:** Nutzen Sie Ihre Augen, schauen Sie in das Gesicht Ihres Gesprächspartners und suchen Sie von Zeit zu Zeit Augenkontakt (ohne zu starren), um zu zeigen, dass Sie an dem Gesagten interessiert sind.
>
> **Bestätigen Sie:** Nicken Sie mit dem Kopf, um zu zeigen, dass Sie verstehen. Sie können auch »mhh« und »aha« von sich geben, damit Ihr Gegenüber merkt, dass Sie zuhören.

son, die spricht, und versuchen Sie, die Gefühle und Wünsche zu verstehen, die den Worten zugrunde liegen, ohne zu urteilen.

Wenn Chris sagt: »Nicola hat mein Design ignoriert«, dann übersetzen Sie es mental so, dass Chris der Meinung ist, Nicola habe sein Design ignoriert. Sie selbst haben vielleicht eine andere Sicht der Dinge, sollten diese aber jetzt nicht zum Besten geben. Hören Sie sich Chris' Geschichte erst vollständig an, bevor Sie die Fakten überprüfen. Fassen Sie das Gehörte während des Gesprächs noch einmal zusammen, um sicherzugehen, dass Sie alles richtig verstanden haben: »Sie sagen also, dass Sie zwar ein Design geliefert haben, Nicola dieses aber aus irgendeinem Grund nicht umgesetzt hat?!«

Wenn es das Tempo der Unterhaltung erlaubt, stellen Sie klärende Fragen, um die Geschichte klarzustellen, ohne Partei zu ergreifen. Wählen Sie Ihre Worte sorgfältig, damit deutlich wird, dass Sie die Angelegenheit aufklären wollen, anstatt jemanden herauszufordern oder seine Aktionen zu kritisieren. Sie könnten fragen: »Wann haben Sie bemerkt, dass Nicola das Design nicht befolgt hat?« oder »Haben Sie mit Nicola bereits darüber gesprochen?«

### Zwischen den Zeilen lesen

Normalerweise reden Menschen viel langsamer, als sie denken können, weshalb es so schwer ist, ihre volle Aufmerksamkeit zu erhalten, wenn jemand redet. Verbringen Sie Ihre Zeit nicht damit, sich Ihre Antwort mental zurechtzulegen, weil Sie dies vom Zuhören ablenken könnte. Nutzen Sie stattdessen die Zeit, um die ganze Situation zu untersuchen.

Konzentrieren Sie sich auf die Person, die spricht. Achten Sie darauf, wie sie sich ausdrückt und überdenken Sie ihre mögliche Motivation, das Gespräch zu beginnen:

- Versucht sie, Unterstützung zu erhalten, einen Gefallen zu erbitten oder einen Gefallen zurückzugeben?
- Möchte sie Mitgefühl, einen Rat oder weitere Informationen erhalten?
- Zeigt sie ein Problem auf, weil sie möchte, dass Sie ihr helfen, es zu lösen?

Achten Sie auch auf nonverbale Hinweise wie die Körpersprache und die Stimmlage:

- Ist sie aufgebracht, ärgerlich oder aufgeregt?
- Scheint sie entspannt zu sein oder fühlt sie sich im Gespräch unwohl?
- Handelt sie ein wenig anders als sonst?

Gehen Sie nicht davon aus, dass mangelnder Augenkontakt ein Zeichen dafür ist, dass Ihr Gesprächspartner etwas zu verbergen hat. Oft sehen Menschen weg, wenn sie versuchen, sich an etwas zu erinnern oder wenn sie sich unwohl fühlen.

Versetzen Sie sich in die Lage Ihres Gegenübers – stellen Sie sich vor, wie es sich in dieser Situation fühlt und empfinden Sie es nach, indem Sie zusammenfassen. Sie könnten sagen: »Chris, es klingt, als seien Sie frustriert. Sie haben am Wochenende gearbeitet, um dieses Design fertigzustellen und jetzt wurde Ihre Arbeit gar nicht benutzt.« Dies zeigt der Person, dass Sie zuhören, und bietet ihr die Möglichkeit, Sie zu korrigieren und mit der Geschichte fortzufahren.

**Das Vertrauen bewahren**

Fassen Sie zum Abschluss des Gesprächs die wichtigsten Punkte, die Sie gehört haben, noch einmal zusammen und überprüfen Sie das Gehörte. Haben Sie die Bedürfnisse des Sprechers verstanden?

Ihr Gesprächspartner hat natürlich einen Grund dafür, die Informationen mit Ihnen zu teilen. Möglicherweise kommt er nicht wieder auf Sie zu, wenn Sie der Unterhaltung nicht folgen. Wenn ein Problem aufgedeckt wurde, sollten Sie weitere Untersuchungen anstellen, bevor Sie sich zu einer Aktion entschließen. Fühlen Sie sich deshalb nicht genötigt, sofort Versprechungen hinsichtlich der Lösung des Problems abzugeben.

Um schließlich das Vertrauen zu bewahren, ist es wichtig, den Mitarbeiter nicht zu hintergehen. Fragen Sie nach, ob das Gesagte vertraulich behandelt werden soll oder ob die Bedenken dem Team mitgeteilt werden können. Sollte dies der Fall sein, müssen Sie sich überlegen, wie Sie vorgehen können.

**Im Hintergrund zuhören**

Sie werden nicht nur im persönlichen Gespräch zuhören, sondern auch an vielen Teamgesprächen beteiligt sein. Hier gelten die meisten der genannten Regeln. Wenn Sie ein Meeting durchführen, dann achten Sie auf die einzelnen Sprecher und warten Sie, bis diese mit dem Reden fertig sind, bevor Sie Fragen stellen. Es kann hilfreich sein, das Gehörte zusammenzufassen, um sicherzugehen, dass Sie alles richtig verstanden haben und das Gesagte noch einmal allen anderen Teilnehmern zu verdeutlichen.

Wenn Sie an einem Teamgespräch teilnehmen, anstatt selbst ein Meeting durchzuführen, müssen Sie ebenfalls genau auf die verwendeten Worte achtgeben und die Körpersprache des Teams beobachten. Falls jemand eine Aussage trifft, die Ihnen so vorkommt, als hätte er etwas missverstanden, wie etwa »Nachdem wir nun agil sind, müssen wir das Release nicht mehr dokumentieren«, können Sie einschreiten. Sie könnten das Meeting unterbrechen und das Verständnis der Gruppe in diesem Punkt prüfen, ohne auf diese Person einzugehen, oder sich nach dem Meeting mit diesem Problem befassen. Es hilft, wenn man sich den Wortlaut notiert, um sich später daran zu erinnern.

Achten Sie außerdem auf den Grad der Gespräche des Teams außerhalb der Meetings. In einem gesunden Team kommt es während des Tages sporadisch zu Unterhaltungen, weil alle Teammitglieder wirklich zusammenarbeiten, um Software zu schaffen, während ein stilles Team vermutlich gar nicht als Team zusammenwirkt.

Indem Sie dem Team zuhören, bekommen Sie eine Menge Informationen über die Mitarbeiter und die Probleme, mit denen sie zu kämpfen haben. Genaues Zuhören zeigt darüber hinaus, dass Sie sich um ihre Angelegenheiten kümmern und daran interessiert sind, ihnen zu helfen. Es bringt Sie in eine bessere Position, um das Team durch Ratschläge zu beeinflussen.

## 2.2  Feedback geben

Wenn Sie ein Verhalten bemerken, das sich nicht gut auf das Team oder eine Einzelperson auswirkt, werden Sie ihm bzw. ihr natürlich helfen wollen, festzustellen, was geändert werden muss. Sie wollen

## Liz sagt ...

**Missbrauchen Sie nicht die Stärke des Schreibstiftes**

Wenn Sie während eines Meetings Notizen auf eine Tafel schreiben, dann hüten Sie sich davor, das Gehörte zu filtern. Achten Sie darauf, wirklich alle erwähnten Punkte zu notieren und nicht nur diejenigen, denen Sie selbst zustimmen. Falls Leute das Gefühl haben, nicht gehört zu werden, werden sie irgendwann gar nichts mehr zum Gespräch beitragen.

Ein gewisses Filtern trivialer Kommentare ist dagegen notwendig. Benutzen Sie jedoch wirklich die Worte, die tatsächlich gesagt wurden, anstatt jemandem etwas in den Mund zu legen. Scheuen Sie sich nicht, nachzufragen, ob Sie alles richtig erfasst haben.

---

Ihre Beobachtung weitergeben, weil Sie hoffen, die betreffenden Personen dahingehend zu beeinflussen, dass sie ihr Verhalten ändern. Allerdings ist es manchmal nicht ganz einfach, die Botschaft an den Mann zu bringen. Wie erlangen Sie z.B. die Aufmerksamkeit eines Teammitglieds, das sich despektierlich verhält, so, dass es Ihnen auch wirklich zuhört? Schauen wir uns an, wie Sie dem Team Feedback zurückgeben können.

Ihr erster Schritt beim Geben von Feedback sollte darin bestehen, die Grundinformation (was Sie gesehen oder gehört haben) von Ihrem Urteil und Ihren Gefühlen hinsichtlich dieser Situation zu trennen. Sprechen Sie aus Ihrer Sicht über die Fakten und geben Sie spezielle Beispiele dessen, was Sie gesehen und gehört haben, anstatt zu interpretieren. Falls Sie diese Informationen relativ zeitnah mitteilen, kann sich die Person leichter daran erinnern, was sie getan hat und wieso dies geschah. Wenn Sie z.B. sagen »Nicola, ich habe bemerkt, dass Sie ständig das Meeting verlassen mussten, um Anrufe auf dem Handy entgegenzunehmen«, fasst dies Ihre Beobachtung zusammen. Anschließend könnten Sie sagen »Ich mache mir Sorgen, dass Sie Chris' Ausführungen zu dem Design, an dem er gerade arbeitet, verpasst haben«, womit Sie Ihre Gefühle und Ihr Urteil der Situation zum Ausdruck bringen.

Jetzt ist die andere Person dran. Hören Sie sich ihre Fassung der Ereignisse an. Vielleicht gibt es einen guten Grund für ihre Aktionen, von dem Sie nicht wissen. Nicola wurde vielleicht wegen ihres kranken Kindes von der Tagesmutter angerufen oder bekommt möglicherweise dringende Anrufe von ihrem vorherigen Projektteam. Sie ist sich vielleicht gar nicht bewusst, dass sie etwas verpasst hat oder hat sich nach dem Meeting schon mit Chris in Verbindung gesetzt, um die Informationen einzuholen.

Falls Sie jetzt immer noch Raum für Verbesserungen sehen, dann machen Sie Vorschläge für den künftigen Umgang mit vergleichbaren Situationen. Fragen Sie auch nach ihren Anregungen. Dann können Sie die Pros und Kontras der einzelnen Möglichkeiten durchsprechen. Falls z.B. ein Kunde oft unvorbereitet zu Planungstreffen kommt, kann dies die Zeit des Teams verschwenden. Sie könnten vorschlagen, dass er sich zwischen den einzelnen Meetings eine Pufferzeit freihält, anstatt von Meeting zu Meeting zu hetzen. Sie könnten ihm anbieten, beim nächsten Mal an seiner Vorbereitung mitzuarbeiten. Oder Sie könnten eine Sitzung zusammen mit dem Teamleiter arrangieren, um die Planung vorzubereiten.

Wenn Sie eine positive Rückmeldung geben wollen, dann müssen Sie diese nicht als Beurteilung formulieren und die Leistung z.B. mit »Fantastischer Job!« bewerten, es geht auch eine Nummer kleiner. Lassen Sie die Mitarbeiter wissen, dass Sie bemerkt haben, was sie getan haben und welche positiven Auswirkungen dies hatte. Etwa so: »Mike, ich habe bemerkt, dass das Kompilieren viel schneller läuft, seit Sie es rekonfiguriert haben. Gestern wurde ein fehlerhafter Test in null Komma nichts abgewunken, so dass Jules das Problem beheben konnte, bevor er sich einer neuen Aufgabe zuwandte.«

Ein rechtzeitiges Feedback hilft dabei, das Team zur Verbesserung seiner Arbeitsabläufe zu bringen, ohne dass man ihm erst sagen muss, was zu tun ist. Sobald das Team von den Änderungen der Abläufe zu profitieren beginnt, wird es normalerweise sehr viel bewusster wahrnehmen, wie es zusammenarbeitet und akzeptiert Rückmeldungen von anderen deutlich bereitwilliger.

Manchmal wollen Sie Feedback geben, das gar nicht verlangt war. Seien Sie dabei vorsichtig, weil der Empfänger der Rückmeldung möglicherweise das Gefühl bekommt, dass Sie aus der Reihe tanzen und ihn kritisieren. Wenn Sie Ihr Feedback zu unverblümt äußern, könnten Sie Ihr Gegenüber so sehr verärgern, dass Ihre Botschaft nicht ankommt oder man sich angesichts dessen, was Sie sagen, befremdet fühlt. Machen Sie langsam und fragen Sie erst um Erlaubnis, Ihre Rückmeldungen anbringen zu dürfen. Arbeiten Sie dann die vorgenannten Schritte ab.

## 2.3 Konflikte lösen

Als Trainer werden Sie mit Sicherheit einmal in Situationen geraten, in denen es einen Konflikt innerhalb des Teams gibt, der es aufhält. Manchmal ist dies eine offene Meinungsverschiedenheit, in wieder anderen Fällen handelt es sich um einen schwelenden Konflikt, wobei es zwar eine Meinungsverschiedenheit gibt, über die allerdings nicht offen gesprochen wird. Falls Sie im Team einen verborgenen Konflikt entdecken, dann nehmen Sie sich die Zeit, sich die Sorgen der einzelnen Mitglieder des Teams anzuhören. Auf diese Weise lernen Sie die Ursachen kennen, bevor Sie das Team direkt mit dem Konflikt konfrontieren.

Bevor Sie in die Rolle des Friedensstifters schlüpfen, denken Sie darüber nach, ob sich der Disput auch ohne Ihre Hilfe erledigen könnte. Sollten Sie jedes Mal eingreifen, sobald es Ärger gibt, werden sich einige Teammitglieder immer bei Ihnen ausweinen kommen, so, als wären Sie eine Mutter oder ein Vater, die gerufen werden, um Streit zwischen den Kindern zu schlichten.

## Rachel sagt ...

**Erwischen Sie sie, wenn sie es richtig machen**

Ermutigen Sie das Team, wenn es neue Fertigkeiten erwirbt, etwa die testgetriebene Entwicklung, und nicht weiß, ob es auf der richtigen Spur ist. Nehmen Sie sich die Zeit, festzustellen, was die Leute aus dem Team richtig gemacht haben, indem Sie ihnen positive Rückmeldungen bieten.

Jemanden dabei zu erwischen, wie er etwas richtig macht, hat auch seine Auswirkungen auf Sie als denjenigen, der das Feedback liefert. Wahrscheinlich ist es Ihnen nicht bewusst, aber Menschen verarbeiten die Welt, indem sie kategorisieren. Wir teilen die Leute auf der Grundlage dessen ein, was wir von ihren Aktionen sehen, was normalerweise nicht die ganze Geschichte ist. Linda Rising schlug in ihrem Vortrag »Who Do You Trust?« auf der Agile-Konferenz 2008 vor, dass Sie eine Person, die Sie dabei beobachten, wie sie etwas richtig macht, in Ihren Augen als Gewinner einstufen und nicht als Verlierer. Dies hilft Ihnen dabei, deren andere Aktionen in einem positiven Licht zu betrachten.

Was also, wenn die Person bei etwas anderem nicht so gut gearbeitet hat? Nur weil Sie es bemerkt haben, müssen Sie es nicht gleich sagen. Wenn ich versucht bin zu kritisieren, versuche ich immer, einfach den Mund zu halten.

Wenn Sie als Vermittler agieren, dann machen Sie klar, dass Sie in dieser Rolle keine Partei ergreifen können. Hören Sie sich beide Seiten an und zeigen Sie, dass Sie verstanden haben, was gesagt wurde, indem Sie das Problem noch einmal mit eigenen Worten schildern (oder bitten Sie sie, das jeweils andere Problem noch einmal wiederzugeben). Versuchen Sie dann, das Problem von den Personen zu lösen und im Kontext des Teams zu betrachten. Erläutern Sie die situationsbezogenen Faktoren, die Sie in dieser Lage am Werk sehen – etwa dass der Druck auf dem Team lastet, etwas auszulie-

## Gewaltfreie Kommunikation

Marshall Rosenberg lehrt in *Nonviolent Communication* [Ros03] einen Ansatz für eine sinnvolle Technik, die sich auf einen diffusen Konflikt anwenden lässt. Das Grundprinzip besteht darin, dass Sie nach den Gefühlen und Bedürfnissen der anderen fragen. Indem Sie ihnen zuhören, helfen Sie dabei, genug Vertrauen aufzubauen, dass die anderen auf Sie hören. Dies sind die vier grundlegenden Schritte:

- Beobachtung: Als Sie ... (beschreiben Sie Ihre Beobachtung)?
- Gefühl: Fühlen Sie ... (erraten Sie die Emotion)?
- Bedürfnis: Weil Sie ... brauchen (erraten Sie das Bedürfnis)?
- Anforderung: Soll ich (mich, ihn, sie) dazu bringen ... (einer bestimmten Aktion)?

Zum Beispiel: »Als Sie aus dem Design-Review herausgingen, hatte ich das Gefühl, dass Sie frustriert sind, weil Sie eigentlich mehr Zeit benötigen würden, um Roger Ihr neues Design zu erklären. Soll ich noch ein weiteres Treffen mit Roger anberaumen, damit Sie alles noch einmal durchgehen können?«

---

fern, und die Leute zu lange arbeiten. Vielleicht ist es sogar sinnvoll, ein Diagramm der Effekte aufzuzeichnen, um die beteiligten Kräfte zu untersuchen.

Das Lösen von Konflikten innerhalb des Teams trägt dazu bei, zu verhindern, dass alle aneinander vorbeiarbeiten. Denken Sie jedoch auch daran, dass ein gewisses Maß an Meinungsverschiedenheiten durchaus gesund ist. Zu viel Betonung auf Frieden und Harmonie im Team kann bedeuten, dass die Teammitglieder selbstgefällig sind. Groupthink (Gruppendenken) [Jan82] kann einsetzen – bei dem das Team das Glück der Gruppe und die Konformität über das kritische Denken stellt. Versuchen Sie immer dann, wenn Sie wichtige Entscheidungen treffen, dafür zu sorgen, dass das Team unterschiedliche Möglichkeiten in Betracht zieht. Fragen Sie das Team nach der Sicht des »Advocatus Diaboli«, um Probleme mit den Dingen, die es zu tun plant, im Voraus zu bedenken.

## 2.4 Zustimmung aufbauen

Beim Einführen neuer Praktiken hilft es, wenn Sie feststellen, ob Sie von allen im Team unterstützt werden. Manche Teammitglieder sind vielleicht enthusiastisch, was die Änderungen betrifft, es wird aber sicher auch Skeptiker geben. Eine Technik, die dabei hilft, Meinungsunterschiede zu ermitteln, sind die »Gradients of Agreement« (Grade der Zustimmung), die wir im *Facilitator's Guide to Participatory Decision-Making* [KLT+96] kennengelernt haben.

Anstatt die Teammitglieder einfach mit Ja oder Nein abstimmen zu lassen, stellen Sie eine abfallende Skala auf, die von Zustimmung bis Blockade verläuft. Zeichnen Sie diese Skala auf ein Flipchart und bitten Sie alle Mitarbeiter des Teams, ihren Grad der Zustimmung mit einem Häkchen zu vermerken. Dies erlaubt es Ihnen, ein ernsthaftes von einem lauwarmen Ja sowie ein starkes von einem schwachen Nein zu unterscheiden.

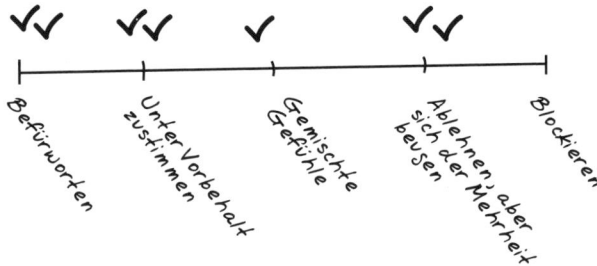

Mit einer abfallenden Skala können Sie sehen, ob es an Übereinstimmung mangelt. Übereinstimmung bzw. Konsens ist wichtig, da eine Person, die mit einer Aktion nicht einverstanden ist, diese auch kaum enthusiastisch umsetzen wird. Manchmal könnten Sie entscheiden, dass es sich lohnt, auch ohne Konsens weiterzumachen, indem Sie eine Änderung als ein zeitlich eingeschränktes Experiment ankündigen, das vom Team bei der nächsten Retrospektive ausgewertet wird. Zeigt die Skala allerdings viele negative Meinungen, dann sollten Sie eine neue Lösung erarbeiten, mit der alle aus dem Team leben können.

**Gradients of Agreement nutzen**
*von Rachel*

Ich verwendete die Gradients of Agreement in einem Workshop über den Ansatz eines Teams zum Testen. Ich wusste von Pair Programming mit Entwicklern aus dem Team, dass nicht alle die gleiche Leidenschaft für das Schreiben automatisierter Unit Tests zeigen. Einige Entwickler wollten unbedingt einen CI-Server installieren, um die Tests automatisch nach jedem Einchecken durchzuführen. Ich machte mir Sorgen, dass dies vom Team nicht vollständig unterstützt werden würde. Um genau zu sein, gab es im Team überhaupt noch keine Tests, die von irgendeinem Entwickler ausgeführt werden könnten. Ich zeichnete eine Skala und gab folgende alternative Ziele vor. Dann bat ich das Team abzustimmen.

A. Automatisierte Tests sollten jeden Tag durchgeführt werden.
B. Automatisierte Tests sollten manuell vor dem Einchecken durchgeführt werden.
C. Automatisierte Tests sollten automatisch nach jedem Einchecken durchgeführt werden.

Alle Teammitglieder zeigten starke Unterstützung für Option A. Die Stimmen für die Optionen B und C waren durchwachsen und zeigten, dass es nicht genügend Unterstützung gab, um sie auszuprobieren. Wir sprachen über einige der Bedenken, die sich meist um die Zeit drehten, die die automatisierten Tests für die Ausführung benötigen würden. In Bezug auf Option A gab es jedoch Konsens im Team, so dass wir die restliche Zeit im Meeting damit verbrachten, uns zu überlegen, was das Team tun müsste, um eine tägliche Build- und Testroutine aufzustellen.

Durch die Verwendung der Gradients of Agreement konnte ich das Team auf die Option mit der meisten Unterstützung konzentrieren. Das Team vermied es, Zeit mit der Installation von Software zu verschwenden, für die die meisten Teammitglieder noch gar nicht bereit waren. Es dauerte noch einige Monate, bis das Team so weit war, dass es damit beginnen konnte, einen CI-Server zum automatischen Ausführen von Tests einzusetzen.

Benutzen Sie diese Technik, um einen gewissen Zustimmungsgrad im Team aufzubauen. Wenn Sie keinen Platz haben, um die Skala aufzumalen, dann können Sie alternativ eine »Fist-to-Five«-Abstimmung durchführen. Das Hochhalten der Faust signalisiert hierbei eine Ablehnung, die Anzahl der gezeigten Finger steht für den Grad der Zustimmung (von 1 = wenig bis 5 = viel). Unabhängig von der verwendeten Methode sollten Sie eine entdeckte Uneinigkeit jedoch ernst nehmen und die zugrunde liegenden Bedenken untersuchen.

## 2.5 Hindernisse

Folgende Hindernisse könnten sich vor Ihnen auftun:

### Ein emotionaler Ausbruch in einem Meeting

Wenn jemand aufgrund eines Konflikts in einem Meeting einen emotionalen Ausbruch erleidet, empfehlen wir Ihnen, eine Pause einzulegen, damit sich die Gemüter wieder beruhigen und der Betreffende seine Fassung wiedergewinnen kann. Bevor Sie mit dem Meeting fortfahren, nehmen Sie die Person zur Seite und versuchen zu erfragen, was sie so sehr aufgeregt hat. Falls Sie das Meeting fortsetzen, dann tun Sie nicht so, als wäre nichts passiert. Geben Sie zu, dass die Emotionen hochgekocht sind und prüfen Sie zusammen mit dem gesamten Team, ob das Meeting fortgesetzt werden kann oder ob zuerst das Problem gelöst werden sollte, das zu dem Ausbruch geführt hat.

### Mangelnde soziale Kompetenz

Manche Leute haben eine Karriere in der Softwareentwicklung eingeschlagen, weil sie gern für sich allein arbeiten und ihnen die Interaktion mit anderen Menschen schwerfällt. Seien Sie sich dessen bewusst, dass Menschen unterschiedliche Vorlieben hinsicht-

## 2.5 – Hindernisse

### Liz sagt ...

**Stecken Sie die Leute nicht in eine Schublade**

Es gibt viele Modelle, mit denen man Menschen in Ebenen oder Typen kategorisieren kann. Die Modelle können ganz sinnvoll sein, wenn Sie feststellen wollen, wie Sie die Informationen dem Team am besten präsentieren. Ein großartiger Start ist das Dreyfus-Lernmodell, das Andy Hunt in *Pragmatic Thinking and Learning: Refactor Your Wetware* [Hun08] erklärt.

Auch über diese Modelle sollten Sie sich informieren:

- Myers-Briggs-Typen[a]
- Thomas-Kilmann-Konfliktmodi[b]

Passen Sie jedoch auf, dass Sie sich nicht zu sehr darauf versteifen, diese Modelle unbedingt anzuwenden; dadurch könnten Sie verkennen, dass jede Person einmalig und anders ist. Wenn Sie etwas mehr über eines dieser Modelle lernen, sind Sie eher in der Lage, Verhaltensweisen anders zu betrachten, wodurch es Ihnen leichter fallen wird, die Aktionen der Leute besser zu bewerten.

---

a. Siehe http://www.myersbriggs.org/
b. Siehe http://www.kilmann.com/conflict.html

lich ihrer Kommunikation haben. Mit einigen müssen Sie direkter sein, während andere mehr Raum brauchen.

### Kulturelle Unterschiede

In unterschiedlichen Kulturen werden auch unterschiedliche Dinge als höflich angesehen. Liz stammt z.B. aus Neuseeland. Manchen Briten ist die Art und Weise, wie sie Dinge anspricht, zu direkt. Sie werden feststellen, dass Leute, die in einer anderen Kultur aufgewachsen sind als Sie, »Ja« sagen, wenn sie »Ich höre zu« meinen und nicht »Ja, ich weiß, wie ich das zu tun habe«. Manche Kulturen kommen mit einer Meritokratie, also einer leistungsorientierten

Gesellschaft, wie sie sich etwa auch in agilen Teams ausdrückt, besser zurecht, während andere Kulturen eine deutliche Hierarchie bevorzugen.

Helfen Sie Ihrem Team, sich auf kulturelle Unterschiede, wie etwa das Tolerieren von Unklarheiten und Individualismus, einzulassen. Eine Möglichkeit wäre es, gemeinsam mit dem Team die Arbeit von Geert Hofstede über kulturelle Dimensionen zu erkunden[1].

## 2.6 Checkliste

- Üben Sie das genaue Zuhören, um die Probleme zu verstehen, denen sich das Team gegenübersieht, und Vertrauen aufzubauen. Wenden Sie der Person, die gerade spricht, Ihre volle Aufmerksamkeit zu und stellen Sie klärende Fragen, um zu überprüfen, ob Sie verstanden haben, was sie sagt.
- Wenn Sie Feedback liefern, dann trennen Sie das, was Sie gesehen oder gehört haben, von Ihren Gefühlen hinsichtlich der Situation. Geben Sie spezielle Beispiele dessen, was Sie bemerkt haben, anstatt die Lage allgemein zu kommentieren. Sagen Sie, was Sie gesehen oder gehört haben und bitten Sie dann Ihr Gegenüber um eine Erklärung der Ereignisse. Setzen Sie sich anschließend zusammen, um Ideen für den Fall zu erarbeiten, dass diese Situation noch einmal eintritt.
- Sollte ein Konflikt ausbrechen, dann sorgen Sie dafür, dass alle Seiten ihre Standpunkte darlegen können. Schreiten Sie nicht ein, um alle Konflikte für das Team zu lösen, da man sich ansonsten immer auf Sie als Friedensstifter verlässt, anstatt selbst zu lernen, damit umzugehen.
- Verwenden Sie die Gradients of Agreement, um den Grad der Unterstützung für eine Änderung zu ermitteln. Dies erlaubt es dem Team, festzustellen, ob es große oder lediglich kleinere Unstimmigkeiten gibt.

---

1. Siehe http://www.geert-hofstede.com/

| Kapitel 3 |

# Den Wandel einleiten

*Um sich zu verbessern, müssen die Menschen zuerst lernen, die Dinge anders zu machen. Führungsprinzip*

Manchmal führen Sie neue agile Praktiken ein, dann wieder helfen Sie einem Team, seine Arbeitsabläufe zu verfeinern. Auf jeden Fall müssen Sie das Team anleiten, um Änderungen durchzuführen. Es reicht nicht, den Leuten zu sagen, was sie tun sollen. Sie müssen verstehen, welche Motivation hinter einer Änderung steckt, bevor sie Energie in sie investieren.

Wie können Sie ihnen also die Augen für neue Möglichkeiten öffnen? Beginnen Sie langsam; geben Sie den Leuten Zeit, über den Wechsel nachzudenken, bevor Sie sie zu Aktionen anfeuern. Suchen Sie nach Gelegenheiten, ihnen etwas über die agilen Methoden beizubringen. Binden Sie sie dann in den Entwurf der Änderungen ein, indem Sie Fragen stellen und auf ihren Ideen aufbauen.

## 3.1  Die Änderung vorstellen

Beginnen Sie damit, dem Team agile Techniken zu empfehlen, und schon werden die ersten Bedenkenträger auf den Plan treten. Selbst wenn es einen einleuchtenden Grund für einen Wechsel gibt, ist es nur natürlich, dass Leute sich wegen der Risiken Sorgen machen. Überzeugen Sie sie, dass es sicher ist, agiler zu werden. Erzählen Sie ihnen Geschichten von anderen agilen Teams, mit denen Sie zusammengearbeitet haben, um ihnen einen Eindruck davon zu vermitteln, was möglich ist.

Zeigen Sie Ihr Vertrauen in die Fähigkeit des Teams, sich zu ändern. Ihr Glauben an seinen Erfolg kann ihm Mut machen, den ersten Schritt zu wagen. Sagen Sie »Wenn wir ...« anstelle von »Falls wir ...« und sorgen Sie dafür, dass die Teammitglieder wissen, dass Sie da sind, um sie zu unterstützen und voranzubringen.

Achten Sie darauf, dass Sie das Team nicht zu schnell zu Änderungen drängen. Neue Ideen sollen Zeit haben, sich zu setzen. Das Team benötigt Zeit, um eine Änderung zu besprechen, bevor es anfängt, sie in die Tat umzusetzen. Dies bietet ihm die Chance, die Implikationen zu durchdenken und zu verstehen, wie es das anpassen kann, was es momentan tut.

## Rachel sagt ...

### Agile Methoden sind keine Religion

Hüten Sie sich davor, ein agiler Fanatiker zu werden, weil dies nach hinten losgehen und Leute abschrecken kann. Behandeln Sie Menschen, die keine agilen Methoden anwenden, nicht wie Narren, die erleuchtet werden müssen! Das ist respektlos und man wird Ihnen einfach nicht zuhören.

Außerdem müssen Sie Brücken bauen, damit die Leute sehen, wie diese seltsamen neuen Prinzipien in ihrer Welt funktionieren könnten. Sie können sogar die Hilfe eines Skeptikers in Anspruch nehmen, um die Löcher in Ihren Vorschlägen zu finden.

## Niemand hört mir zu

Richard war Senior-Entwickler, der seinem Team viele großartige Vorschläge zur Verbesserung der Arbeitsabläufe machte. Allerdings ging er nur so weit, seine Ideen zu unterbreiten. Monate später setzte das Team oft etwas um, was ursprünglich er vorgeschlagen hatte. Dann murrte er: »Ich habe das schon vor Ewigkeiten vorgeschlagen! Wieso hört mir eigentlich niemand zu?«

Er merkte einfach nicht, dass man mehr tun muss, als nur eine Handlungsweise vorzuschlagen, die die Leute befolgen sollen. Man muss auf dem Weg vorangehen, indem man erläutert, weshalb es wichtig ist und dann zeigt, wie man damit anfangen kann.

Darüber hinaus bemerkte er nicht, dass die Leute ihm doch zuhörten. Schließlich setzen sie seine Ideen ja irgendwann um. Es dauerte einfach eine Weile, im Team genügend Unterstützung aufzubauen, um es zu probieren.

## Zeigen Sie, wie es geht

Es reicht nicht, das Team davon zu überzeugen, dass eine Änderung nötig ist, Sie müssen ihm auch zeigen, wie es anfangen soll. Nehmen Sie einmal an, Sie schlagen dem Team vor, das Schreiben von Unit Tests würde ihm helfen, Fehler zu reduzieren. Seien Sie nicht überrascht, wenn alle nicken und zustimmen, aber niemand wirklich damit beginnt, solche Tests zu schreiben. Die Leute brauchen Unterstützung, um diese Änderung umzusetzen. Folgen Sie dem PrOpER-Zyklus (Abschnitt 1.4).

Hier sind einige Möglichkeiten, die Sie ausprobieren können:

**Das Team schulen:** Beraumen Sie im Unternehmen eine Trainingseinheit an, damit das Team lernen kann, wie man Unit Tests schreibt.

**Veranschaulichen:** Setzen Sie sich mit den Entwicklern zusammen, um ihnen zu zeigen, wie sie Unit Tests schreiben sollen.

**Es sichtbar machen:** Legen Sie zusammen mit dem Team fest, wie viele Unit Tests jeden Tag geschrieben werden sollen. Vermer-

> **Rachel sagt ...**
>
> **Seien Sie offen**
>
> Einige der Coaching-Techniken, über die wir lesen, könnten als »manipulativ« bezeichnet werden. Man könnte z.B. absichtlich einen Fehler machen, um die Person, mit der man zusammenarbeitet, dazu zu bewegen, ihn zu korrigieren. Ich versuche solche Tricks zu vermeiden und bei dem, was ich mache, transparent zu sein. Eine andere Möglichkeit, um jemanden zu ermutigen, dies zu tun, wäre es zu sagen: »Ich habe einige Story Tests geschrieben, jetzt sind Sie dran.«

ken Sie auf dem Teamboard, wie weit man auf dem Weg zum angegebenen Ziel gekommen ist.

**Das Problem verdeutlichen**

Als Trainer werden Sie viele Gelegenheiten für Verbesserungen sehen. Bevor Sie den anderen jedoch Ihre Ideen mitteilen, sollten Sie sich darauf vorbereiten, das Problem zu verdeutlichen, das die Änderung veranlasst. Zeichnen Sie ein deutliches Bild des wahrscheinlichen Ergebnisses, welches das Team erhalten wird, wenn es keine Änderungen vornimmt. Sie könnten z.B. sagen: »Gerade jetzt kommt der Code zum Beheben von Bugs zurück. Dadurch verzögert sich der Release. Wir enttäuschen unsere Kunden, wenn wir die Abgabe des Produkts verpassen. Sie stehen schon seitens des Managements unter Druck, diese Arbeit nach außen zu verlagern. Wenn wir eine weitere mangelhafte Version herausgeben, sind wir geliefert.«

Es besteht allerdings keine Veranlassung, zu dick aufzutragen, es soll schließlich nicht so klingen, als wäre das Problem nicht zu lösen. Sie wollen einfach nur, dass jedem klar wird, weshalb es problematisch ist, nichts zu ändern.

> **Widerstand wirksam einsetzen**
>
> Dale Emery hat unter dem Titel »Resistance as a Resource« [Emeo1] einen ausgezeichneten Artikel geschrieben. Darin spricht er über die Arten von Widerstand, denen Sie wahrscheinlich begegnen werden, und wie Sie darauf reagieren.
>
> Dale mahnt uns, »die Antworten der Leute nicht immer als Widerstand aufzufassen«. Stellen Sie sich stattdessen alle Antworten als Informationen vor, aus denen Sie lernen können.
>
> Wenn Leute Einwände und Gründe gegen die Änderung vorbringen, dann sollten Sie ihnen genau zuhören. Versuchen Sie, ihre Standpunkte zu verstehen. Können Sie ihnen bei einigen Dingen zustimmen? Bestätigen Sie ihre Bedenken – eine Änderung dauert natürlich einige Zeit, kostet mehr Geld oder ist schwer durchzuführen. Erklären Sie, weshalb Sie sie trotzdem für eine gute Idee halten. Legen Sie dar, dass die Vorteile die Kosten aufwiegen. Z.B. bedeutet das Refactoring des Codes vor jedem Einchecken natürlich, dass es länger dauert, die einzelnen Benutzer-Stories zu implementieren, allerdings lässt sich der Code auf diese Weise auf längere Sicht auch besser warten.

Sie können ein Problem überzeugender verdeutlichen, indem Sie Beweise zur Unterstützung anführen. Ihre Vorhersage aus dem genannten Beispiel hat viel mehr Aussagekraft, wenn Sie angeben können, wie oft der Code zur Fehlerbehebung an die Entwickler zurückgegangen ist, bevor er ausgeliefert werden konnte. Achten Sie jedoch darauf, dass Sie das Team nicht für die Art und Weise kritisieren, wie es jetzt arbeitet. Als Trainer liegt Ihr Augenmerk darauf, eine Verbesserung voranzubringen, nicht die individuelle Leistung.

**Anteilnahme für die Änderung entwickeln**

Nachdem Sie die Probleme näher erläutert haben, wird es Zeit, sich auf die Änderungen zu konzentrieren. Ermutigen Sie die Teammitglieder, sich die positiven Ergebnisse anzuschauen, die eine Verbesserung ihres agilen Arbeitsablaufs mit sich bringt. Bauen Sie eine gemeinsame Anteilnahme auf, indem Sie die Pros und Kontras potenzieller Änderungen besprechen.

Lassen Sie die anderen die Optionen wissen, die Sie sehen, und laden Sie sie ein, ihre eigenen Ideen mitzuteilen. Wie würden sie gern arbeiten? Sehen sie Möglichkeiten, ihre Karriereaussichten zu verbessern und bessere Produkte zu entwickeln? Die Leute folgen Ihnen bereitwilliger, wenn es *ihre eigenen* Ideen sind.

Diese Gespräche über die Verbesserung der Abläufe werden zu einem normalen Teil des Teamlebens, wenn das Team erst einmal beginnt, Retrospektiven zu halten. Ein Ansatz bei der Übernahme agiler Methoden, den wir mit einigen Teams verfolgt haben, bestand darin, Retrospektiven zur ersten agilen Praktik zu machen, die eingeführt wurde. Retrospektiven bieten dem Team ein Forum, um alle paar Wochen Probleme zu diskutieren und Änderungen einzubringen (mehr dazu erfahren Sie in Kapitel 13).

**Machen Sie die Änderung zu einem Experiment**

Wenn Sie Widerstand verspüren, dann schlagen Sie vor, dass man etwas anderes als Experiment ausprobieren könnte. Indem man eine Änderung als Experiment ankündigt, hilft man dem Team, sich auf die Vorteile zu konzentrieren, weil man dann darüber reden muss, wie man den Erfolg des Experiments bewertet. Falls das Team einen Erfolg sehen kann, hat es einen Grund weiterzumachen.

Wir verraten Ihnen ein Geheimnis: Wenn das Team erst einmal den Sprung gewagt und eine Änderung als Experiment ausprobiert hat, gewöhnen sich die Teammitglieder an diese neue Art des Arbeitens. Jetzt wird der Wechsel zurück zur alten Arbeitsweise wahrscheinlich

> **Liz sagt ...**
>
> **Suchen Sie sich Ihre Kämpfe aus**
>
> Idealerweise können Sie Dutzende von Problemen und Verbesserungsmöglichkeiten sehen. Wenn Sie aber über alle Probleme sprechen, die Ihnen auffallen, dann klingen Sie vermutlich zu negativ und man wird Ihnen irgendwann nicht mehr zuhören.
> Sie müssen Eindruck auf die Leute machen, damit diese Ihrer Führung folgen. Kent Beck drückt es so aus: »Beginnen Sie mit kleinen Änderungen. Machen Sie jetzt eine Sache und verschieben Sie alles andere auf später« (aus *Extreme Leadership* [Bec00]). Picken Sie sich deshalb ein Problem heraus, an dem Sie mit dem Team arbeiten, und konzentrieren Sie Ihre Anstrengungen darauf, dieses zu lösen.

Zögern auslösen. Sie werden außerdem bemerken, dass mit jeder Änderung, die das Team übernimmt, der Widerstand bei einem weiteren Wechsel schrumpft. Veranlassen Sie das Team deshalb, zuerst einige kleinere Änderungen vorzunehmen, wie etwa das Umgestalten des Arbeitsbereiches oder das Einführen eines gemeinsamen Mittagessens, um es auf größere Änderungen vorzubereiten.

## 3.2 Fragen stellen

Sie können das Team auch einfach durch das Stellen von Fragen auf den Gedanken bringen, eine Änderung vorzunehmen. Wenn Sie jemandem eine Frage stellen, dann zeigen Sie, dass Sie seine Meinung schätzen und an einer Antwort interessiert sind. Ihr Gegenüber muss sein Gehirn einschalten, um eine Antwort zu geben. Dabei begibt es sich ebenfalls auf die Suche nach Verbesserungen hinsichtlich der Arbeitsweise des Teams. Eine Frage, die zum Denken anregt, könnte sogar dazu führen, dass man Ihren Ausführungen folgt und selbst zur Tat schreitet.

Dies sind einige sehr gute Fragen, die Sie stellen können:
- Was können wir tun, damit dieser Bug nicht noch einmal auftritt?
- Wie können wir rechtzeitig ausliefern?
- Wie können wir effektiver arbeiten?

Oft lassen sich die Leute von selbst auferlegten Meinungen behindern. Man kann die Fragen einsetzen, um ihre Meinungen und Vorstellungen von der Arbeitsweise der Organisation und dem, was sie tun oder nicht tun können, herauszufordern. Was hält sie beispielsweise davon ab, das zu tun, was sie für richtig halten? Wenn Sie eine Antwort wie »Das Management erlaubt es uns nicht« erhalten, dann bohren Sie nach weiteren Informationen. Welcher Manager? Woher wissen sie, dass der Manager sie nicht lässt? Helfen Sie ihnen zu erkennen, dass sie Annahmen getroffen haben, die nicht zutreffen.

### Sind Regeln wirklich Regeln?
*von Rachel*

Manchmal schiebt ein Team die Firmenpolitik vor, um zu rechtfertigen, dass es keine Änderungen vornimmt. Es lohnt sich daher nachzuprüfen, ob diese Politik wirklich eine Regel darstellt.

Ein Team, in dem ich gearbeitet habe, besaß eine Gruppe zur Verbesserung der Arbeitsprozesse, die in einem anderen Büro arbeitete. Diese Gruppe stellte eine Reihe von Dokumentvorlagen auf ihrer Intranetsite bereit. Das Team war der Meinung, es wäre gezwungen, diese Vorlagen zu benutzen, und gab dies als Grund dafür an, dass es nicht in der Lage sei, User Stories auszuprobieren.

Ich telefonierte mit der Prozessverbesserungsgruppe und fragte nach, ob es zwingend notwendig sei, die Vorlagen zu verwenden. Die überraschende Antwort lautete, dass die Vorlagen nur als Beispiele dienen sollten und auf Dokumenten aus einem anderen Projekt beruhten. Es bestand keine Notwendigkeit, diese Vorlagen anzuwenden!

Wie sollte man seine Fragen formulieren? Stellen Sie keine geschlossenen Fragen, die eine Ja/Nein-Antwort oder einfache Informationen liefern. Arbeiten Sie stattdessen mit offenen Fragen wie »Wie?« oder »Was würde passieren, wenn ...?«, um das Gespräch zu eröffnen und Ihr Gegenüber einzuladen, seine Meinung zu sagen und nachzudenken.

Seien Sie vorsichtig mit »Wieso«-Fragen, weil diese leicht so klingen, als würden Sie jemanden kritisieren, auch wenn Sie es gar nicht so meinen. »Wieso haben Sie das gemacht?« klingt anklagend, während »Was haben Sie zu tun versucht?« freundlicher rüberkommt. Bei »Wieso«-Fragen geht es eher um das Problem als um die Lösung. Es ist pragmatischer, wenn man sich darauf konzentriert, was geschehen muss, um etwas zu verbessern, als darauf herumzureiten, was schiefgegangen ist.

Stellen Sie nur dann Fragen, wenn Sie auch tatsächlich an einer Antwort interessiert sind. Wenn Sie zustimmend nicken, legt dies nahe, dass Sie nach einer bestimmten Antwort suchen, was schnell gönnerhaft wirken kann. Sollten Sie also tatsächlich nach einer bestimmten Antwort suchen, dann beginnen Sie das Gespräch nicht mit einer Frage.

**Was Sie fragen sollten**

Es gibt viele verschiedene Arten von Fragen. Im Folgenden finden Sie einige sinnvolle Fragen, die Sie ausprobieren können.

**Um Hilfe bitten**

Eine Möglichkeit, das Team an der Änderung zu beteiligen, besteht darin, gleich zur Sache zu kommen und um seine Hilfe zu bitten – nicht auf allgemeine Weise bei einem Teammeeting, sondern persönlich beim Kaffee. Berichten Sie den Teammitgliedern von dem Problem, dem Sie sich gegenübersehen und bitten Sie um deren Hilfe. Sie könnten Ihnen helfen, indem sie Ideen, Unterstützung oder irgendwelche praktischen Hilfen beitragen. Die meisten Leute helfen gern und werden sich geschmeichelt fühlen, wenn Sie sie fragen.

## Denkfragen

Merken Sie sich, dass das Team über das Problem nachdenken muss, nicht Sie. Sie können das Nachdenken anregen, indem Sie *Denkfragen* stellen.

David Rock behauptet in *Quiet Leadership: Six Steps to Transforming Performance at Work* [Roc06], dass die besten Fragen, die Sie stellen können, wenn Sie jemanden anleiten, der mit einem Problem zu Ihnen kommt, das Wort *denken* (oder ein ähnliches Wort) enthalten, also etwa so:

- Wie lange *denken* Sie schon über dieses Problem nach?
- Wie oft *denken* Sie daran?
- Sind Sie zufrieden mit der Menge der *Gedanken*, die Sie diesem Problem gewidmet haben?
- Können Sie Lücken in Ihren *Gedankengängen* erkennen?
- Welche *Einsichten* haben Sie gewonnen?

Denkfragen ermutigen die Person, mental zurückzutreten und das Problem auf einer eher strategischen Ebene zu durchdenken. Wenn Sie eine Denkfrage stellen, dann helfen Sie dem Team, die Einzelheiten des Problems außer Acht zu lassen und es aus einer anderen Perspektive zu betrachten. Beachten Sie jedoch, dass Denkfragen möglicherweise nicht funktionieren, wenn eine Person unter Stress steht oder emotional ist, weil sie dann vielleicht nicht in der Lage ist, Abstand von dem Problem zu gewinnen.

## Reflektierende Fragen

Regen Sie das Team an, stärker darauf zu achten, wie es arbeitet, indem Sie hinterher fragen, was ihm aufgefallen ist. Nehmen Sie an, Sie wollen die Aufmerksamkeit in Bezug auf den Ablauf der täglichen Standup Meetings erhöhen, damit Sie hinterher fragen können, was den Teammitgliedern aufgefallen ist. Sie können einfach fragen: »Was haben Sie heute beim Standup bemerkt?« Oder Sie bohren tiefer, indem Sie weiter nachhaken: »Wie ist das Meeting verlaufen? Haben die Leute die Aufgaben auf dem Teamboard aktualisiert? Wie war das heutige Treffen im Vergleich zum gestrigen?«

Teilen Sie Ihre Beobachtungen mit, damit die anderen merken, an welchen Dingen Sie interessiert sind. Ich habe z.B. bemerkt, dass es heute weniger Unterbrechungen gab und das Meeting besser zu laufen schien. Ich fragte mich, ob das daran lag, dass Yuan von zuhause aus anrief und wir das Telefon herumreichen mussten, um mit ihr zu sprechen. Es sah aus, als würden wir das Telefon als Sprech-Token ansehen. Vielleicht sollten wir ein Sprech-Token einführen, wenn sie wieder da ist?

**Fünfmal Wieso**

*Fünfmal Wieso* ist eine von Taiichi Ohno [Ohn88] erfundene Technik, die Sie zusammen mit dem Team einsetzen können, um eine Ursachenanalyse durchzuführen. Wenn Sie »Fünfmal Wieso« anwenden, dann müssen Sie erklären, was Sie tun – dass Sie eine Technik anwenden und nicht jede Frage wiederholen, weil Ihnen die Antwort nicht gefällt.

Fragen Sie zuerst nach dem offensichtlichsten Problem. Lassen Sie sich dafür eine Lösung einfallen und bohren Sie dann tiefer, indem Sie fragen, was das offensichtlichste Problem verursacht hat, was dies wiederum verursacht hat und was dies verursacht hat. Nachdem Sie fünfmal »Wieso« gefragt haben, sollten Sie das wirkliche Problem erreicht haben, bei dem es sich um ein Problem des Systems handelt – etwa dass den Kunden unrealistische Versprechen gemacht werden oder nichts in die Weiterbildung des Teams investiert wird.

Hier ein Beispiel:

**Wieso 1:** »Wieso haben wir die Software gestern nicht freigeschaltet?«
»Wir hatten zu viele offene Defekte.«

**Wieso 2:** »Wieso haben wir so viele offene Defekte?«

»Das liegt daran, dass die Tester die Defekte einfach in die Bug-Tracking-Software eintragen, wenn sie sie gefunden haben, und den Entwicklern nichts sagen.«

**Wieso 3:** »Wieso sagen die Tester den Entwicklern nichts?«

»Weil die Entwickler an etwas anderem arbeiten.«

**Wieso 4:** »Wieso arbeiten die Tester und die Entwickler nicht zusammen?«

»Weil die Tester in allen Teams verfügbar sein müssen, nicht nur in diesem Team.«

**Bingo!** Hier ist das Systemproblem, welches das Team an der Auslieferung hindert. Dies ist das Problem, das eine Änderung in der Herangehensweise erfordert. Wenn das Team einen eigenen Tester erhalten kann, anstatt auf die Tester zurückgreifen zu müssen, die für das ganze Unternehmen zuständig sind, werden die Bugs schneller gefunden und behoben, wodurch sich die Wahrscheinlichkeit erhöht, dass das Produkt pünktlich ausgeliefert wird.

**Wieso 5:** »Wieso haben wir nicht genügend Tester, damit jedes Team einen eigenen Tester bekommen kann?«

»Weil wir uns nicht mehr Tester leisten können.«

Auf diese Weise stellen wir fest, dass eine der Ursachen, weshalb das Team gestern nicht ausgeliefert hat, darin besteht, dass das Unternehmen Tester nicht hoch genug schätzt, um sie einzustellen.

»Fünfmal Wieso« ist eine leistungsstarke Technik, allerdings kann sie Probleme aufdecken, die sich der Kontrolle des Teams entziehen und erst an die richtige Stelle in der Organisation befördert werden müssen.

### Wann man keine Fragen stellen sollte

Stellen Sie keine Fragen, wenn Sie eigentlich Hilfestellung leisten wollen. Wenn Sie eine Frage stellen, dann müssen Sie die Antwort akzeptieren, auch wenn sie Ihnen nicht gefällt, und das erschwert es Ihnen, den Rat zu erteilen, den Sie geben wollten. Falls Sie z.B. fragen »Wie hätte man diesen Bug früher finden können?« und die Antwort erhalten »Durch manuelles Testen«, dann wird es schwerer, das Team zum automatisierten Testen hinzuführen, weil es dann so klingen könnte, als würden Sie es korrigieren.

Falls Sie immer nur Fragen stellen, kommt es den Leuten vielleicht so vor, als würden Sie Ihr Wissen zurückhalten und wollten es nicht preisgeben. Man könnte Ihre Aufrichtigkeit anzweifeln und ist möglicherweise nicht offen zu Ihnen. Denken Sie daran, dass eine Frage so klingen könnte, als pickten Sie nur die Fehler heraus, falls man Ihnen nicht abnimmt, dass Sie tatsächlich an einer Antwort interessiert sind. Die anderen Leute glauben möglicherweise, Sie steckten Ihre Nase in Dinge, die Sie nichts angehen und reden einfach nicht mehr mit Ihnen.

### Das Gefühl von Manipulation
*von Liz*

Ich hatte einmal einen Projektmanager, der nicht zufrieden mit meiner Entscheidung war, einen Bug nicht zu beheben. Anstatt zu mir zu kommen und es mir ins Gesicht zu sagen, fragte er: »Wollen Sie nicht auch, dass die Leute das Projekt für erfolgreich halten?« Seine Suggestivfrage machte mich wütend, weil er versuchte, mich so zu manipulieren, dass ich das tat, was er wollte, anstatt meine Beweggründe zu verstehen. Ich hätte es begrüßt, wenn er mich direkt gefragt hätte: »Wieso beheben Sie den Fehler nicht?«

Das Stellen von Fragen nützt nichts, wenn zwischen Ihnen und einer anderen Person kein Vertrauen besteht. Diese Person geht dann bei Fragen wahrscheinlich in die Defensive und Sie werden vermutlich keine ehrliche Antwort erhalten. Wenn Sie sie nicht davon überzeugen können, dass Sie sich wirklich für eine Antwort interessieren, sollten Sie keine Fragen stellen, weil Sie der Sache sonst eher schaden als nützen. Seien Sie stattdessen direkt und offen, erteilen Sie Ihre Ratschläge und arbeiten Sie weiter daran, eine vernünftige Beziehung aufzubauen.

## 3.3 Zum Lernen ermutigen

Ihr Team braucht Zeit, um die agilen Methoden kennenzulernen, bevor es agile Praktiken übernehmen kann. Ermutigen Sie es, Zeit zum Lernen in seine Pläne aufzunehmen. Falls das Team z.b. eine neue Technik wie die testgetriebene Entwicklung implementieren möchte, muss es sich die Zeit nehmen können, um dieses Verfahren kennenzulernen, bevor es dies umsetzen kann.

Es ist nicht nötig, dem Team die agilen Ideen häppchenweise nahezubringen. Es sollte sich nicht allein auf Sie als einzige Wissensquelle verlassen, sondern beim Lernen selbst die Initiative ergreifen.

**Gelegenheiten zum Lernen schaffen**

Die agile Praxis entwickelt sich noch. Sie und das Team müssen daher versuchen, mit den aktuellen Strömungen Schritt zu halten. Es gibt viele verschiedene Möglichkeiten, etwas über die agilen Methoden zu lernen. Versuchen Sie, den Leuten den Zugang zu einer Vielzahl von Lernressourcen zu erleichtern. Sie könnten z.B. eine Wiki-Seite mit nützlichen Links auf Bücher, Artikel und Podcasts anlegen.

Legen Sie selbst das Verhalten an den Tag, das Sie auch von anderen sehen möchten. Lassen Sie das Team spüren, dass Sie ebenfalls Zeit zum Lernen aufwenden und reden Sie mit ihm über die neuen Dinge, die Sie sich angeeignet haben.

Eine sehr gute Methode, neue Ideen vorzustellen, besteht darin, Vorträge von Leuten in Ihrer Organisation über ihre agilen Erfahrungen zu arrangieren. Dies schafft für Ihre Kollegen die Möglichkeit, zu zeigen, was sie gelernt haben. Es erhöht ihr Ansehen im Unternehmen und bietet ihnen Gelegenheit, das Reden in der Öffentlichkeit zu üben. Das Halten eines Vortrags an der Arbeitsstelle ist unter Umständen der erste Schritt zum Halten eines Vortrags auf einer Konferenz.

> **Studiengruppe**
>
> Bei einer Studiengruppe (siehe *Fearless Change* [MR04]) handelt es sich um ein regelmäßiges formloses Treffen, bei dem eine kleine Gruppe von Leuten eine Idee oder ein Kapitel eines Buches diskutiert. Es funktioniert ganz gut, wenn sich fünf bis zehn Leute einmal pro Woche treffen.
>
> Richten Sie es mit dem Team so ein, dass sich die Gruppe mittags, nach der Arbeit oder vielleicht sogar während der Arbeitszeit – falls das Unternehmen solche Aktivitäten unterstützt – trifft. Die Leute können ihr Mittagessen mitbringen. Möglicherweise können Sie das Management überzeugen, Schnittchen oder Pizza zu spendieren. Jede Woche moderiert eine andere Person dieses Treffen. Typischerweise stellt sie ein Buchkapitel vor, das anschließend von der Gruppe diskutiert wird. Das Treffen ist klein, so dass jeder in die Diskussion einsteigen kann und nicht nur dem Vortrag einer einzigen Person lauschen muss.
>
> Solche Treffen funktionieren aus mehreren Gründen gut. Es gibt keinen Lehrer oder Experten, so dass jeder als Teilnehmer aktiv sein und seine eigenen Schlussfolgerungen ziehen kann. Die Leute lernen beim Lesen und Diskutieren mehr als nur beim Lesen allein.
>
> Eine Studiengruppe ist nicht nur eine Methode, um mehr Informationen zu erhalten. Sie kann Leute auch dabei unterstützen, die besprochenen Praktiken auszuprobieren. Nachdem z.B. bei einer Sitzung der Studiengruppe Pair Programming besprochen oder ein automatisiertes Deployment-Skript erzeugt wurde, könnten sich die Mitglieder der Gruppe angeregt fühlen, das selbst einmal auszuprobieren. Anstatt allein von diesen Ideen zu lesen, wissen sie, dass sie Unterstützung von der Studiengruppe erwarten können.

**Tech Talks**
*von Liz*
Bei einem Unternehmen, in dem ich arbeitete, führte man »Tech Talks« durch, die zunächst stark technisch orientiert waren. Teams stellten der Organisation auf einer eher technischen Ebene die Arbeit vor, mit der sie gerade beschäftigt waren. Mit der Zeit weitete sich das Themenspektrum aus und wir hatten Vorträge von der Verkaufsabteilung über deren Probleme, Vorträge des CEO über seine Vision bis hin zu Vorträgen über gutes GUI-Design usw.

Sie können das Interesse wecken, indem Sie einen Experten mitbringen, der eine Vorlesung hält. Wenn Sie wissen, dass ein bekannter Sprecher Ihre Gegend besucht, dann scheuen Sie sich nicht, ihn anzusprechen. Vermutlich freut er sich, sein Netzwerk auszuweiten und kommt gern, vor allem, wenn Sie ihn hinterher auf ein Bier einladen. Sie könnten auch jemanden von Ihrer lokalen agilen Benutzergruppe bitten, darüber zu sprechen, wie agile Techniken in dessen Organisation funktionieren.

Unterstützen Sie die Teilnahme des Teams an Studiengruppen und Vorlesungen, indem Sie organisiert sind, Räume für die Treffen reservieren, Einladungen verschicken, Gastredner einladen, Essen bestellen usw. Werben Sie bei den Teilnehmern für diese Gruppen und wiederholen Sie diese Werbung am Tag des Vortrags noch einmal.

**Außerhalb Ihrer Organisation lernen**
Auch Konferenzen eignen sich gut, um dem Team neue Ideen vorzustellen. Sie bieten die Gelegenheit, Leute mit den gleichen Problemen zu treffen, Erfahrungen auszutauschen und Unterstützung zu erhalten. Gerade Leute, die schon sehr lange im Unternehmen sind, können bei Konferenzen einen Blick auf neue Möglichkeiten werfen, Dinge zu erledigen.

Betrachten Sie es als Teil Ihrer Aufgabe, die Leute darauf aufmerksam zu machen, dass und wie sie sich um die Finanzierung ihrer

Konferenzteilnahme zu kümmern haben. Ermutigen Sie Teammitglieder, die an einer Tagung teilnehmen, anderen davon zu berichten, was sie dort gelernt haben. Teilen Sie ihnen diese Anforderung bereits vor der Konferenz mit, damit sie speziell auf Ideen achten, die sie dem Team mitteilen können.

Unterstützung und neue Ideen lassen sich auch in einer lokalen Benutzergruppe finden. Anstatt Ihr Team einfach nur über das nächste Treffen der lokalen agilen Gruppe in Kenntnis zu setzen, können Sie es wissen lassen, dass Sie dieses Treffen besuchen werden und es einladen, Sie zu begleiten.

## 3.4 Meetings moderieren

Sobald das Team bereit ist, sich einer Änderung zu stellen, werfen Sie es nicht einfach ins tiefe Wasser und lassen es zappeln. Zeigen Sie dem Team, wie die neue Technik funktioniert, die eingeführt werden soll.

Bieten Sie an, das erste neue agile Meeting, das das Team durchführen möchte, zu *moderieren*, sei es nun ein retrospektives oder ein Planungstreffen. Erläutern Sie während des Meetings den Ablauf, den Sie verfolgen, damit die Teammitglieder lernen, wie sie selbst ein Meeting moderieren können. Setzen Sie sich beim nächsten Mal mit der Person zusammen, die die Sitzung moderieren möchte und helfen Sie bei der Planung. Während des Meetings halten Sie sich dann im Hintergrund. Sie können immer noch einspringen, wenn das Meeting aus dem Ruder zu laufen droht, ansonsten liefern Sie Ihr Feedback als Trainer am Ende.

Legen Sie Ihren Denkprozess dar, indem Sie das Geschehen laufend kommentieren. Sie könnten sagen »Ich merke gerade, dass wir schon eine Stunde zusammensitzen und es langsam stickig wird. Machen wir eine Pause.« oder »Darren, Sie stecken heute voller Ideen. Ich stelle aber gerade fest, dass Alison noch gar nicht gesagt hat, was sie über die Geschichte denkt. Alison, möchten Sie etwas hinzufügen?«

Hier einige Tipps, mit denen sich Ihre Meetings effektiv gestalten lassen.

**Legen Sie eine Zeit fest:** Richten Sie eine Zeit für die Meetings ein, die dem ganzen Team passt und informieren Sie alle umfassend über die Vorbereitungen, die sie treffen müssen.

**Richten Sie den Raum ein:** Überlegen Sie, wie viel Platz Sie für das Meeting brauchen. Vermeiden Sie Versammlungsräume mit sehr großen Tischen, weil dies das Team zu sehr auseinanderreißt und auf diese Weise die Karteikarten auf dem Tisch nicht mehr gut zu erkennen sind. Sie brauchen außerdem irgendeine Möglichkeit, Notizen zu machen, wie etwa ein Flipchart oder eine Tafel.

**Geben Sie den Zweck des Meetings bekannt:** Beginnen Sie das Meeting damit, dass Sie dessen Zweck deutlich angeben und einen Überblick über die Tagesordnung bieten. Erinnern Sie das Team an irgendwelche Vereinbarungen oder Regeln für Meetings.

**Halten Sie es in Gang:** Bleiben Sie während des Meetings wachsam und achten Sie darauf, dass die Gespräche produktiv sind und nicht auf andere Themen abdriften. Wenn Sie als »Moderator« auftreten, dann besteht Ihr Ziel darin, das Meeting für die anderen Leute zu erleichtern – Sie sind sozusagen das Öl im Getriebe. Sie halten das Treffen auf Kurs, damit am Ende etwas Sinnvolles herauskommt. Das geht einfacher, wenn Sie in der Diskussion keine aktive Rolle spielen – treten Sie einen Schritt zurück und nehmen Sie eine neutrale Position ein. Falls man Sie um eine Meinung bittet, dann legen Sie die Moderatorenrolle ausdrücklich nieder.

**Ermutigen Sie alle zur Teilnahme:** Sorgen Sie dafür, dass alle Meinungen angehört werden. Das bedeutet, dass immer nur einer redet. Wenn jemand grobe Verallgemeinerungen macht, kann es hilfreich sein, um Beispiele zu bitten und klärende Fragen zu stellen, um die Einzelheiten herauszuarbeiten.

**Fassen Sie die wesentlichen Punkte zusammen:** Bevor Sie irgendwelche Punkte an die Tafel schreiben, überprüfen Sie, ob Sie die Sachlage wirklich verstanden haben, indem Sie wiederholen, was Sie gehört haben.

**Beenden Sie das Meeting:** Wenn Sie das Meeting zum Ende bringen, sorgen Sie dafür, dass die Ergebnisse angemessen aufgezeichnet werden. Digitalfotos bilden eine schnelle Möglichkeit, um Skizzen auf dem Whiteboard und Gesprächsnotizen aufzunehmen.

Um das nächste Meeting zu verbessern, bitten Sie um Rückmeldungen in Bezug auf Ihre Moderation. Dazu könnten Sie entweder am Ende des Meetings um Vorschläge und Anregungen bitten oder jemanden fragen, ob er beobachten würde, wie Sie das Meeting leiten und anschließend mit ihm Verbesserungen diskutieren.

## 3.5 Hindernisse

Folgende Hindernisse könnten sich Ihnen in den Weg stellen.

### Manche Leute ändern sich nicht

Manche Leute wollen immer die Ersten sein, die neue Dinge ausprobieren oder das neueste technische Spielzeug besitzen. Andere ziehen es vor, die Letzten zu sein und sich nur dann zu ändern, wenn es sich absolut nicht mehr vermeiden lässt. Halten Sie sich nicht mit dem Versuch auf, Zauderer zu überzeugen. Sie *wollen* die Letzten sein, die eine neue Arbeitsmethode übernehmen. Irgendwann werden sie sich ändern, wenn die agilen Methoden zum neuen Status Quo werden.

### Kollisionen mit der Unternehmenspolitik

Wenn Sie eine Änderung vornehmen, werden Sie manchmal als eine Bedrohung für das vorhandene Machtgefüge wahrgenommen. Sie kollidieren mit der Unternehmenspolitik.

Leute, die in ihren Jobs nicht besonders gut sind, werden wahrscheinlich entlarvt. Manche Leute, wie Projektmanager oder -planer, glauben vielleicht sogar, dass ihre Jobs in Gefahr sind. Achten Sie auf entsprechende Missverständnisse, die aufgeklärt werden müssen.

Ein angesehener technischer Leiter oder Manager könnte derjenige sein, der den Übergang des Teams zu agilen Techniken blockiert. Es hilft Ihrer Sache nicht, wenn Sie übermäßig kritisch mit ihm sind. Offener Widerspruch zu ihm könnte seine Autorität untergraben und dazu führen, dass er sein Gesicht verliert. Nehmen Sie sich stattdessen Zeit, um ihm klarzumachen, dass Sie seine Sichtweise verstehen. Sie können dann daran arbeiten, ihn für Ihre Denkweise zu gewinnen, indem Sie ihm Ihre Pläne mitteilen und sich so seine Unterstützung sichern.

Sie müssen darüber hinaus darauf achten, dass Sie sich nicht zu stark an eine autoritäre Person wie einen technischen Leiter oder einen Manager anschließen. Falls Sie einen höherrangigen Förderer haben, sollten Sie besonders aufpassen, dass Sie diese Person nicht zu sehr unterstützen oder ihre Vorlieben und Abneigungen verstärken. Diese Person hat bereits die Autorität auf ihrer Seite; machen Sie deutlich, dass Sie nicht der Spion des Managements sind, sondern Ihre Aufgabe darin sehen, dem Team zu dienen.

**Widersprüchliche Vorstellungen**
Manchmal ist es schwer, sich auf das Wesentliche zu konzentrieren, wenn Leute kommen, die Ihre Unterstützung suchen. Z.B. könnte sich jemand bei Ihnen beschweren, weil es ihm nicht erlaubt ist, etwas an die Wand zu kleben. Sie stimmen ihm vielleicht zu, dass dies ein Problem darstellt, glauben aber, dass es nicht der richtige Zeitpunkt ist, um es zu lösen.

Versuchen Sie in der Öffentlichkeit neutral zu bleiben und erklären Sie dann unter vier Augen, dass Sie sich die »Schlachten aussuchen«, um nicht in den Ruf zu geraten, negativ zu sein. Erläutern Sie die Probleme, an denen Sie momentan arbeiten und bitten Sie um Hilfe.

Dann können Sie gemeinsam einen Plan ausarbeiten, um die gewünschte Änderung herbeizuführen oder vereinbaren, dass dies ein Kampf ist, den Sie momentan nicht ausfechten können.

## 3.6 Checkliste

- Teilen Sie Ihre Begeisterung für die agilen Methoden mit, ohne zu fanatisch zu sein. Reden Sie darüber, veranschaulichen Sie es und bieten Sie anderen entsprechende Hilfestellung an. Ermutigen und inspirieren Sie das Team, dass die agilen Praktiken funktionieren können und werden.
- Verdeutlichen Sie dem Team das Problem. Helfen Sie ihm zu erkennen, weshalb es sich ändern soll. Wie sehen die langfristigen Folgen aus, wenn der momentane Zustand beibehalten wird? Reden Sie einzeln mit den Teammitgliedern. Auf welche Weise werden sie persönlich von dem Wechsel profitieren?
- Wenn Sie auf Widerstand stoßen, versuchen Sie zu verstehen, woher er kommt. Gibt es ein Problem mit der Idee an sich oder mit der Art und Weise, wie Sie sie vorgestellt haben? Gibt es gute Gründe, Bedenken hinsichtlich der vorgeschlagenen Idee zu äußern? Schenken Sie den Vorbehalten genügend Beachtung?
- Stellen Sie Fragen, um das Team an der Verbesserung seiner agilen Arbeitsweise zu beteiligen. Bitten Sie um Hilfe, um Unterstützung zu gewinnen, stellen Sie Denkfragen, um Reaktionen zu erzwingen und setzen Sie die Fünfmal-Wieso-Methode ein, um eine Ursachenanalyse durchzuführen.
- Regen Sie unterschiedliche Methoden an, um die agilen Praktiken kennenzulernen: Bringen Sie Bücher mit ins Büro, berichten Sie von Blogs, die Sie lesen und weisen Sie die Leute auf Podcasts hin. Organisieren Sie Präsentationen und Studiengruppen,

die offen für andere Teams in der Organisation sind. Setzen Sie die Leute über kommende Veranstaltungen mit dem Thema »Agile Methoden« in Kenntnis und nehmen Sie sie zur lokalen agilen Benutzergruppe mit.
- Erleichtern Sie dem Team die neuen Meetings, indem Sie sie beim ersten Mal selbst moderieren. Geben Sie laufend Kommentare, damit man Ihren Denkprozess während des Meetings nachvollziehen kann. Helfen Sie dem Team beim nächsten Mal bei der Vorbereitung und geben Sie hinterher eine Rückmeldung.

| Kapitel 4 |

# Ein agiles Team aufbauen

*Die Leute müssen sich sicher fühlen, um ihr Bestes zu geben.*
*Führungsprinzip*

Es ist aufregend, in einem agilen Team eng zusammenzuarbeiten. Allerdings entstehen solche Teams nicht aus dem Nichts; sie brauchen Zeit, um zu wachsen. Wenn ein Team nicht zusammenwächst, baut sich bei den Leuten Frust auf. Die Software, die sie herstellen, spiegelt dies wider.

Sie können einem Team helfen, sich zusammenzuraufen, indem Sie die richtigen Bedingungen für die Teamarbeit schaffen. Geben Sie dem Team Zeit, um einander kennenzulernen. Verbessern Sie den Arbeitsbereich, damit das Team eine Umgebung hat, die eine Zusammenarbeit unterstützt. Suchen Sie nach Möglichkeiten, mit denen Sie dem Team helfen können, einen gemeinsamen Sinn dafür zu entwickeln, wohin das Projekt gehen soll.

## 4.1  Helfen Sie einem Team, Gestalt anzunehmen

Ein effektives Team scheint zu schnurren wie eine gut geölte Maschine. Beobachten Sie es genau und Sie werden merken, dass es nicht nur irgendwelchen Routinen folgt. Wenn es auf Probleme trifft, dann passt es seine Arbeitsweise daran an. Wenn irgendetwas erledigt werden muss, dann wird sich jemand dieser Sache annehmen.

**Sozialer Kleber**

Teams brauchen Zeit, um Gestalt anzunehmen; es dauert eine Weile, einander kennenzulernen und Vertrauen aufzubauen. Meetings, vor allem das tägliche Standup und die retrospektiven Treffen, bieten eine Möglichkeit dazu.

Schaffen Sie Gelegenheiten zum Kennenlernen. Sie könnten versuchen, persönliche Geschichten auszutauschen (siehe Kasten) oder einen Teamausflug organisieren, wie etwa ein gemeinsames Essen oder einen Kegelabend. Wenn das Team sich gemeinsam entspannt, werden im Gespräch bestimmt einige dieser Geschichten zum Besten gegeben werden. Dadurch entsteht ein sozialer Kleber, der das Team zusammenschweißt.

**Bauen Sie Vertrauen auf**

Die Zusammenarbeit im Team erfordert Vertrauen. George Dinwiddie schreibt: »Vertrauen beruht auf einer gewissen Offenheit in Bezug auf die eigene Person. Man muss nicht alles über einen selbst ausplaudern, kann aber auch nicht völlig geheimnistuerisch sein.«[1] Sie können dabei mit gutem Beispiel vorangehen, indem Sie zeigen, dass es sicher ist, offen zu sein. Zeigen Sie Transparenz hinsichtlich Ihrer Motive und berichten Sie freimütig über Ihre Erfahrungen, Ihre Meinungen und Ihre Gefühle – dadurch laden Sie andere ein, ebenfalls offen zu sein. Geben Sie es zu, wenn Sie einen Fehler begangen haben. Bitten Sie regelmäßig um Hilfe.

Vertrauen kann sich aber nicht ausbreiten, wenn die Leute sich nicht sicher fühlen. Wenn eine Kultur des Beschuldigens herrscht oder die Leute für Fehler kritisiert werden, dann fühlen sie sich unsicher. Teammitglieder dürfen kein Problem damit haben, zuzugeben, dass

---

1. Siehe http://blog.gdinwiddie.com/2008/12/03/aye-2008-the-magic-chemistry-of-teams/

> ## Liz sagt …
>
> **Zusammen Mittag essen**
>
> Gehen Sie mit dem Team zum Mittagessen, wann immer Sie es einrichten können. Wenn Sie dem Team in einer informellen Umgebung zuhören, werden Sie es besser verstehen.
>
> Oft werden Sie feststellen, dass Teams beim Essen über aufgetretene Probleme reden – auf eine Weise, die Sie bei einer Retrospektive nicht vorfinden werden. So wird man z.B. rüde, aber ehrlich über jemanden reden, was bei einem Meeting absolut unpassend und damit unmöglich wäre.
>
> Erwünschte, möglicherweise noch völlig unrealistische Prozessverbesserungen werden ebenfalls zur Sprache kommen, und zwar ebenfalls unspezifisch, in einer Art, die noch keine Aktionen folgen lässt – auch dies wäre bei einer Retrospektive kaum denkbar.
>
> Ich habe mir angewöhnt, stets einen Stift und einige Karteikarten zum Essen mitzunehmen, weil die gut in meine Tasche passen. Es gibt immer etwas, das ich mir merken möchte.

sie Hilfe benötigen. Wenn das Team sich sicher fühlt, werden die Mitarbeiter gern Ratschläge verteilen und einander helfen.

Wenn die Leute sich richtig unsicher fühlen – falls sie z.B. Angst verspüren, dass sie ihre Arbeit verlieren –, werden Sie auch kein agiles Training durchführen können. In diesem Fall müssen Sie das Team nach Kräften unterstützen, bis sich die Situation zur Zufriedenheit löst.

### Vertrauen verlangt Sicherheit
*von Rachel*

Ich arbeitete einst in einem Unternehmen, in dem Brian, der IT-Manager, sich Sorgen wegen der mangelnden Offenheit in seinen Teams machte. Die Teams führten die täglichen Standups durch, es schien aber an Vertrauen zu fehlen. Die Leute schwiegen, wenn sie nicht weiterkamen und baten nicht um Hilfe.

> **Persönliche Geschichten austauschen**
>
> In *Overcoming the Five Disfunctions of a Team* [Len05] empfiehlt Patrick Lencioni, ein Team zur Offenheit zu ermuntern, indem es sich die Zeit nimmt, persönliche Geschichten auszutauschen.
>
> Er schlägt dazu eine Übung vor, bei der jedes Mitglied des Teams eine Geschichte über eine Herausforderung erzählt, der es sich in der Vergangenheit gegenübersah. Das könnte eine Geschichte aus der Kindheit, der Schule oder dem ersten Job sein. Sie sollte mit einigen grundlegenden Informationen beginnen, wie etwa dem Herkunftsort und der Anzahl der Geschwister.
>
> Beim Erzählen können die Mitarbeiter üben, offen zu den Teamkollegen zu sein. Wenn die Leute aus dem Team die Geschichten hören, erhalten Sie einen besseren Einblick in das Wesen der einzelnen Sprecher. Etwas Persönliches zu wissen, hilft dabei, Empathie aufzubauen.
>
> Lencioni betont, dass dem Team von vornherein der Zweck dieser Übung klargemacht werden muss. Sie sollten darüber hinaus verdeutlichen, dass niemand etwas enthüllen muss, was ihm unangenehm ist.

Brian hielt jeden Mittag ein Scrum-of-Scrums-Meeting in seinem Büro ab, das von allen Teamleitern und Projektmanagern besucht wurde. Ich nahm an diesem Meeting als Beobachterin teil.

Brian leitete das Meeting. Ich bemerkte, dass er mit großer Freude einen Topf herumreichte, in den jeder, der zu spät kam, ein »Bußgeld« legen musste. Wenn er damit fertig war, fragte er die einzelnen Leute nach ihren Berichten und sparte dabei nicht mit Bemerkungen, die sie bloßstellten. Er schien zu wissen, wie er jemandem den Wind aus den Segeln nehmen konnte, wobei er vergangene Fehler anprangerte und an die Folgen einer verspäteten Auslieferung erinnerte. Jeder wusste, dass er Dummköpfe nicht ausstehen konnte und dass erst neulich Leute entlassen worden waren.

Es sah ganz so aus, als würde der Mangel an Vertrauen in Brians Abteilung stark mit seinem Kommunikationsstil zusammenhängen. Er musste lernen, wann es passend war, eine Rückmeldung zu liefern und wann man einfach den Mund halten und zuhören sollte.

**Die Lücke füllen**

Vertrauen zwischen verschiedenen Rollen, wie denen von Entwicklern, Testern, Analysten und technischen Autoren, aufzubauen, dauert natürlich eine Weile. Sie können dem Team helfen, die Lücke zwischen unterschiedlichen Disziplinen zu füllen, indem Sie vorschlagen, für eine gewisse Zeit eine andere Rolle einzunehmen. Ein Entwickler könnte z.B. für eine Woche in die Rolle des Testers schlüpfen. Falls ein Mitarbeiter nicht die nötigen Fähigkeiten besitzt, um die andere Rolle auszufüllen, kann er sich mit jemandem zusammentun und so viel beitragen wie möglich. Dieser Rollentausch hilft, die Arbeit der anderen besser zu verstehen.

Möglicherweise verstehen die Leute nicht, was ihre Teamkollegen tun und nehmen an, dass ihre eigene Rolle schwieriger ist. Aber ohne gegenseitigen Respekt kann das Team nicht gedeihen. Sie können den Respekt für die einzelnen Mitarbeiter des Teams zeigen, indem Sie nach Meinungen fragen und ihre Bedenken und Probleme ernst nehmen. Andere werden dies bemerken und es Ihnen gleichtun.

Falls eine Person im Team mit einem anderen Teammitglied ein Problem zu haben scheint, laden Sie beide zum Kaffee ein und besprechen Sie es. Welche Annahmen haben dazu geführt, dass sie so über ihren Teamkollegen denkt? Welche alternativen Erklärungen gibt es?

## 4.2 Einen Platz für das Team schaffen

Ein Team braucht einen gemeinsamen Arbeitsbereich, um die Kommunikation am Laufen zu halten. Idealerweise sitzt das gesamte Team im gleichen Raum – und niemand sonst. Ein nahe gelegener Pausenbereich, wo man eine Tasse Kaffee trinken und reden kann, erlaubt es dem Team, sich zu entspannen und Freundschaften aufzubauen. Ein Versammlungsraum eignet sich für vertrauliche Gespräche oder um Diskussionen zu führen, ohne das Team zu stören.

Manche Leute werden jedoch zögern, ihre Schreibtische zu verrücken oder zusammenzusitzen, weil sich ein Großraumbüro unpersönlich anfühlen kann und man sich möglicherweise ungeschützt vorkommt. Ermutigen Sie das Team, seinen eigenen Arbeitsbereich zu gestalten und passen Sie ihn an die Bedürfnisse an. Es ist erstaunlich, wie einige Pflanzen, Bücher und Bilder einen Raum geschützter erscheinen lassen.

> **Typbewertungen**
>
> Um dem Team einen besseren Sinn für die einzelnen Stärken und Schwächen zu vermitteln, könnte es Persönlichkeitsprofile erstellen lassen. Schlagen Sie dem Team vor, eine Bewertung mit dem Myers-Briggs-Typindikator (MBTI)[a] oder einen Belbin-Test[b] durchzuführen.
>
> Wenn die Teammitglieder zustimmen, sollten sie die Bewertung einzeln vornehmen und die Ergebnisse dann allen anderen mitteilen. Bei diesen Tests handelt es sich nicht um eine Beurteilung der Leistung oder der Fähigkeiten, sondern um eine Betrachtung der Interaktionsvorlieben und der verhaltensbezogenen Tendenzen der Teammitglieder. Das anschließende gemeinsame Betrachten der Ergebnisse kann dem Team helfen, das Verhalten des Einzelnen besser zu verstehen.

a. http://www.myersbriggs.org/
b. http://www.belbin.com/

Wenn Unternehmen agile Praktiken übernehmen, dann dauert es manchmal relativ lange, bis sie merken, dass es nicht nur darum geht, wie die Entwickler arbeiten, sondern dass sich in der gesamten

Organisation etwas ändern muss. Entsprechend werden Sie auf eine Menge Widerstand stoßen, wenn Sie vorschlagen, dass sich ein Tester mit einem Entwickler zusammensetzen soll, der sich wiederum die Arbeit des Produktmanagers anschauen soll. Werben Sie unermüdlich dafür, da es schwierig ist, ein agiles Team aufzubauen, wenn die Leute voneinander getrennt sind.

Sobald erst einmal alle zusammensitzen, können die Teammitglieder darangehen, einen informativen Arbeitsbereich aufzubauen, in dem nützliche Informationen angezeigt werden, die den Leuten helfen sollen, ihre Zeit zu strukturieren und gute Entscheidungen zu treffen. Wir zeigen Ihnen in Kapitel 8, wie das geht.

Ihre Aufmerksamkeit sollte sich aber nicht nur auf den physischen Arbeitsbereich richten. Auch die virtuelle Umgebung erfordert Unterstützung. Organisieren Sie eine Sitzung mit dem Team, um festzulegen, wo elektronische Informationen aufbewahrt werden sollen. Regen Sie an, ein Wiki oder ein gemeinsam genutztes Repository für Dokumente einzurichten, anstatt sich auf freigegebene Netzwerklaufwerke zu verlassen. Die Mitarbeiter müssen sich außerdem über den konsistenten Aufbau der Entwicklungs- und Testumgebungen klar werden.

## 4.3   Rollen abgleichen

Die Beziehung zwischen Kunden und Entwicklern ist äußerst wichtig, weil diese zusammenarbeiten müssen, um das bestmögliche Produkt herzustellen. Alle müssen das Gefühl haben, zum selben Team zu gehören und am gleichen Ziel zu arbeiten. Verdeutlichen Sie dem ganzen Team die Verantwortungsbereiche der Rollen.

Der Kunde[1] ist die Person, der der Business Case, also das geschäftliche Szenario gehört und die festlegen muss, was die Software tun soll. Das Entwicklungsteam ist dafür verantwortlich zu entschei-

---

[1]. Dieser generische Begriff entspricht ungefähr der Rolle des Product Owners in Scrum.

den, wie sie aufgebaut werden soll und muss dem Kunden mitteilen, wie lange das dauern wird. Der Kunde kann angeben, zu welchem Zeitpunkt die Auslieferung einer Software erforderlich ist, aber er kann den Rahmen nicht abstecken – das geschieht zusammen mit dem Team.

Oft handelt es sich beim Kunden um einen Produktmanager, der mit mehreren Anwendern und Akteuren zusammenarbeitet, um zu entscheiden, was die Software können soll. Bei großen Entwicklungen ist die Kundenrolle unter Umständen zu groß für eine Person, so dass ein Kundenteam gebildet wird. Dieses Team muss die nötige Expertise besitzen, um die User Stories ausarbeiten und priorisieren zu können. Ihr Kundenteam könnte Wirtschaftsanalysten, Vertreter der Anwender und Interaktionsdesigner enthalten – die genaue Mischung hängt vom Projekt und der Organisation ab.

Manchmal ist die beste Lösung ein »naher Kunde«, der dabei hilft, die Details der Anforderungen mit dem Team auszuarbeiten, und ein »entfernter Kunde«, der die Entscheidungen über die geschäftlichen Prioritäten trifft. Der nahe Kunde könnte von einem Wirtschaftsanalysten gespielt werden, der beim Team sitzt, während der entfernte Kunde ein Produktmanager ist, der sich näher an den geschäftlichen Operationen und den Marketingteams befindet.

Wenn die Rollen aus dem Gleichgewicht geraten, dann wird die eine oder andere Seite überlastet. Ist der Kunde überlastet, bekommen die Entwickler nicht genug von seiner Zeit und müssen raten, was er eigentlich will. Falls es dagegen nicht genügend Entwickler gibt oder sie langsamer arbeiten als erwartet, wird die Geschäftsleitung mit deren Ausstoß unzufrieden sein. Sie können als Coach helfen, indem Sie die Nebenwirkungen dieser Unausgewogenheit sichtbarer machen, damit das Management sich mit diesem Problem befassen kann.

## 4.4 Das Team motivieren

Großartige Teams motivieren sich selbst. Manchmal jedoch steckt ein Team fest – es weiß nicht genau, wie es anfangen soll. Es mag zwar tolle Möglichkeiten geben, aber die Leute sehen ganz einfach den Wald vor lauter Bäumen nicht und fühlen sich erdrückt. Im Folgenden finden Sie einige Ideen, wie Sie das Team anregen und ihm helfen können, seine eigene Motivation zu finden.

**Nicht zu einfach, nicht zu schwer**

Das Geheimnis großartiger Teams besteht darin, dass sie sich anspruchsvolle, aber erreichbare Ziele stecken. Alle sollten ausreichend gefordert werden, dürfen sich aber weder langweilen noch ängstigen. Das ist dann das optimale Arbeitsfeld, in dem sich die Leute am wohlsten fühlen.

Wenn die Arbeit zu einfach ist, langweilen sich die Entwickler und verlieren ihre Motivation. Sie sind nicht stolz darauf, etwas Einfaches erreicht zu haben. Falls viele einfache Aufgaben erledigt werden müssen, dann ermutigen Sie sie, diese zu automatisieren.

Manchmal scheint die Arbeit unmöglich zu sein und sich weit außerhalb des komfortablen Bereichs zu bewegen. Das kann das Team lähmen. Es muss die Arbeit in handhabbare Stücke zerlegen. Können die Leute etwas finden, mit dem sie beginnen? Falls umfangreichere Nachforschungen nötig sind, bevor sie feststellen können, was als Nächstes zu tun ist, regen Sie sie an, zu experimentieren und ihre Ideen auszuprobieren.

Fördern Sie eine Kultur, in der es in Ordnung ist zu experimentieren, um mehr über ein Problem zu lernen, das das Team zu lösen versucht. Wie Thomas Edison sagte: »Ich habe keinen Fehler gemacht. Ich habe nur 10.000 Möglichkeiten gefunden, wie es nicht funktioniert.« Wenn das Team nicht genügend Informationen hat, um zwischen zwei oder drei Möglichkeiten zu entscheiden, wie man Dinge erledigt, kann es sie einfach ausprobieren. Nach jedem

Experiment weiß das Team mehr. Das Entwickeln von mehr als einer Lösung mag sich wie Zeitverschwendung anhören, kann aber eine schnelle Methode darstellen, etwas zu lernen. Außerdem ist es ein preiswerter Weg, um das Risiko zu vermindern, eine falsche Entscheidung zu treffen.

**Finden Sie ein verlockendes Ziel**
Das Wissen, dass es ein sinnvolles Produkt herstellt, sollte dem Team helfen. Auch wenn Sie als Coach die Richtung, in die das Produkt gehen soll, nicht festlegen, können Sie das Team dabei unterstützen, das Große und Ganze zu erkennen und seine Mission zu verstehen. Falls es sich einrichten lässt, sollten Sie ein Treffen des Teams mit den Endanwendern organisieren. Das Team kann so die Anforderungen der Anwender deutlicher erkennen und Ideen entwickeln, die ihm ein besseres Produkt ermöglichen.

Ihr Anteil könnte darin bestehen, ein Bild der Möglichkeiten in dem Projekt zu entwerfen und darzustellen, wie diese sich mit den persönlichen Zielen der Teammitglieder verbinden lassen. Agile Teams planen und gestalten ihre eigene Arbeit. Verdeutlichen Sie, wie viel Spielraum und Autonomie das Team darüber hat, wie die Software entworfen, gebaut und getestet werden soll. Wenn es erst einmal verstanden hat, dass es nicht auf Erlaubnis warten muss, wird es sich frei genug fühlen, um loszulegen.

**Zeit für Innovation**
Wir haben Entwickler in agilen Projekten getroffen, die von der Arbeit an einem nie abreißenden Strom von User Stories ausgebrannt waren.

Wenn sie nie die Zeit erhalten, eine neue Technik zu erkunden oder mit innovativen Produktideen herumzuexperimentieren, verlieren Teams ihre Motivation. Schaffen Sie in den Iterationsplänen Zeit zum Untersuchen neuer Ideen. Das kann Wunder für die Motivation – und für das Produkt – bewirken.

Falls die Teammitglieder jedoch die Zeit erhalten, mit neuen Ideen zu experimentieren, Dinge zu bereinigen, die sie behindern, oder etwas Neues zu lernen, werden sie auch mit ihrer Arbeit glücklicher sein. Dies verbessert die Energie des Teams und färbt auch auf die Projektaufgaben ab. Helfen Sie dem Team, innerhalb des Projekts seine eigenen Miniprojekte zu finden, indem Sie den Leuten zuhören und sie ermuntern, ihren Ideen zu folgen.

**Gold Cards**
*von Rachel*
Ich arbeitete mit einem Team, das *Gold Cards* (siehe »Innovation and Sustainability with Gold Cards«, präsentiert bei der XP Universe 2001 Conference [HMMP]) einsetzte, um dieses Problem anzugehen. Die Entwickler hatten die Möglichkeit, eine Gold Card auszuspielen und für einen Tag an einem Thema ihrer Wahl zu arbeiten, anstatt an einer Aufgabe auf dem Teamboard. Jeder Entwickler im Team erhielt zwei Gold Cards pro Monat. Die Entscheidung, die Karte einzusetzen, wurde jeweils beim täglichen Standup angekündigt.

Wir setzten unsere Gold-Card-Zeit für alle möglichen Dinge ein: Ausprobieren neuer Werkzeuge, Arbeiten an neuen Produktideen und Erlernen von etwas Neuem. Am Ende jeder Iteration zeigten wir dem Team, was wir getan hatten.

In diesem Team führte die Gold-Card-Arbeit zu Änderungen sowohl an dem Produkt, an dem wir arbeiteten, als auch an der uns unterstützenden Infrastruktur – es war definitiv eine gut eingesetzte Zeit.

Gold Cards stellen eine Methode dar, mit der das Team seinen Kunden neue Produktideen präsentieren kann, um ein Produkt herzustellen, auf das es stolz sein kann. Außerdem bieten sie Gelegenheit, an anspruchsvolle Arbeiten heranzugehen. Wir haben festgestellt, dass es sehr effektiv sein kann, wenn alle Entwickler ihre Gold Cards jede Woche am gleichen Tag nehmen. Auf diese Weise können die Entwickler zusammen an ihren Ideen arbeiten und haben das Gefühl, dass es in Ordnung ist, wenn sie für einen Tag einmal nicht am Projekt arbeiten. Schauen Sie sich den genannten Artikel an, wenn Sie wissen wollen, wie Sie dem Management die Gold Cards schmackhaft machen können; ein Gesichtspunkt lautet, dass Gold Cards eine Grundlage für einzelne Leistungsbeurteilungen schaffen, ohne die Zusammenarbeit im Team zu beeinträchtigen.

**Feiern Sie den Erfolg**
Suchen Sie nach Möglichkeiten, den Erfolg eines Release zu feiern. Wenn dem Team das Mittagessen oder ein paar Getränke spendiert werden, belohnt dies den Erfolg und erhöht den Teamzusammenhalt. Helfen Sie dem Team, Wege zu finden, um anderen Teams und der Organisation als solcher seinen Erfolg zu präsentieren. Das Team könnte Leute zu seiner Iterationsdemo einladen, das Produkt bei einer Unternehmensversammlung vorstellen oder eine Ankündigung verschicken.

Das Team erhält neuen Schwung, wenn andere Leute merken, dass es erfolgreich ist und dies honorieren. Ein Wort des Dankes vom Management oder den Kunden ist wichtig; Sie sollten diese notfalls dazu auffordern. Motivierend sind auch Rückmeldungen von den Anwendern, vor allem, wenn sich deren Leben nun verbessert hat. In einem Unternehmen, in dem Liz einmal gearbeitet hat, wurden E-Mails von zufriedenen und unzufriedenen Kunden für alle sichtbar an der Wand neben der Kaffeemaschine aufgehängt.

> **Wie sind wir?**
> *von Rachel*
> Ich habe einmal in einem Team gearbeitet, das sich mit einem Projekt befasste, welches als langweilige Altlast empfunden wurde. Die Moral der Leute besserte sich deutlich, als sie nach der ersten Veröffentlichung hörten, wie viel Geld es bereits in der ersten Woche nach seinem Erscheinen für das Unternehmen eingespielt hatte. Ihr Projekt wurde wirklich zur Kenntnis genommen und als positiv angesehen.

## Demotivieren Sie nicht

Die Leute starten motiviert. Wenn nichts sie demotiviert, dann stehen die Chancen ganz gut, dass sie auch motiviert bleiben! Was Leute an ihrer Arbeit zufrieden und motiviert macht, das ist das, was sie tun. Unzufrieden und demotiviert macht sie die Situation, in der Sie es tun. Zu den situationsbedingten Problemen gehören Stress und die Unternehmenskultur.

In *The Motivation to Work* [Her93] erläutert Frederick Herzberg *Hygienefaktoren*. Das sind Faktoren, die die Leute demotivieren, wenn sie nicht vorhanden sind, selbst wenn diese Faktoren bei Vorhandensein nicht als motivierend angesehen werden. So werden z.B. schnelle Computer, anständiger Kaffee und faire Bezahlung nicht bemerkt, wenn sie da sind, ihr Fehlen hingegen kann die Angestellten demotivieren. Auch wenn einige dieser Hygienefaktoren sich wahrscheinlich Ihrem Einfluss als Coach entziehen, lohnt es sich, mit dem Team darüber zu sprechen, was es ärgert. Sie werden sicher einige Dinge finden, die schnell in Ordnung gebracht werden können.

## Hüten Sie sich vor Boni

Seien Sie vorsichtig, wenn Sie irgendwelche Anreize oder »Boni« verwenden, um Leute zu motivieren. Wie Alfie Kohn in *Punished by Rewards* [Koh93] erklärt, können Bonusmodelle, die dazu gedacht sind, die individuelle Produktivität zu unterstützen, die Zusammenarbeit im Team beschädigen, weil es nicht sinnvoll erscheint, einem Teamkollegen zu helfen, wenn die Entwickler miteinander im Wettbewerb um einen Bonus stehen.

Wird dem Team für die Erledigung seiner Arbeit ein Bonus angeboten, dann tut es oft nur das, was nötig ist, um den Preis zu bekommen, nicht mehr und nicht weniger. Falls das Management unbedingt ein Bonusmodell einsetzen will, dann bitten Sie es darum, dieses auf der Grundlage eines Team- oder Unternehmensziels zu tun – nicht auf einem Einzelziel. Das Team arbeitet besser, wenn es durch die Zufriedenheit motiviert wird, eine gute Arbeit geleistet und ein tolles Produkt hergestellt zu haben.

## 4.5 Hindernisse

Folgende Hindernisse könnten Ihnen begegnen.

**Die Teams sind nicht funktionsübergreifend**

Manche Unternehmen organisieren die Teams nach der Disziplin, also z.B. Analysten, Designer, Tester, Softwareentwickler usw., mit getrennten Berichtslinien. Dadurch werden Versuche, agil zu werden, ernsthaft blockiert, weil funktionsübergreifende Teams, in denen unterschiedliche Disziplinen zusammenarbeiten, um die bestmögliche Software herzustellen, zu den grundlegenden agilen Prinzipien gehören. Damit man effektiv agil arbeiten kann, sollten alle in die Lage versetzt werden, zur gleichen Zeit am Projekt zu arbeiten, um Übergaben zwischen den Disziplinen, die zu Verzögerungen führen, zu vermeiden.

Wenn Sie in dieser Situation ein Softwareentwicklungsteam trainieren, dann treten Sie dafür ein, weitere Teammitglieder aus anderen Disziplinen zu erhalten, wie etwa Tester und Analysten. Versuchen Sie, gute Beziehungen zwischen dem Entwicklungsteam und Leuten aus anderen Disziplinen aufzubauen, die zeitweilig an dem Projekt mitarbeiten. Laden Sie diese virtuellen Teammitglieder zu allen agilen Meetings ein und beziehen Sie sie auch bei Ihren E-Mails mit ein. Organisieren Sie ein gemeinsames Essen, um das Gefühl zu vermitteln, dass alle zum Team gehören.

**Der Kunde sitzt an einem anderen Ort**

Manchmal befindet sich das Entwicklungsteam an einem Ort und der Kunde arbeitet von einem anderen Büro aus. Möglicherweise sitzen sie sogar in unterschiedlichen Zeitzonen, weil sie z.B. dicht bei den Endbenutzern sein wollen, die aus einem anderen Land kommen. Wenn man hier nicht vorsichtig ist, kann die Zusammenarbeit mit einem entfernten Kunden Kommunikationsprobleme und Unmut verursachen.

In dieser Situation ist es unbedingt erforderlich, eine gute Beziehung zum entfernten Kunden aufzubauen. Ermutigen Sie diesen Kunden, sich direkt mit den Mitgliedern des Teams zu treffen, um einander kennenzulernen. Das erste Planungsmeeting bietet dazu oft eine gute Gelegenheit. Anschließend können Sie regelmäßige Gespräche per Telefon und formlosere Kanäle wie Instant-Messaging-Systeme oder einen gemeinsamen Chatroom anregen.

Denken Sie an den Spruch »Aus den Augen, aus dem Sinn«. Menschen sind darauf ausgerichtet, auf Gesichter zu reagieren. Versuchen Sie, Webcams zu erhalten, die das Team verwenden kann, um die Leute in den anderen Büros, an ihren Computern und in Videokonferenzen zu sehen. Überraschenderweise kann es sogar helfen, Fotografien der Leute zu haben, die sich nicht im selben Raum befinden.

**Das Team ist zu groß**
Wenn Sie mit einem Team arbeiten, das mehr als zehn Mitarbeiter umfasst, wird sich dies wahrscheinlich auf die Kommunikation und die Verantwortung innerhalb des Teams auswirken. Jedes Meeting mit einer großen Anzahl an Leuten dauert länger und erschwert es dem Einzelnen, sich wirklich einzubringen. Die einzelnen Personen fühlen sich dem Teamziel weniger verpflichtet, weil ihre jeweilige Verantwortung dem Team gegenüber geringer ausfällt. Versuchen Sie zusammen mit dem Team einen Weg zu finden, um das Projekt in Teilteams aufzuteilen – idealerweise in Feature-Teams. In *Scaling Lean and Agile Development* [LV09] erfahren Sie, wie Feature-Teams arbeiten.

### Das Team ist ein Ressourcenpool

Agile Methoden funktionieren nicht besonders gut, wenn ein Pool von Leuten, die an unterschiedlichen Projekten arbeiten, versuchen, die agilen Praktiken so anzuwenden, als würde es sich um ein einziges Team handeln. Agile Methoden gehen von einem Projekt zu einem Zeitpunkt aus. Wenn das Team an mehreren Projekten arbeitet, gibt es kein großes, allumfassendes Ziel. Sie werden bemerken, dass sich die Prioritäten an den verschiedenen Projekten ändern, was zu Unterbrechungen führt, die innerhalb des Teams ausgeglichen werden müssen. Wir empfehlen Ihnen, in dieser Lage auf agile Praktiken zu verzichten.

### Die Teammitglieder meiden jemanden aus ihrem Team

Sie bemerken, dass das Team es vermeidet, mit einer Person aus dem Team zusammenzuarbeiten. Rührt dieses Problem aus einem Mangel an Vertrauen? Oder ist es ein praktisches Problem? Vielleicht duscht sich diese Person morgens nicht?

Versuchen Sie, mit dem Team zu reden (wenn die gemiedene Person nicht anwesend ist), um eine Erklärung zu erhalten. Reden Sie außerdem mit der ignorierten Person. Ist sie sich der Situation bewusst? Ziehen Sie die Personalabteilung hinzu, wenn Sie sich Sorgen machen, dass die Person aufgrund von Krankheit, Stress oder Depressionen eigentlich nicht arbeitsfähig ist.

### Das Team wird selbstgefällig

Teams schmoren oft im eigenen Saft, wenn sie wenig Kontakt mit anderen Teams und Geschäftszielen haben. Falls Sie sich Sorgen machen, dass das Team zu selbstgefällig wird, dann sollten Sie die Arbeit des Teams vielleicht verstärkt Geschäftsinteressenten präsentieren und das Team häufiger über den Unternehmenswert in Kenntnis setzen, der mit seiner Arbeit generiert wird.

## 4.6 Checkliste

- Schaffen Sie Gelegenheiten für das Team, einander kennenzulernen, wodurch das Team besser zusammenwächst. Verbringen Sie regelmäßig in zwanglosem Rahmen Zeit miteinander, etwa beim Mittagessen oder bei einem Getränk.
- Schaffen Sie einen gemeinsamen Arbeitsbereich, um eine gute Zusammenarbeit des Teams zu gewährleisten. Versuchen Sie, das gesamte Team in einem Raum unterzubringen.
- Stellen Sie die Verantwortungsbereiche der Rollen klar. Geben Sie dem Kunden die Unterstützung, die er benötigt, um innerhalb des Teams zu arbeiten.
- Stellen Sie sicher, dass das Team ein erreichbares, aber anspruchsvolles Ziel hat. Sorgen Sie dafür, dass die Arbeit weder zu leicht noch zu schwer ist.
- Schaffen Sie Essen und Trinken heran, um ein Release zu feiern. Bitten Sie Kunden und Management, dem Team zu danken.

Teil 2

# Planen im Team

| Kapitel 5 |

# Das tägliche Standup Meeting

*Ermutigen Sie das Team, sich jeden Tag abzustimmen.*
*Führungsprinzip*

Sie haben bereits an vielen täglichen Standup-Treffen teilgenommen und werden daher vielleicht überrascht sein, ein ganzes Kapitel darüber zu finden. Dabei scheint die Umsetzung dieser Treffen doch ganz einfach zu sein. Sie müssen lediglich das Team jeden Tag zur gleichen Zeit dazu bringen, sich im Kreis aufzustellen und drei einfache Fragen zu beantworten:

- Was habe ich gestern getan?
- Was werde ich heute tun?
- Was steht mir im Weg?

Diese drei Fragen sind ein guter Anfang, bilden aber eher eine Fingerübung für das Team. Als Coach können Sie Ihr Team über diesen Ansatz hinausführen und ihm helfen, das Meeting an seine tatsächlichen Bedürfnisse anzupassen. Sie wollen, dass das Team das tägliche Standup als sein eigenes Meeting übernimmt; hier entscheiden die Mitarbeiter, wer woran arbeitet, hier werden sie ermuntert, sich selbst zu organisieren. Sobald das Team gelernt hat, wie es das tägliche Standup durchführt, kann der Coach in den Hintergrund treten.

Sie werden feststellen, dass das tägliche Standup zeigt, wie gut die Teammitglieder zusammenarbeiten. Achten Sie auf Standups, die eher oberflächliche Statusberichte für Manager sind, bei dem die Leute im Team einander gar nicht zuhören. Passen Sie auf, wenn das Meeting sich hinzieht, wenn wertvolle Zeit vertrödelt wird, weil das Team zu sehr ins Detail geht, oder wenn es länger als eine halbe Stunde dauert. Ist das Treffen schnell, energiegeladen und vom Team selbst organisiert, dann ist man auf dem richtigen Weg. Ein weiteres gutes Zeichen ist es, wenn das Team auch dann ein tägliches Standup-Treffen durchführt, wenn Sie nicht da sind.

## Rachel sagt …

**Folgen Sie Ihrem eigenen Ratschlag**

Seien Sie ein Vorbild, indem Sie Ihre eigenen Ratschläge befolgen. Achten Sie beim täglichen Standup-Treffen darauf, dass Sie rechtzeitig für das Treffen bereit sind. Stehen Sie während des Treffens fest auf zwei Beinen, anstatt sich an einen Schreibtisch oder eine Wand zu lehnen. Wenn Sie das Treffen nicht ernst nehmen, werden es die anderen auch nicht tun, oder?

Das Modellieren des Verhaltens, das Sie vom Team erwarten, ist eine wichtige Coaching-Technik. Übernehmen Sie das Verhalten, das Sie vom Team sehen wollen, und es wird auf die anderen abfärben.

Es ist eine Kunst, die richtige Mischung aus Informationen zu finden, die im Standup bekanntgegeben werden. Schauen wir uns an, was Sie tun können, um diese Treffen zu einem guten Start für das Team zu machen.

## 5.1 Aufstehen

Zu Anfang wird das Team es vermutlich nicht sehr angenehm finden, dass das Treffen im Stehen abgehalten wird. Das gilt vor allem in einer traditionelleren Organisation. Die Leute sind möglicherweise gehemmt, wenn sie stehen müssen und von den anderen gesehen werden – das kann seltsam, ja exzentrisch wirken! Machen Sie dem Team bewusst, dass es einen guten Grund für das Stehen gibt; die Versammlung dauert nicht so lange, wenn alle auf den Beinen sind. Mit diesem Argument werden Sie sie sicher überzeugen – die meisten Leute wollen nicht so viel Arbeitszeit in Meetings verbringen.

Wir stellen fest, dass die Vorbehalte verschwinden, sobald das Team gemerkt hat, worum es im täglichen Standup geht. Wenn die Leute ablehnend reagieren, dann bitten Sie sie, wenigstens ein paar Wochen lang beim Meeting zu stehen. Betrachten Sie es als Experiment mit der Möglichkeit, bei der nächsten Retrospektive auszuwerten, wie sie sich fühlen. Falls die Mitarbeiter das Treffen auch im Sitzen ausprobieren wollen, dann halten Sie fest, wie lange das Standup dauert, damit Sie nachweisen können, ob die Stehveranstaltung tatsächlich kürzer ist.

Das tägliche Standup Meeting funktioniert am besten, wenn es im Arbeitsbereich des Teams um das Teamboard herum stattfindet. Das Team braucht genug Platz, um im Halbkreis stehen zu können, damit alle einander und das Board sehen. Regen Sie an, die Möbel zu verschieben, um ausreichend Platz zu schaffen. Falls der Arbeitsbereich nicht groß genug ist, weichen Sie auf einen benachbarten Raum aus. Gibt es keine Sitzungsräume, dann seien Sie kreativ – wir haben auch schon mit Teams gearbeitet, die einen großen Treppenabsatz für ihr tägliches Standup benutzt haben.

Kann das Team sein Standup nicht direkt in seinem Arbeitsbereich abhalten, geht durch das Hin- und Herlaufen Zeit verloren. Problematisch wird es in diesem Fall außerdem, wenn Aufgaben besprochen werden sollen, die auf dem Teamboard stehen. Manche Teams lösen dieses Problem, indem sie einen Sitzungsraum übernehmen und das Teamboard und die Charts an die Wände dieses Raums hängen.

Wir halten nicht besonders viel von diesem Vorgehen, weil die Teammitglieder die Aufgaben während der restlichen Arbeitszeit nicht sehen können – das Teamboard ist kein *Informationsverteiler* mehr. Besser ist es, wenn das Team ein transportables Teamboard schafft, das zum täglichen Standup mitgenommen werden kann und dann wieder in den Arbeitsraum getragen wird. Wir gehen in Kapitel 8 näher auf solche Lösungen ein.

## 5.2   Für das Team durch das Team

Es ist besonders wichtig, den Teammitgliedern die Botschaft zu vermitteln, dass ihr tägliches Standup für *sie* ist, um *ihre* Arbeit zu synchronisieren. Es wird *nicht* für einen Projektmanager oder Teamleiter abgehalten, um den Fortschritt des Teams zu begutachten oder Feedback zur Arbeit des Teams zu liefern. Ermutigen Sie das Team, Antworten direkt an die anderen Teammitglieder zu richten.

Fokussieren Sie das Gespräch auf die Arbeit im Plan; wenn jemand gerade aus dem Urlaub zurückgekehrt ist, sollte bei dieser Gelegenheit nicht seine Reise ausgewertet werden. Das Team muss Arbeit, die in anderen Projekten erledigt worden ist, nicht erwähnen, es sei denn, diese behindert ernsthaft seine Fähigkeit, seine Arbeit abzuschließen. Seien Sie höflich, aber falls dies geschieht, dann erinnern Sie das Team an den Zweck des täglichen Standups und bringen Sie es wieder auf Kurs.

Wenn das tägliche Standup neu für das Team ist, können Sie die Konversation anstoßen. Falls eine Person zaudert, dann stellen Sie ihr eine der drei Fragen. Haben zwei Leute zusammengearbeitet, dann ist es in Ordnung, wenn einer der beiden zusammenfasst, was sie getan haben. Sobald sich das Team an das tägliche Standup-Treffen gewöhnt hat, werden Sie merken, dass es automatisch vom Drei-Fragen-Format abweicht und zusätzliche Fragen stellt. Das Team kann auf dem Teamboard Erinnerungshinweise zu diesen neuen Fragen vermerken.

---

**Standup Checkov**

WAS HABEN WIR GESTERN GEMACHT?
NEUE KARTEN?
VERKAUFSMEETINGS?
WER IST HEUTE FREI?
BENÖTIGTE ZEIT VERMERKEN
KARTEN UND PARTNER MITNEHMEN

---

**Standup Chekov**[1]
*von Rachel*

Ich arbeitete in einem XP-Team, in dem wir eine Checkliste an unser Teamboard hängten, die uns daran erinnerte, was wir bei unserem täglichen Standup besprechen sollten. Wir bezeichneten die Liste als »Standup Chekov« und klebten ein Zeichen mit einem Bild von Pavel Chekov, einer Figur aus der originalen Enterprise-Serie, an das Board, das uns daran erinnern sollte, unsere Chekov-Fragen abzuhaken.

Sie werden bemerken, dass wir vom Drei-Fragen-Format abgekommen sind. Es gab noch einige andere Punkte, die wir behandeln wollten, vor allem aus dem Bereich Kundenbetreuung. Z.B. bemühten wir uns jeden Tag, einige der Entwickler mit dem Status »Frei« zu versehen, was bedeutete, dass sie in ihrer Arbeit unterbrochen werden durften, um sich Verkaufs- und Kundenfragen zu widmen. Zu dem Zeitpunkt experimentierten wir damit, die Zeit festzuhalten, die wir pro Story gebraucht hatten, um unsere Kalkulationen zu verbessern. Die wichtigste Frage, die in diesem Meeting jeweils zu

---

1. Ein Wortspiel mit dem englischen Verb »to check off«, d.h. »abhaken«.

beantworten war, lautete, wer beim Pair Programming zusammenarbeiten würde.

Unser Team fügte später noch weitere Chekovs hinzu, um es an andere Dinge zu erinnern, wie etwa, dass eine Story fertiggestellt werden müsste.

**Einen Schwerpunkt für das Team festlegen**

Passen Sie auf – wann immer Sie es sind, der im täglichen Standup die Fragen stellt, werden Sie irgendwann feststellen, dass die Teammitglieder ihre Antworten an Sie richten, so als würde das Meeting für Sie stattfinden und nicht für das Team. Versuchen Sie dies abzuwehren, indem Sie niemanden direkt anschauen, sondern Ihren Blick in der Gruppe schweifen lassen.

Sollten Sie merken, dass Teammitglieder das Meeting weiterhin so behandeln, als müssten sie Ihnen Bericht erstatten, werden Sie direkt und sagen Sie: »Bitte, könnten Sie die Antwort an das ganze Team richten? Das Standup Meeting ist für Sie alle gedacht, damit Sie festlegen können, was heute getan werden muss, nicht für mich.« Sie können auch einfach versuchen, nicht am Standup teilzunehmen, sondern die Durchführung völlig dem Team überlassen.

Vermeiden Sie es, jemanden zu loben, nachdem er dem Team berichtet hat, dass eine Aufgabe fertiggestellt wurde. Dies würde den Eindruck verstärken, dass das tägliche Standup Meeting dazu dienen soll, Sie zufriedenzustellen, anstatt die Aktivitäten des Teams zu synchronisieren. Wenn Sie ein Wort des Lobes fallen lassen, könnte dies den Empfänger verwirren. Meinen Sie, dass er gute Arbeit geleistet hat? Welcher Aspekt seiner Arbeit war toll? Auch das Team könnte sich hinterher fragen, wieso einige Leute Lob erhalten, andere dagegen nicht.

**Das Team kontrolliert den Ablauf**

Ermutigen Sie das Team, die Kontrolle über das tägliche Standup-Treffen zu übernehmen. Führen Sie als expliziten Ausdruck dieser

Forderung ein Sprech-Token ein, das von einer Person zur nächsten weitergegeben wird. Dieses Token kann ein beliebiges Objekt sein (wie etwa ein Ball oder ein Stift), das der Sprecher in die Hand nimmt, wenn er etwas zu sagen hat. Jedes Teammitglied nimmt dieses Token, wenn es spricht und entscheidet dann, an wen es dies weitergibt. Es gibt keine einzelne Kontrollinstanz. Dies hilft, das Meeting am Laufen zu halten und die Person, die das Token hat, wird sich stärker bewusst, dass der Rest des Teams wartet.

Falls jemand nicht am täglichen Standup teilnehmen kann und zum Zeitpunkt des Meetings anruft, dann kann auch das tragbare Telefon als Token verwendet werden. Es erlaubt es der Person am anderen Ende zuzuhören, während sich der Sprecher darauf konzentrieren kann, zum Team zu sprechen, anstatt in das Telefon. Wenn das Team sich an den Ablauf und das Vorgehen während des täglichen Standup Meetings gewöhnt hat, kann es beschließen, auf das Token zu verzichten.

Hier ein Beispiel für eine typische Gesprächsrunde, die man bei einem täglichen Standup hören könnte.

**Dienstagmorgen**
Damian startet das tägliche Standup.»Okay, ich fange mal an. Gestern arbeitete ich daran, das neue Datenmaterial zu verarbeiten. Ich checkte es ein, bemerkte aber, dass es auf halbem Weg hängen blieb – es kommen nicht alle Textschnippel durch. Ich werde versuchen herauszubekommen, was damit passiert, bevor ich mit einer anderen Aufgabe anfange. Keine weiteren Blockaden für mich. Fang!« Damit wirft er Larry den Tennisball zu, den das Team als Sprech-Token verwendet.

Larry, der heute noch ziemlich verschlafen aussieht, springt überrascht auf und schafft es gerade noch, den Ball zu fangen. »Nun, ich habe daran gearbeitet, Testdaten einzurichten. Ich habe mithilfe des Datenmaterials einige XML-Dateien hergestellt und diese gestern Abend in das SVN eingecheckt. Heute möchte ich damit beginnen, das Buchkarussell zu testen, falls es fertig ist?!«, sagt er und hält den Ball Rebecca hin.

Rebecca nimmt das Token. »Nun«, zögert Rebecca, »es ist noch nicht ganz fertig, allerdings wäre es gut, wenn du mal einen Blick auf das wirfst, was ich bisher habe.«

»Okay«, fügt Larry hinzu, »lass uns das heute Vormittag erledigen. Während du es fertigstellst, fange ich mit den Testskripten für die Empfehlungs-Engine an.«

Rebecca fährt mit ihrer Information fort. »Gestern habe ich also am Karussell gearbeitet. Es geht ganz gut, allerdings habe ich noch keine Browsertests durchgeführt, so dass Larry wahrscheinlich noch einige Probleme finden wird. Ich werde vermutlich fast den ganzen Tag damit zu tun haben. Ansonsten steht mir nichts im Weg. Joe?«, fragt Rebecca und hält ihm das Token hin.

Joe nimmt das Token. »Ich war heute schon früh hier und habe heute Morgen die ISBN-Suche beendet, so dass diese ebenfalls getestet werden kann. Ich möchte jetzt aber nicht gleich mit neuen Aufgaben beginnen, weil Amanda mich gebeten hat, heute Vormittag zu einer Telefonkonferenz mit dem Team in Singapur zu gehen.«

»Es gibt also für mich keine Probleme, die ich für euch lösen soll?«, fragt Raj.

»Tut mir leid, dass wir dich enttäuschen müssen, Raj!«, grinst Joe und das Team bricht auf, um mit seinen Aufgaben zu beginnen.

Wie Sie sehen, spricht das Team in der Geschichte über den Fortschritt in den einzelnen Aufgaben, anstatt sich langatmig darüber auszulassen, was es gestern getan hat. Man versucht auch nicht, jedes auftretende Problem zu lösen. Falls Joe einige Ideen zur Lösung des Problems hat, das bei Damian aufgetreten ist, können die beiden nach dem Meeting darüber reden.

Nur die Leute, die tatsächlich an den Aufgaben auf dem Teamboard gearbeitet haben, beantworteten die Fragen. Raj ist der Projektmanager; seine Aufgabe besteht nicht darin, an den Aufgaben auf dem Plan zu arbeiten, sondern auftretende Probleme und Fragen zu verfolgen. Amanda ist Produktmanagerin und tritt für das Team als Kunde auf; sie konnte nicht am Standup Meeting teilnehmen, so dass sie sich später bei einem der Teammitglieder über den Fortgang der Arbeiten informieren muss.

**Wer teilnimmt**

Zum täglichen Standup kommt das gesamte Team: Entwickler, Tester, Designer, Kunden, agile Trainer usw. Wir haben schon agile Teams erlebt, die den Kunden (und anderen Akteuren) gesagt haben, dass sie still sein sollten, weil sie keine Ahnung hätten. Davon ist abzuraten. Es ist respektlos und kann unnützen Ärger verursachen. Das Team muss Brücken zu seinen Partnern aufbauen und darf sie nicht einreißen.

Der Fokus beim täglichen Standup liegt auf dem aktuellen Plan. Der Kunde hat seinen Anteil daran, indem er dem Team sagt, woran er gerade arbeitet – also genauso wie jeder andere im Team. Das tägliche Standup Meeting kann außerdem die ideale Gelegenheit sein, um Informationen über kommende Arbeiten an das Team weiterzugeben; man kann sich das für das Ende des Meetings aufheben.

Achten Sie bei täglichen Standups auf Gespräche, die nicht vom ganzen Team verfolgt werden können. Wenn Sie während des Treffens eine Diskussion beenden, weil sie nicht für alle Teilnehmer relevant ist, dann erinnern Sie die Interessenten daran, diese Diskussion direkt nach dem Standup in einer kleineren Gruppe fortzusetzen.

> **Zweiteiliges tägliches Standup**
> *von Rachel*
> Ich arbeitete einst in einem Team, in dem man beschloss, das tägliche Standup in zwei Teile aufzuteilen. Der erste Teil diente der Information des Entwicklungsteams darüber, wer woran arbeitete und ob es Probleme gab. Für das Kundenteam war das relativ langweilig, weil die Diskussion voller Techno-Gebabbel war. Wir schlossen das Kundenteam dennoch nicht aus; sie konnten sehen, wann wir anfingen, weil wir dann alle aufstanden und sie waren eingeladen, teilzunehmen. Im zweiten Teil rief das Entwicklungsteam das

Kundenteam, um ihm mitzuteilen, wer an den User Stories arbeiten würde und um nachfolgende Meetings zu arrangieren, in denen die Einzelheiten der Story Tests besprochen werden würden.

Diese Lösung funktionierte in dem Team ganz gut. Das Team konnte nun alle Gespräche führen, die nötig waren, um den Tag zu beginnen, ohne die Zeit der Kunden zu verschwenden.

## 5.3 Der Umgang mit Problemen

Wenn jemand aus dem Team ein Problem erwähnt, das er bemerkt hat, ist es oft am besten, die Diskussion über die Lösung dieses Problems an das Ende des Standups zu verlegen. Das Team kennt das vollständige Bild erst dann, wenn alle gesprochen haben und außerdem sind wahrscheinlich für die Lösung des Problems nicht alle Teammitglieder nötig. Versuchen Sie, die Gespräche im täglichen Standup zu trennen – laden Sie das Team ein, Fortschritte allen mitzuteilen, bevor diskutiert wird, wie irgendwelche Probleme zu lösen sind. Schnelle klärende Fragen sind in Ordnung, aber ermutigen Sie das Team, fortzufahren, sobald es das Problem verstanden hat.

Es ist ziemlich sinnlos, nach Problemen zu fragen, wenn diese Probleme dann nicht verfolgt werden. Vermeiden Sie es, jedes Mal, wenn das Gespräch abdriftet oder jemand ein Problem anreißt, zu sagen »Lassen Sie uns später darüber reden«, weil das unklar ist. Anstatt Notizen über Probleme in Ihr Notizbuch zu kritzeln, sollten Sie jeden Punkt, der noch geklärt werden muss, für alle sichtbar an das Whiteboard schreiben, um auf diese Weise eine *Ablagefläche* für Probleme zu schaffen. Schauen Sie am Ende des Meetings die Problemablage noch einmal an, um den einzelnen Punkten Prioritäten zuzuweisen und festzulegen, wer an der Lösung beteiligt werden sollte. Probleme, die im Standup angesprochen wurden, können gelöscht werden, sobald sie gelöst worden sind. Es besteht kein Grund, sie zu protokollieren. Falls sie allerdings viele Unterbrechungen von außen erfahren, könnte das Team die Zeit festhalten, die mit ihrem Umgang verschwendet wurde.

## 5.3 – Der Umgang mit Problemen

Das tägliche Standup-Treffen soll kein Ersatz für andere Meetings sein. Falls sich der Bedarf für eine längere Diskussion mit dem ganzen Team zeigt, dann schlagen Sie eine weitere Versammlung vor, um diese Diskussion durchzuführen, anstatt am Ende des täglichen Standup-Treffens noch ein Gespräch anzuhängen.

> **Liz sagt ...**
>
> **Vergessen Sie das Schema**
>
> Die Scrum-Methode präsentiert strenge Regeln hinsichtlich dessen, wer beim täglichen Standup redet und was gesagt werden sollte. Sie legt großen Wert darauf, pünktlich zu beginnen.
>
> Regeln für die Durchführung der täglichen Standups sollen dazu dienen, den Einstieg in dieses Vorgehen zu erleichtern. Dieses Schema ist keine Zauberei. Regeln dürfen für das Team keinen Zwang darstellen, der ihm für immer auferlegt wird. Wenn man sich zu streng an das Schema hält, bekommt das Team den Eindruck, das tägliche Standup wäre ein Formalismus, was die Selbstorganisation innerhalb des Teams lähmt.
>
> Ich rate dazu, den Zweck dieser Treffen nicht aus den Augen zu verlieren. Ich bin zufriedener, wenn ich angeregte Diskussionen höre und feststelle, dass alle sich einbringen, als wenn ich sehe, dass das Scrum-Schema wie ein Uhrwerk ausgeführt wird.

Neben den Problemen, die vom Team aufgeworfen werden, können Sie überprüfen, ob es irgendwelche Abhängigkeiten von Elementen gibt, die von Leuten außerhalb des Teams zugeliefert werden. Typische Beispiele sind Softwareschnittstellen, Zuarbeiten zu Dokumentationen, Designs, Datenbankänderungen usw. Das Team passt wahrscheinlich mit der Zeit sein Teamboard entsprechend an, um Erinnerungen an solche Dinge mit aufzunehmen.

## 5.4 Die Zeit festlegen

Die meisten Teams legen das tägliche Standup Meeting an den Anfang des Arbeitstages, um zu diskutieren, wer woran arbeitet, bevor sich alle in ihre Arbeit vertiefen. In vielen Unternehmen kommen die Leute jedoch nicht alle zur gleichen Zeit zur Arbeit, so dass man eine Zeit finden muss, die allen genehm ist.

Als Coach sollten nicht Sie die Zeit für das Treffen festlegen. Fragen Sie stattdessen das Team, wann es sein tägliches Standup durchführen möchte. Das macht die Entscheidung nicht leichter, schafft aber eine Verbundenheit des Teams zu dem Termin und fördert eine Kultur, in der das Team seine eigenen Probleme selbst löst.

Manchmal ist es eine regelrechte Herausforderung, das ganze Team jeden Tag zum Standup zusammenzubekommen. So arbeiten manche Leute von zuhause aus, andere sind in anderen Meetings oder arbeiten nicht die ganze Zeit an dem Projekt. Es wird sogar noch schwieriger, wenn sich das Team über mehrere Büros und Zeitzonen verteilt. Denken Sie daran, was Sie erreichen wollen – gute Kommunikation und allgemeine Kenntnis der zu erfüllenden Aufgaben. Ermutigen Sie das Team, mit unterschiedlichen Ansätzen zu experimentieren, bis es einen guten Kompromiss gefunden hat.

Auch Telefonkonferenzen oder zeitliche Verschiebungen des täglichen Standups können funktionieren. Manche Leute entschuldigen sich möglicherweise und müssen dann anderweitig informiert werden. Vor Ort arbeitende Teammitglieder könnten telefonisch mit externen Teammitgliedern konferieren. Für unterschiedliche Zeitzonen lässt sich dieses Gespräch auch an das Ende des Tages legen.

> **Nachtmenschen und Tagmenschen**
> *von Rachel*
>
> Eines der Unternehmen, in denen ich arbeitete, bot als Vergünstigung für die Angestellten sehr flexible Arbeitszeiten an. Manche Teammitglieder erschienen erst nach dem Mittagessen im Büro und arbeiteten dann bis spät in den Abend hinein, während andere früh

kamen und ihre Arbeit am Nachmittag beendeten. Dieses Team entschied sich für eine Zeit am Nachmittag, um das tägliche Standup durchzuführen und seine Arbeit zu synchronisieren.

Der Nachteil bei diesem Vorgehen war, dass die Morgenleute ihre Arbeit beginnen mussten, ohne zu wissen, wie weit der Rest des Teams am Vortag gekommen war. Teams, die sich über mehrere Zeitzonen verteilen, haben das gleiche Problem und führen oft sowohl am Morgen als auch am Nachmittag Standup Meetings durch. Ich schlug dem Team vor, dies ebenfalls zu probieren. Jetzt konnten sich die Morgenleute untereinander abstimmen, bevor die Nachtmenschen eintrafen.

## 5.5 Wann sind Sie als Coach gefragt?

Wann bringen Sie sich als Coach ein, wenn Sie das Gespräch nicht leiten und das tägliche Standup-Treffen nicht am Laufen halten? Unserer Ansicht nach tritt ein Coach quasi als das Gewissen des Teams auf – etwa wie die sprechende Grille in Pinocchio. Sie können z.B. das Team vorsichtig fragen, was es zu tun gedenkt, wenn es das Ziel aus den Augen verliert. Das ist schon fast eine Kunst; Sie wollen schließlich nicht nörgelnd erscheinen, meckern Sie deshalb nicht schon vorbeugend – seien Sie niemand, der ständig sagt »Vergessen Sie dies nicht, vergessen Sie jenes nicht«. Warten Sie, bis das Team wirklich abdriftet, beobachten Sie dann, ob das, was es tut, tatsächlich anders ist als das, was es geplant hatte. Fragen Sie das Team, ob das ein Problem darstellt und wie es damit umgehen will, falls dies der Fall ist.

Die Mitglieder des Teams verbringen ihre Tage damit, sich auf das Umsetzen der User Stories zu konzentrieren und merken oft gar nicht, wie schnell die Zeit vergeht. Sie können dem Team helfen, indem Sie es daran erinnern, wie viele Tage es noch bis zur nächsten Ergebnis-Demo oder dem nächsten Release sind und es bitten, darauf zu achten, dass das Teamboard auch tatsächlich widerspiegelt, woran man gerade arbeitet.

Allerdings ist es nicht nur das Verstreichen der Zeit, an das Sie das Team erinnern müssen. Die Mitarbeiter folgen einem iterativen

Kreislauf. Sie müssen sich bei jeder Iteration Zeit für die Arbeit mit den Kunden nehmen, um die User Stories für die nächste Planungssitzung fertigzustellen. Darüber hinaus müssen sie den Aktionen aus der Retrospektive folgen und diese bis zum Ende des Durchlaufs beenden.

Manchmal bringt das Team überhaupt keine Probleme auf, weil es sich an sie gewöhnt hat oder glaubt, dass sie unlösbar sind. Als Coach müssen Sie sich Ihren Forscherdrang erhalten und immer auf der Suche nach Gelegenheiten zur Verbesserung sein. Das tägliche Standup Meeting deckt häufig Bereiche auf, in denen die Teammitglieder Unterstützung durch den Coach benötigen. Bemühen Sie sich, das Team zu verstehen, indem Sie sich anhören, was gesagt wird und auch was ungesagt bleibt und indem Sie auf die Körpersprache achten:

- Sind alle beteiligt, motiviert und angeregt?
- Machen sie Fortschritte und arbeiten sie an hoch priorisierten Aufgaben?
- Arbeiten sie zusammen und helfen sie einander?
- Sind sie in der Lage, sich zu konzentrieren und ihre Arbeit ohne Unterbrechungen durchzuführen?

Solange Sie sich nicht ernsthaft Sorgen darüber machen, dass das Team den Fokus auf den aktuellen Plan verloren hat, gehen Sie diesen Beobachtungen nach dem Meeting nach oder verschieben Sie die Diskussion bis zur nächsten Retrospektive.

## 5.6   Hindernisse

Folgende Hindernisse könnten auftreten.

### Leute kommen zu spät zum Meeting

Wiederholen Sie Ihre Informationen nicht, wenn Nachzügler eintreffen. Das ist allen anderen gegenüber respektlos und vermittelt die Botschaft, dass es in Ordnung ist, zu spät zu kommen.

## 5.6 – Hindernisse

Wir haben mit Teams gearbeitet, in denen Nachzügler aufgefordert werden, ein Bußgeld zu bezahlen, wenn sie den Anfang des täglichen Standups verpassen. Das mag funktionieren, allerdings müssen Sie sich dessen bewusst sein, dass manche Leute es gut finden zu bezahlen (und auch kein Problem damit haben, zu spät zu kommen, falls der »Jackpot« anschließend für einen guten Zweck oder einen gemütlichen Teamabend ausgegeben wird).

Wenn ein Teammitglied ständig zu spät kommt, dann sprechen Sie mit ihm. Versuchen Sie herauszufinden, worin das Problem besteht. Vielleicht ist sein Wecker kaputt oder vielleicht hat der Mitarbeiter auch das Interesse an der Arbeit verloren (siehe die Vorschläge zum Motivieren in Kapitel 4). Egal, welcher Grund vorliegt, irgendetwas muss sich ändern, damit er an den Teamtreffen teilnimmt.

Helfen Sie ihm, sich sein Verhalten vor Augen zu führen. Das kann schon reichen, um eine Änderung anzustoßen. Merkt er, dass sein Zuspätkommen seine Teamkollegen ärgert? Erläutern Sie die Auswirkungen seines Verhaltens auf die anderen.

### Weithin sichtbare Zeichen
*von Rachel*

Ich arbeitete einmal in einem Team, in dem Vicky, eine der älteren Entwicklerinnen, oft zu spät zum täglichen Standup kam. Vicky merkte gar nicht, wie oft sie zu spät war – ihrer Meinung nach passierte es nicht häufiger als ein- oder zweimal im Monat. Ihr Verhalten begann auf die jüngeren Entwickler abzufärben; wenn Vicky zu spät kommen konnte, durften sie es auch.

Das Team diskutierte dies bei seiner Retrospektive und schlug vor, eine Liste auf dem Teamboard zu führen. Immer, wenn eine Person zu spät zum täglichen Standup kam, sollte ihr Name zu der Liste hinzugefügt werden. Vicky fand zunächst nichts dabei, weil sie immer noch nicht glaubte, dass sie allzu oft zu spät kam. Die Darstellung bot einen Rückmeldungsmechanismus für das Team, der ihm dabei half, sich bewusst zu werden, wie oft jeder Einzelne tatsächlich nicht pünktlich war. Nachdem Vicky ihren Namen mehrmals auf der Liste wiederfand, unternahm sie zusätzliche Anstrengungen, um rechtzeitig zu erscheinen. Die anderen Teammitglieder folgten und ab der zweiten Woche kamen alle Leute aus dem Büro überaus pünktlich, um den Beginn des Standups nicht zu verpassen.

Die Darstellung, die eigentlich dazu gedacht war, das Problem zu messen, half also dabei, es zu verringern. Dies ist ein Beispiel dafür, wie die Entscheidung des Teams, Informationen sichtbar zu verfolgen, das Verhalten beeinflusst.

**Das Meeting dauert zu lange**
Wenn das tägliche Standup-Treffen regelmäßig länger als fünfzehn Minuten dauert, dann suchen Sie nach Möglichkeiten, es zu beschleunigen. Wir empfehlen in diesem Fall, sich an die vorgegebenen Fragen zu halten und diese jeweils von den einzelnen Teammitgliedern beantworten zu lassen. Diskussionen verschieben Sie an das Ende.

Erinnern Sie das Team daran, dass es nicht nötig ist, jede kleine Einzelheit aufzuzählen, die es am vorhergehenden Tag erledigt hat; behandeln Sie nur das, was für die Teamkollegen relevant ist, damit diese einen Überblick gewinnen. Konzentrieren Sie sich auf das, was für die Aufgaben wichtig ist, die heute bearbeitet werden sollen und was geschehen muss, um die Stories zum gewünschten Datum auszuliefern.

Falls Sie mit einem großen Team arbeiten (mehr als zehn Mitglieder), können Sie das Standup beschleunigen, indem Sie nach einem Update zu den einzelnen User Stories und nicht nach dem aktuellen Arbeitsstatus jeder einzelnen Person fragen. Dadurch wird zwar das tägliche Standup handhabbarer, es löst jedoch nicht das zugrunde liegende Problem, dass es schwierig ist, ein Gefühl der Gemeinsamkeit bei einem großen Team zu schaffen.

Bei einem täglichen Standup Meeting dieser Größe werden Sie merken, dass einige Teammitglieder den anderen nicht zuhören. Die schiere Menge an Arbeit ist für sie zu viel, um auf alle Einzelheiten zu achten. Manche Stories scheinen für sie nicht relevant zu sein.

Wenn Leute anfangen, sich nur noch um ihre eigenen Aufgaben zu kümmern, beginnt die Teamarbeit zu bröckeln.

Eine bessere Lösung für große Teams besteht darin, Unterteams aufzustellen, die ihre Arbeit separat planen und kleinere tägliche Standups haben. Diese Unterteams koordinieren ihre Arbeit dann über ein neues Meeting namens *Scrum of Scrums*.

**Das tägliche Standup wird zweckentfremdet**

Das tägliche Standup Meeting kann auch von jemandem übernommen werden, der bemerkt hat, dass dies eine gute Gelegenheit darstellt, um das Team zu anderen Diskussionen zu bewegen. Diese Person stört das tägliche Standup nicht unbedingt mit Absicht; normalerweise kommt so etwas vor, wenn jemand nicht versteht, wie der agile Lebenszyklus funktioniert. Nehmen Sie sich den Störenfried im Nachhinein vor, anstatt ihn während des Meetings herauszufordern.

Manchmal kommt die betreffende Person gar nicht aus dem Team, sondern erscheint bei den täglichen Standup Meetings, weil sie möchte, dass das Team ihr bei ihrer Arbeit hilft, etwa bei einer Support-Anfrage oder beim Erstellen einer Präsentation für ein Verkaufsmeeting.

Erklären Sie, dass derjenige gern zum Meeting kommen darf, der Schwerpunkt aber dennoch auf den Stories im aktuellen Plan liegt. Empfehlen Sie, dass er mit dem Kunden über seine Anforderungen spricht, damit diese beim nächsten Planungstreffen berücksichtigt werden können.

Ein anderer Störenfried könnte ein Manager oder ein Teamleiter sein.

### Übernahme des täglichen Standup
*von Rachel*

Ray stellte seinem Team die agilen Methoden vor. Er richtete einen Teamraum ein, in dem das Team das tägliche Standup Meeting abhielt und seinen Iterationsplan an der Wand hängen hatte. Jeden

Morgen ging er in den Teamraum, legte einen Sitzsack bereit und wartete darauf, dass das Team erschien. Wenn die anderen eintrafen, holten sie ebenfalls Sitzsäcke hervor und warfen sich hinein, bereit, Ray zuzuhören.

Ray unterteilte das tägliche Standup in zwei Hälften. Die erste Hälfte gab ihm die Möglichkeit, sich über den Fortschritt des Teams zu unterrichten, die zweite Hälfte war dazu vorgesehen, die Probleme durchzuarbeiten und die Arbeit für den Tag zu verteilen. Normalerweise dauerte das Ganze eine halbe Stunde, aber eigentlich handelte es sich dabei um eine Reihe von Gesprächen zwischen Ray und den einzelnen Teammitgliedern.

Es war kein guter Einsatz ihrer Zeit und die Leute wurden definitiv nicht dazu ermuntert, sich einzubringen und selbst zu organisieren. Aus ihrer Sicht hätte Ray sein Ziel auch erreichen können, indem er zu den einzelnen Teammitgliedern an den Schreibtisch gegangen wäre. Auf diese Weise hätten sie wenigstens weiterarbeiten können, während er mit einem anderen Kollegen redete.

Ich sprach mit Ray über den Zweck des täglichen Standup, aber er schien nicht zu glauben, dass die Art, wie er es durchführte, ein Problem darstellte. Deshalb versuchte ich es aus einer anderen Richtung. Ich bat ihn, zusammen mit mir ein anderes Team bei seinem täglichen Standup zu beobachten. Dies öffnete seine Augen für die Möglichkeit, dass er sein Team dazu ermuntern könnte, einander zu berichten und selbst über seine Aufgaben zu entscheiden.

Sie werden überrascht sein, aber es kann sogar noch schlimmer kommen als in der vorherigen Geschichte. Ein anderes tägliches Standup wurde von einem Programmmanager abgehalten, der im Team eine Tabelle herumreichte. Das Team füllte diese Tabelle dann aus, ohne überhaupt zu reden.

Üben Sie keine Kritik an einer Person, die nicht weiß, wie man das tägliche Standup durchführt. Sie werden merken, dass die Lösung darin besteht, die anderen in Bezug auf agile Methoden weiterzubilden. Können Sie es einrichten, dass die Person, die das tägliche Standup Meeting durchführt, ein agiles Training absolviert? Versuchen Sie, sie mitzunehmen, um sich ein anderes Team in Ihrem

Unternehmen bei seinem täglichen Standup anzuschauen. Sie könnten auch vorschlagen, dass Sie das nächste Standup Meeting durchführen, um ein Beispiel zu liefern.

Beobachten Sie das Team anschließend, wenn es versucht, das Gelernte anzuwenden, und reden Sie nach dem Meeting über das Geschehene.

**Das Team arbeitet nicht an den geplanten Aufgaben**
Oft ändern sich die Aufgaben für eine User Story, wenn das Team anfängt, daran zu arbeiten, weil es jetzt mehr darüber weiß, was eigentlich getan werden muss. Ermutigen Sie das Team dazu, Karten hinzuzufügen, um die neuen Aufgaben auf dem Teamboard darzustellen, damit klar ist, wie der aktuelle Plan aussieht. Erinnern Sie es außerdem daran, Aufgaben zu entfernen, die nicht mehr ausgeführt werden müssen. Wenn die Aufgaben auf dem Teamboard zu sehen sind, ist es einfacher, das Gesagte beim täglichen Standup nachzuvollziehen.

Achten Sie darauf, ob Mitglieder des Teams an einem anderen Projekt arbeiten als an den Stories zu diesem Projekt; dies könnte dazu führen, dass sie die Stories im aktuellen Plan nicht abliefern. Besteht ein entsprechendes Risiko, dann ermuntern Sie das Team, seinem Kunden dies mitzuteilen.

Wenn das Team noch den Support für ein bereits ausgeliefertes Produkt erledigt, kommen oft auch ungeplante Aufgaben hinzu, wie z.B. die Entwicklung einer neuen Funktion für dieses Produkt. Das kommt bei agilen Teams, die Software bereits frühzeitig im Projekt ausliefern, relativ häufig vor. Wir empfehlen, mit dem Kunden zusammenzuarbeiten, um ein Budget für den Support (in Entwicklertagen) einzurichten und nachzuvollziehen, wie viel Zeit mit dem Support verbracht wird. Versuchen Sie, für Support-Aufgaben andersfarbige Karten am Teamboard zu benutzen, damit sie gut sichtbar sind, falls sie eine höhere Priorität als die neue Produktentwicklung erhalten.

**Das tägliche Standup Meeting ist nicht erwünscht**
Tägliche Standups können Angst machen, weil sich jeder präsentieren muss. Auf dem Standup tritt zutage, wenn das Team seine Aufgaben nicht fertig bekommt. Falls es eine Person aus dem Team ablehnt, am Standup teilzunehmen, dann überprüfen Sie, wie sie mit ihrer Arbeit vorankommt – für den Fall, dass sie irgendwo nicht weiterkommt und dies verbergen möchte.

Sollte allerdings das komplette Team die täglichen Standups ablehnen, dann haben Sie ein ernsthaftes Problem. Es ist möglich, dass es sich damit wehrt, als Team zu arbeiten oder dass die Meetings schlecht geführt werden. Wir empfehlen Ihnen, entsprechende Bedenken in der Retrospektive zu diskutieren.

**Nicht jeder kann stehen**
Sie haben möglicherweise einen Mitarbeiter im Team, der aus gesundheitlichen Gründen, etwa wegen eines Rückenleidens oder aufgrund einer Schwangerschaft, während des täglichen Standups nicht stehen kann. Suchen Sie nach einem Ausweg, um ihm so entgegenzukommen, dass er sich dennoch in das Team integriert fühlt. Wenn die restlichen Teammitglieder stehen, dann sorgen Sie dafür, dass dieser eine Mitarbeiter Teil des Teamkreises ist, ohne dass jemand vor oder hinter ihm steht. Sie möchten schließlich nicht, dass er in der Mitte oder außerhalb des Kreises steht. Sie könnten es auch in Betracht ziehen, das tägliche Standup Meeting als sitzende Veranstaltung durchzuführen, damit sich alle auf einer Ebene befinden. Seien Sie jedoch gewarnt, dass das Treffen in diesem Fall länger dauern könnte.

## 5.7 Checkliste

- Suchen Sie einen Platz, an dem das Team sein tägliches Standup Meeting rund um sein Teamboard herum durchführen kann. Wenn es in seinem Arbeitsbereich keinen Platz gibt, dann verwenden Sie ein transportables Board.

- Lassen Sie das Team über den richtigen Zeitpunkt für das tägliche Standup entscheiden. Sie können es mehr als einmal am Tag durchführen, falls nicht alle zur gleichen Zeit arbeiten.
- Ermutigen Sie das Team dazu, seine Antworten kurz und knackig zu halten. Für den Anfang kann das Drei-Fragen-Schema helfen, aber sehen Sie dies nicht als Zwang für die Gespräche während des täglichen Standups an.
- Halten Sie das tägliche Standup Meeting am Laufen; ein Sprech-Token legt dies in die Kontrolle des Teams.
- Bitten Sie den Kunden zum täglichen Standup, damit er vom Fortgang seiner Arbeit und von aktuellen Entwicklungen berichtet.
- Sammeln Sie aufkommende Probleme auf dem Whiteboard, wo jeder sie sehen kann. Geben sie ihnen zusammen mit dem Team Prioritäten und gehen Sie ihnen hinterher nach.
- Werten Sie die Effektivität des täglichen Standups in der Retrospektive aus und experimentieren Sie mit dem Format.

| KAPITEL 6 |

# Verstehen, was entwickelt wird

*Das direkte Gespräch ist die beste Form der Kommunikation.*
*Führungsprinzip*

Wenn die Teammitglieder brauchbare Software abliefern wollen, müssen sie sich besonders bemühen, den Nutzen sowohl für die Anwender als auch für das Unternehmen zu verstehen. Die User Stories helfen ihnen dabei. User Stories unterstützen die gesamte Arbeit, die ein agiles Team durchführt – sie bilden die Grundlage für die Planung, die Entwicklung und das Testen.

Wir stellen fest, dass Teams oft Schwierigkeiten haben, den Schritt zu User Stories zu leisten, weil sie diese User Stories als Pflichtenhefte behandeln und sie passiv akzeptieren, ohne Fragen zu stellen. Sie haben nicht verstanden, dass der ganze Sinn bei den User Stories darin besteht, Fragen zu stellen, um besser zu verstehen, was die Anwender brauchen und um Möglichkeiten zu finden, die Anforderungen aufzuschlüsseln.

In diesem Kapitel werden wir untersuchen, wie man dem Team User Stories vorstellt und wie man häufig auftretende Fallen vermeidet.

## 6.1 Der Lebenszyklus einer User Story

Wir wollen einmal den Lebenszyklus einer User Story durchlaufen, indem wir sie mit dem Lebenszyklus eines Schmetterlings vergleichen.

Eine User Story beginnt als Idee, vergleichbar mit dem Ei. Aus der Idee schlüpft ein Gespräch, durch das die Idee wächst und seine Gestalt ändert, also etwa wie die Raupe. Das Gespräch verwandelt sich in spezielle Testfälle – die Schmetterlingspuppe. Diese Testfälle beinhalten, was die Software tun soll und die Software nimmt Form an, einschließlich der Story Tests. Schließlich erscheint die funktionierende Software wie ein wunderbarer Schmetterling. Der Kreis schließt sich, wenn die Software Rückmeldungen von den Anwendern sowie neue Ideen generiert. Meist hat ein agiles Team in jedem dieser unterschiedlichen Stadien des Lebenszyklus Stories vorliegen.

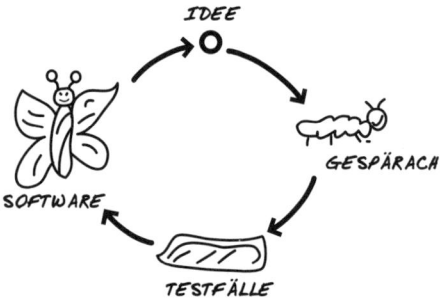

Helfen Sie dem Team zu verstehen, dass sich eine User Story im Laufe der Zeit anhand der Gespräche mit dem Kunden von einem Artefakt zu einem anderen entwickelt. Der Vorteil der User Stories geht verloren, wenn man versucht, sie zu früh festzuklopfen. Ermutigen Sie das Team, Fragen zu stellen, um besser verstehen zu können, was implementiert werden soll.

Ron Jeffries fasst die drei wichtigsten Aspekte von User Stories als die 3Cs zusammen [Jef]:

**Card** (Karte): Stories werden auf Karteikarten geschrieben, um die Gruppengespräche zu unterstützen

**Conversation** (Gespräch): Es werden Fragen gestellt und Möglichkeiten vorgeschlagen, um die Story aufzuteilen

**Confirmation** (Bestätigung): Es muss Zustimmung hinsichtlich dessen erreicht werden, mit welchen Tests bestätigt wird, ob die Story komplett ist.

Bringen Sie dem Team das Mantra »Card, Conversation, Confirmation« bei, damit es sich alle drei Elemente merkt.

## 6.2 Zu Gesprächen ermutigen

Die Gespräche über die User Stories erlauben es dem Team erst zu verstehen, was gebaut werden muss. Diese Gespräche müssen von Entwicklern und Testern vorangetrieben werden, wobei sie mit dem Kunden überprüfen müssen, ob sie die Details der Story verstanden haben, wenn sie sie umsetzen. Beachten Sie, ob das Team Probleme damit hat, festzustellen, was gebaut werden soll und erinnern Sie es daran, dass es lieber den Kunden fragen, als im Dunkeln stochern soll.

Andere Gespräche werden sich um die User Stories für künftige Iterationen drehen. Diese Gespräche werden oft vom Kunden angeregt, der bereits früh erkennen will, was wann entwickelt werden kann. Das geht natürlich nicht ohne Hilfe, weil er die technischen Details und Fähigkeiten des Teams nicht kennt. Ermutigen Sie ihn, mit dem Team zu reden, um künftige Stories zu erkunden.

Achten Sie darauf, dass diese frühen Gespräche über User Stories nicht bis zu den Planungstreffen aufgeschoben werden; es verschwendet die Zeit des gesamten Teams, wenn man Stories diskutiert, die noch nicht durchdacht worden sind. Schlagen Sie stattdessen vor, dass die User Stories in kleineren Gruppen mit einem Kunden und einigen Entwicklern oder einem Tester ausgearbeitet werden. Werten Sie diese dann später mit dem gesamten Team aus.

> **Liz sagt ...**
>
> **Bringen Sie das Gespräch in Gang**
>
> Seien Sie der Katalysator für Gespräche zwischen dem Team und dem Kunden, um zu überprüfen, ob sie das Ganze richtig anfangen. Falls Sie z.B. feststellen, dass die Entwickler Probleme damit haben, herauszubekommen, was die Software tun soll, könnten Sie Folgendes sagen:
>
> »Haben Sie mit Kate gesprochen? Sie ist unser Kunde, vielleicht kann sie dabei helfen. Kate, haben Sie einmal einen Augenblick Zeit?«
>
> Nachdem das Gespräch in Gang ist, können Sie in den Hintergrund treten. Sobald das Team sich an diese Gespräche gewöhnt hat, fängt es von selbst an, ohne dass Sie den Gastgeber spielen müssen.

## 6.3 Mit Karten arbeiten

Oft begegnen wir agilen Teams, die bei ihren Planungssitzungen einen Computer mit einem angeschlossenen Projektor benutzen, um die User Stories aufzunehmen. Das tötet alle Gespräche, weil das Team auf die Wand mit der projizierten Darstellung starrt und darauf wartet, dass irgendjemand die Story aktualisiert. Führen Sie Karteikarten (oder Klebezettel) als alternative Methode ein, um die Gespräche über die User Stories aufzuzeichnen. Es ist viel einfacher, Stories auf Karten zu Iterationen zusammenzufassen, indem man sie auf dem Tisch herumschiebt, als Zeilen in einer Tabellenkalkulation nach oben und unten zu schieben.

Veranschaulichen Sie dem Team, wie Sie die Karten einsetzen. Schreiben Sie jede Story auf eine neue Karte und legen Sie sie dann auf den Tisch, wo jeder Gesprächsteilnehmer sie lesen kann. Jetzt können alle etwas beitragen, indem Sie eine neue Karte schreiben.

## Rachel sagt ...

### Zerreißen Sie sie

Denken Sie daran, dass die Karteikarten Ihr momentanes Verständnis der User Stories widerspiegeln. Falls sich die Story nach der Diskussion ändert, sollten Sie nicht zögern, Karten zu zerreißen, an denen Sie gearbeitet haben, und neue zu schreiben.

Ich erwarte bei jedem Planungstreffen einige zerrissene Karten. Wenn es keine gibt, dann mache ich mir Sorgen über den Eifer des Teams, das sich offensichtlich nicht fragt, ob die gezeigten User Stories nicht auch anders gestaltet werden könnten.

Überprüfen Sie, ob das Geschriebene auf den Karten auch tatsächlich dem entspricht, was gesagt wurde. Sollte das nicht der Fall sein, muss der Kunde die Karte ändern oder noch einmal neu schreiben. Ändert sich die Story, die diskutiert wird, dann vermerken Sie das auf der Karte oder schreiben Sie gleich eine neue Karte und zerreißen Sie die alte.

Im weiteren Fortgang des Meetings sollten Sie aufhören, alle Karten selbst zu schreiben. Wenn jemand eine neue Idee vorschlägt, dann bitten Sie ihn, seine eigene Karte zu schreiben. Sie könnten z.B. sagen: »Wir wollen das nicht vergessen, schreiben Sie dafür bitte eine Karte?« Oder Sie warten einfach, ohne etwas zu sagen, bis jemand einen Stift nimmt und es tut. Meist klappt das auch, da ein Einzelner kaum mit dem Schreiben nachkommen wird, wenn mehrere Leute reden.

Legen Sie einen Stapel Karten und Stifte in die Mitte des Tisches, damit jeder eine Karte schreiben kann. Wir haben festgestellt, dass das Arbeiten mit Karteikarten auf einem Tisch nur bei kleinen Gruppen um einen kleinen Tisch herum funktioniert. Bei Gruppen mit mehr als fünf Leuten sollten Sie von einer horizontalen zu einer vertikalen Anordnung der Karten wechseln. Sie können Klebezettel an der Wand (oder an einem portablen Teamboard) verwenden oder Sie kleben Karteikarten an ein großes Blatt auf dem Flipchart (oder stecken sie mit Reißzwecken fest). Jetzt kann das Team alle Karten sehen, ohne dass sich jemand den Hals ausrenken muss oder alles verkehrt herum sieht.

Erleichtern Sie es dem Team, jederzeit Karteikarten benutzen zu können, nicht nur bei Planungstreffen. Halten Sie daher im Arbeitsbereich des Teams (allerdings nicht in einem verschlossenen Schrank) immer einen Vorrat an Karten bereit und sorgen Sie auch für die Aufbewahrung und Organisation der Karten – mittels CD-Schachteln, Büroklammern usw.

Erinnern Sie das Team daran, dass diese Karten auf dem Teamboard landen werden und dass sich das Team beim täglichen Standup auf sie beziehen wird. Daher hilft es, ein konsistentes Layout für die User Stories anzustreben. Beginnen Sie mit einem kurzen Titel. Wenn man von den Kartennummern spricht, wie einige Teams es tun, wird es schwierig, den Gesprächen über die Stories zu folgen. Schreiben Sie den Titel leserlich mit einem Marker auf die Karte, und zwar so groß, dass das Team ihn lesen kann, ohne aufzustehen und näher an das Board heranzukommen. Es hilft auch, wenn das Team sich angewöhnt, Kalkulationen immer an die gleiche Stelle auf der Karte zu setzen, etwa in die rechte untere Ecke (siehe Abschnitt 7.3).

**Vorlagen für die Stories**

Wenn ein Team den Umgang mit User Stories noch nicht kennt, dann empfehlen Sie ihm, eine Vorlage für die Story zu benutzen:

»*Als* ... Anwender *möchte ich* ... Möglichkeit, *damit* ... Nutzen.«

Hier ein vollständiges Beispiel:

»*Als* Buchkäufer *möchte ich* die Kundenbewertungen für ein Buch sehen, *damit* ich entscheiden kann, ob ich das Buch kaufe.«

Diese Vorlage hilft dem Team dabei zu erkennen, wer der Anwender ist und welchen Vorteil es bringt, die Story zu entwickeln. Das Team muss die unterschiedlichen Anwendertypen genau kennen, damit es den *Als*-Teil ausfüllen kann. Sie können vorschlagen, dass das Team eine Karte aller Akteure anlegt oder Profile mit Fotos der typischen Anwenderrollen entwickelt. Noch besser wäre es, wenn das Team loszieht und echte Anwender kennenlernt, und zwar in der Umgebung, in der die Software dann auch eingesetzt werden soll.

Uns sind schon Teams begegnet, die absolut gewissenhaft eine Story-Vorlage verwendet haben, ohne tatsächlich einmal einen wirklichen Benutzer der Story von Nahem gesehen zu haben. Sie versuchen, alles, woran sie arbeiten, in die Story-Vorlage zu zwingen, wobei sie dann Stories schreiben wie, »Als Entwickler ...« oder »Als XML-Feed-Engine ...« Erklären Sie, dass die Story-Vorlage dem Team nicht helfen wird, die Anforderungen besser zu verstehen, wenn es keine Benutzerinteraktion gibt und man sie dann auch nicht einsetzen muss.

Erinnern Sie das Team daran, dass der Zweck einer Story-Vorlage darin besteht, dem Team beizubringen, Fragen zu stellen, die sein Verständnis verbessern, und nicht, ein Formular auszufüllen. Wenn das Team sich an das Arbeiten mit User Stories gewöhnt hat, kann es von den Story-Vorlagen abkommen. Ein kurzer Titel reicht; alle anderen Notizen auf der Karte sind lediglich Gedankenstützen, nichts weiter. Unabhängig davon, ob das Team eine Vorlage verwendet oder nicht, sollten Sie die User Story immer in einer Sprache verfassen, die vom ganzen Team sowie dem Kunden verstanden werden kann.

Nachdem die Stories in funktionierende Software umgesetzt worden sind, greift das Team auf die Tests und nicht auf die Karten zurück, um Details zur Story auszuarbeiten. Man könnte die Karten nun wegwerfen, allerdings kann ein gelegentlicher Blick auf die Originalkarte Erinnerungen an das Gespräch heraufbeschwören, während dessen die Karte geschrieben wurde. Das ist ganz praktisch, wenn das Team in späteren Iterationen weitere ähnliche Stories hinzufügen soll. Die meisten Teams, mit denen wir gearbeitet haben, heben die Karten genau zu diesem Zweck auf, allerdings werden sie nicht oft gebraucht.

## 6.4 Die Einzelheiten bestätigen

Nachdem das Team die grundlegende Story verstanden hat, weiß, wer der Anwender ist und welches Problem dieser zu lösen versucht, muss es die Einzelheiten diskutieren und darin übereinkommen, welches Verhalten implementiert werden soll. Legen Sie zusammen mit dem Team den Geltungsbereich der einzelnen Story in Form von Tests fest, die bestanden werden müssen, damit die Story als »erledigt« angesehen wird. Diese *Story Tests*[1] helfen dem Team, sich darüber klar zu werden, was gebaut und wie viel Arbeit erledigt werden muss.

Story Tests beginnen ihr Leben in Form von Anstrichen, die auf die Rückseite einer Story-Karte gekritzelt werden. Bis zu dem Punkt, an dem die Story in ihre nächste Iteration geht, ist das ausreichend. Später werden diese Notizen während der Iterationen als Grundlage für das Schreiben ausführbarer Testskripte verwendet.

Wir stellen manchmal fest, dass Teams vom Kunden erwarten, diese ganzen Tests selbst herzustellen. Helfen Sie dem Team dabei, zu verstehen, dass das ganz und gar nicht funktionieren wird; ein Geschäftsmann wird oft nur daran denken, was zu tun ist, wenn alles glatt läuft, und nicht daran, was alles schiefgehen kann. Wenn er z.B. darüber nachdenkt, wie die Suche nach einem Buch funktioniert, konzentriert er sich wahrscheinlich eher darauf, was der Anwender tun kann, als darauf, was geschieht, wenn es keine Ergebnisse gibt, die angezeigt werden könnten.

---

[1] Ein anderer gebräuchlicher Begriff für einen Story Test ist *Akzeptanzkriterium*.

Horchen Sie auf, wenn das Wort *Test* fällt. Ihr Kunde sucht vielleicht nach einer Entschuldigung für einen schnellen Abgang, weil dieses Wort den Eindruck erweckt, dass eine technische Diskussion anfängt. Anstatt den Kunden mit technischem Jargon zu ängstigen, sollten Sie vorschlagen, dass das Team Story Tests entwirft, wobei man einige wirkliche Beispiele durchgeht. Beispiele helfen dem Team zu überprüfen, dass es verstanden hat, was die Software tun soll und welches Verhalten den Bedürfnissen des Kunden entgegenkommt. Beispiele erlauben es dem Team darüber hinaus, Situationen zu erkunden, in denen eine Fehlerbehandlung erforderlich ist.

Gehen Sie zuerst eine einfache Benutzerinteraktion durch, bei der der Anwender sein Ziel erreicht. Ermutigen Sie das Team anschließend, Fragen an den Kunden zu richten:

- Welche Daten gibt der Benutzer ein?
- Was erwartet der Benutzer zu sehen?
- Gibt es Unternehmensregeln, die wir beachten müssen?

Hilfreich sind sicher auch Skizzen der Benutzerschnittstelle; grobe Bleistiftzeichnungen reichen. Schließlich sind es der Inhalt und die Interaktion, die das Team verstehen muss, nicht das Äußere.

Fordern Sie das Team nun auf, nachzufragen, was schiefgehen könnte. Welche Eingabedaten müssen verarbeitet werden? Bedenken Sie auch schlechte Daten und realistische Mengen. Während dieser Untersuchung erinnern Sie das Team daran, dass es keine Testskripte schreibt, es also nicht nötig ist, jede einzelne Randbedingung auszuarbeiten.

Hier einige Story Tests für die User Story *Als Käufer möchte ich ein Buch anhand des Titels finden, damit ich es kaufen kann*. Dabei kommt ein einfacher Story Test der Form *Vorausgesetzt-Wenn-Dann* [Nor06] zum Einsatz.

- *Vorausgesetzt* wird, dass der Anwender sich die Suchseite anschaut und »Agiles Coaching« eingibt (was einen Treffer ergibt). *Wenn* der Anwender auf den Such-Button klickt, *Dann* werden die voll-

ständigen Details zum Buch (Titel, Autor, Abbildung des Umschlags, Zusammenfassung, Preis, Kritiken) sowie ein »Zum Einkaufswagen hinzufügen«-Button angezeigt.
- *Vorausgesetzt* wird, dass der Benutzer sich die Suchseite anschaut und »Testgetriebene Entwicklung« eingibt (was mehrere Treffer ergibt). *Wenn* der Benutzer auf den Such-Button klickt, *Dann* wird eine zusammenfassende Liste mit Büchern (Titel, Autor, Preis) angezeigt, und zwar sortiert nach dem Preis und mit einem »Mehr«-Button jeweils neben der Zusammenfassung.
- *Vorausgesetzt* wird, dass der Benutzer sich die Suchseite anschaut und »Wasserfall-Coaching« eingibt (was keine Treffer ergibt). *Wenn* der Benutzer auf den Such-Button klickt, *Dann* wird die Meldung »Tut uns leid, wir können das Buch nicht finden« ausgegeben.

Falls es nur einige Tests gibt, dann notieren Sie die Tests auf die Rückseite der Story-Karte. Oder Sie schreiben sie auf eine gesonderte Karte und heften diese mit der Story-Karte zusammen. Passen Sie auf, wenn an eine Story gleich ein ganzes Bündel an Tests angeheftet ist; das ist ein gutes Zeichen dafür, dass entweder die Story zu groß wird oder das Team sich zu sehr in Details verliert.

Wir wollen uns einmal anschauen, wie ein Team die Story Tests erarbeitet.

> **Story Tests ausarbeiten**
>
> Amanda ist Produktmanagerin und hat für einen Online-Buchhändler die Rolle des Kunden übernommen. Beim täglichen Standup fragt sie das Team, wie schwierig es sein würde, die vorhandene Website um eine ISBN-Suche zu erweitern. Damian und Larry, Entwickler bzw. Tester, bieten sich an, zusammen mit ihr einen Blick auf die Details der Story zu werfen, um eine erste Schätzung abgeben zu können.
>
> »Wieso sollten die Benutzer eine ISBN-Suche brauchen?«, fragt Damian. »Sie können doch bereits nach dem Autor oder einem Stichwort suchen.«

## 6.4 – Die Einzelheiten bestätigen

»Das hat sich bei unseren letzten Usability Tests ergeben«, erläutert Amanda. »Es scheint so, als hätten einige unserer Anwender es eilig und wollten sich nicht durch die Suchmenüs wühlen.«

Damian runzelt die Stirn. »Müssten wir dann nicht die ganze Suche neu entwerfen? Ich nehme an, das ist schnell gemacht, während wir überlegen, wie das geht.« Amanda nickt und schreibt folgende Story-Karte.

> **BUCHSUCHE NACH ISBN**
>
> Als potenzieller Buchkäufer
>
> möchte ich ein Buch finden,
> indem ich eine ISBN eingebe,
>
> damit ich direkt zum Buch gelange,
> ohne Zeit zu verschwenden.

Anschließend diskutieren sie die Implementierung eines Beispiels. Die Eingabe einer ISBN wie 1934356433 sollte eine Buchergebnisseite ausgeben. Die Vorlage dafür existiert schon auf der Site, so dass es nicht nötig ist, darauf einzugehen, welche Details angezeigt werden sollen. Damian schreibt diesen Story Test.

Damian fragt: »Was passiert, wenn der Benutzer auf SUCHEN drückt, ohne eine vollständige ISBN eingegeben zu haben? Brauchen Sie einen teilweisen ISBN-Treffer?«

Amanda denkt einen Augenblick nach. »Nein, eigentlich nicht, das verfehlt den Zweck der Story. Können wir den Anwender auf die normale Kein-Ergebnis-Seite umleiten, wobei die drei Treffer angezeigt werden, die der Eingabe am nächsten kommen?« Damian schreibt für diese Variante eine zweite Story-Test-Karte.

Larry, der Tester, liest sie. »Wir müssen auch dreizehnstellige ISBNs verarbeiten?« Amanda nickt und er macht sich eine Notiz an das Ende der ersten Story-Karte.

## STORY TEST 1

VORAUSGESETZT, der Benutzer bewegt sich auf der Startseite oder einer der Katalogseiten.

WENN der Benutzer eine gültige ISBN eingibt und SUCHEN wählt,

DANN wird die Buchseite angezeigt, auf der die Standardfelder zu sehen sind.

Hinweis: Gültig heißt 10 oder 13 Stellen mit oder ohne Bindestrichtrenner.

»Liefern wir nur dann Ergebnisse zurück, wenn sie nur die Ziffern eingeben? Was ist mit Leerzeichen und Bindestrichen?«

»Sicher«, fügt Damian hinzu, »es macht nicht viel Arbeit, Leerzeichen und Bindestriche herauszufiltern, wir können das also auch mit abdecken.«

Amanda stimmt zu: »Gute Idee!«

Die Teammitglieder sind nun alle zufrieden, dass sie die User Story so weit verstanden haben, um eine Schätzung abgeben zu können.

Diese Geschichte zeigt, dass einige Tests, die sich noch ergeben, der User Story hinzugefügt werden, während andere Story Tests zurückgestellt werden.

User Stories, die eine einfache Technik darstellen, helfen den Teams, die Kunden zu verstehen, indem sie darüber reden, was die Anwender brauchen. Ihre Aufgabe als Coach besteht darin, sie von schlechten Angewohnheiten aus den Zeiten vor der Anwendung agiler Methoden abzubringen, nämlich davon, Anforderungen als buchstabengetreu gegeben hinzunehmen, anstatt sie zu hinterfragen und Alternativen anzubieten. Zeigen Sie den Teams, wie man Karten benutzt und ermuntern Sie sie, sich in die Gespräche über

User Stories einzubringen, um ihre Ideen anzubieten und weitere Einzelheiten in Form von Story Tests auszuarbeiten.

## 6.5 Hindernisse

Folgende Hindernisse könnten Ihnen begegnen.

**Es gibt keine Funktionalität, die für Benutzer bestimmt ist**
User Stories sind am effektivsten, wenn sie verwendet werden, um die Anforderungen echter menschlicher Anwender zu beschreiben. Falls Sie an einem Projekt arbeiten, bei dem Infrastruktur oder Architektur überarbeitet werden sollen, gibt es oft keine Funktionalität zu beschreiben, die irgendwie mit einem Endanwender zu tun hat.

Die Vorlage *Als ... möchte ich ... damit ...* nützt wahrscheinlich überhaupt nichts. Allerdings sind die Fragen »Wer möchte es? Und wieso?« weiterhin relevant, um zu verstehen, welche Priorität die Arbeit haben soll. Das Team kann immer noch über das zu lösende Problem, den möglichen Nutzen und die Story Tests sprechen, die bestätigen, dass es die Story verstanden und umgesetzt hat.

Man kann User Stories auch benutzen, um eine Reihe technischer Aufgaben in eine verständlichere Beschreibung zu packen, wodurch es für Kunden und Management klarer wird, woran in den einzelnen Iterationen gearbeitet wird. Wenn die Arbeit im technischen Slang der Entwickler mit Referenzen auf Bibliotheken und Codeelemente beschrieben wird, klingt das für den Kunden vermutlich absolut kryptisch.

Hier ein Beispiel. Die folgende Beschreibung einer Infrastrukturaufgabe lässt kaum erahnen, wieso sie nötig ist. »Installiere WIBLv2 auf Fred«, wobei WIBL eine Codebibliothek ist und Fred ein Server. Nehmen Sie einmal an, der Grund für das Update auf WIBLv2 bestünde darin, dass andere Zeichensätze für den asiatischen Markt verarbeitet werden sollen. Wenn wir die Aufgabe in eine User Story umschreiben: »Als Produktmanager möchte ich, dass die Buchinformationen in asiatischen Zeichensätzen angezeigt werden, damit wir unsere Bücher in Asien verkaufen können«, wird der Grund für diese Arbeit viel deutlicher. Mit der ursprünglichen Aufgabe »Installiere WIBLv2 auf Fred« wird diese neue User Story implementiert. Sie sollte das Team darüber hinaus dazu bringen, festzustellen, welche Tests ausgeführt werden müssen, um diese Story zu bestätigen.

### 6.6 Anforderungen müssen dokumentiert werden

Manche Organisationen verlangen, dass Softwareanforderungen formell dokumentiert werden, normalerweise weil sie bestimmten Standards und Normen unterliegen und zeigen müssen, dass sie einem Arbeitsablauf folgen, der überprüft werden kann. Manchmal werden diese Informationen auch benötigt, um eine Übergabe an ein anderes Team, etwa ein Operationsteam, zu unterstützen.

Sie können weiterhin von User Stories ausgehen, müssen sie nun allerdings dokumentieren. Eine schnelle Möglichkeit für eine elektronische Aufzeichnung der Story besteht darin, ein Digitalfoto (oder eine Kopie) zu machen. Sie müssen wahrscheinlich auch irgendwelche Skizzen aufzeichnen, die während der Diskussion der User Story am Whiteboard entstanden sind. Falls Sie eine umfassendere Dokumentation benötigen, lassen Sie diese im Anschluss an das Gespräch über die User Story schreiben.

Ein anderer Ansatz zum Erstellen einer Dokumentation, die mit dem Code Schritt hält, besteht darin, Story Tests als ausführbare Anforderungen mit einem Test-Framework wie FIT[1] zu schreiben.

**Das Team kann sich nicht treffen**

Ganz offensichtlich eignen sich Karten und Klebezettel nicht für Gespräche zwischen Teammitgliedern, deren Büros sich an unterschiedlichen Orten befinden. Sie können zwar weiterhin User Stories als Grundlage von Gesprächen über die Benutzerbedürfnisse

---

1. Siehe http://fit.c2.com/

verwenden und diskutieren, welche Story Tests verwendet werden, um zu bestätigen, dass die Story implementiert wurde. Anstelle von Karteikarten nehmen Sie das einfachste Mittel, das sich einrichten lässt. Sie könnten z.b. eine Screen-Sharing-Software benutzen (wie etwa NetMeeting oder WebEx), damit die Teams an den einzelnen Standorten den gleichen Bildschirm sehen können. Setzen Sie dann irgendeine einfache Software ein, um virtuelle Klebezettel anstelle von Karteikarten zu schreiben.

## 6.7 Checkliste

- Bringen Sie dem Team das »Card, Conversation, Confirmation«-Mantra bei, damit es sich immer daran erinnert, dass eine User Story aus drei wesentlichen Elementen besteht: einem Gespräch (Conversation), einer Karte (Card) und einer Bestätigung (Confirmation). Ermutigen Sie das Team, alle User Stories durch Gespräche mit dem Kunden zu verfeinern.
- Zeigen Sie dem Team, wie man Story-Karten schreibt, indem Sie es vormachen und dann dem Team Platz machen, damit es sie selbst schreiben kann.
- Sorgen Sie dafür, dass im Teambereich und den Meetings ausreichend Karten oder Notizzettel vorhanden sind, um die Stories aufzuschreiben.
- »*Als* ... Benutzer *möchte ich* ... Fähigkeit, *damit* ... Nutzen« kann eine sinnvolle Vorlage für die User Stories sein. Achten Sie darauf, dass es keine Übung im Ausfüllen von Formularen wird; solche Vorlagen sollen das Team anregen, Fragen zu stellen. Sobald die Mitarbeiter die richtigen Fragen stellen, kann das Team die Vorlage fallen lassen.
- Unterstützen Sie den Kunden vor den Planungssitzungen beim Ausarbeiten der Details der Stories. Es hilft beim Ausformulieren der User Stories, wenn Sie einige Teammitglieder daran beteiligen können; sie können Fragen stellen und Story Tests vorschlagen.

| Kapitel 7 |

# Vorausplanen

*Pläne müssen erreichbar sein. Führungsprinzip*

Niemand mag lange Meetings. Trotzdem sind einige tiefer gehende Gespräche erforderlich, um einen realistischen Plan aufzustellen. Wie können Sie daher dem Team helfen, die richtige Balance bei den Planungssitzungen zu finden?

Ermutigen Sie das Team dazu, Pläne in unterschiedlicher Detailtiefe zu erstellen. Es ist wahrscheinlich sowohl ein grober Plan erforderlich, der einige Monate in die Zukunft vorausschaut, als auch ein detaillierterer Plan für die nächste Iteration.

Das Planen ist wie das Kochen Ihres Lieblings-Wokgerichts:

**Vorbereiten:** Arbeiten Sie mit dem Team zusammen – besonders mit dem Kunden –, um die User Stories vor dem Meeting fertigzustellen. Teilen Sie die Stories so fein auf, wie es möglich ist, ohne den Nutzen aus den Augen zu verlieren.

**Braten Sie alles nacheinander:** Führen Sie immer ein Gespräch nach dem anderen. Wenn das Team darüber spricht, wie eine Story entwickelt wird und dann abschweift, um zu überlegen, wie wichtig die Story im Vergleich zu einer anderen ist, dreht sich das Gespräch möglicherweise im Kreis.

**Hören Sie nicht auf zu rühren:** Halten Sie das Meeting am Laufen und bringen Sie das Gespräch immer wieder auf den Kern zurück, um Stockungen zu vermeiden.

**Kontrollieren Sie die Temperatur:** Das Team steht möglicherweise unter dem Druck, mehr Arbeit zu übernehmen, als in dieser Iteration fertiggestellt werden kann. Helfen Sie ihm, die Details des Designs auszuarbeiten, damit es realistische Schätzungen abgeben kann, die auch die bisherige Ablieferungsrate in Betracht ziehen.

Das Geheimnis dieses Rezepts liegt in der Vorbereitung.

## 7.1 Das Planen vorbereiten

Fordern Sie das Team auf, mit dem Kunden zusammenzuarbeiten, um die User Stories vor dem Tag des Planungstreffens fertigzustellen. Natürlich soll nicht das ganze Team an den Vorplanungen teilnehmen, das kann von einigen der Teammitglieder erledigt werden.

Führen Sie nun das Team durch die folgenden grundlegenden Schritte, um einen Plan zu erstellen:

**Die Prioritäten verstehen:**

Beginnen Sie mit einem Teamgespräch über die User Stories, die der Kunde in der nächsten Iteration haben möchte.

**Einteilen der Arbeit:**

Wenn das Team die Stories verstanden hat, helfen Sie ihm auszuarbeiten, was getan werden muss, um die Stories auszuliefern.

**Dem Plan zustimmen:**

Fassen Sie das Meeting zusammen, indem Sie Einigung darüber erzielen, was realistischerweise ausgeliefert werden kann.

Ein Team, das wirklich verstanden hat, was erledigt werden muss, kann diese Schritte in weniger als einer Stunde abhaken, während ein neues Team, das an einem komplexen Problem arbeitet, wahrscheinlich länger braucht. Wenn Sie merken, dass das Team viel durchzuarbeiten hat, schlagen Sie vor, die einzelnen Schritte in getrennten Meetings durchzugehen.

Erarbeiten Sie zusammen mit dem Team einen Terminplan für die Planungssitzungen. Wenn jeder im Team weiß, was wann passiert, können sich alle richtig vorbereiten. Ein Terminplan ist außerdem während des Meetings ganz praktisch. Wenn das Teamgespräch abschweift, können Sie es wieder auf den Weg zurückholen, indem Sie das Team an den Zeitplan erinnern.

## 7.2 Die Prioritäten verstehen

Schlagen Sie vor, dass der Kunde das Meeting eröffnet, indem er sein Ziel für die nächste Iteration oder den nächsten Software Release erläutert. Er präsentiert die User Stories und zeigt, wie diese jeweils das gewünschte Ziel unterstützen. Bitten Sie ihn, für die Stories eine Rangfolge festzulegen, indem er die Karten in der Reihenfolge von »am wichtigsten« bis »am unwichtigsten« auf den Tisch legt. Lassen Sie den Kunden wissen, dass Sie es vorziehen, alle User Stories als wichtig anzusehen, dass es aber natürlich kaum möglich sein wird, sie alle in der nächsten Iteration abzuarbeiten.

Ermutigen Sie den Rest des Teams, Fragen zu stellen und nach Möglichkeiten zu suchen, um die User Stories weiter aufzuteilen. Wenn die Stories klein sind und klare Story Tests besitzen, sind sie leichter abzuschätzen und auszuliefern. Werden sie jedoch zu klein, dann stellen sie irgendwann aus geschäftlicher Sicht keine sinnvollen Funktionseinheiten mehr dar.

Fordern Sie nun das Team auf, die Tests für die einzelnen Stories, die es wahrscheinlich in die nächste Iteration schaffen werden, zu bewerten. Das geht ganz einfach, indem Sie jedes Teammitglied bitten, sich eine Story herauszugreifen und die Tests laut vorzulesen. Sie wollen, dass sich das gesamte Team dieser Tests bewusst ist, damit es sie beim Einteilen der Arbeit berücksichtigen kann.

> **Rachel sagt ...**
>
> **Kein Projektor**
>
> Benutzen Sie beim Arbeiten mit User Stories keinen Projektor, falls es sich vermeiden lässt. Es gibt kaum etwas Deprimierenderes, als in einem Meeting zu sitzen, bei dem jeder auf einen Bildschirm (oder eine Wand) starrt und darauf wartet, dass irgendjemand etwas eintippt. Es mag zwar so scheinen, als würde man Zeit sparen, weil nach dem Meeting niemand mehr etwas in den Rechner eingeben muss, aber das ist falsche Sparsamkeit, weil sie auf Kosten der wertvollen Teamzeit geht.
>
> Arbeiten Sie stattdessen mit dem Kunden zusammen, um sicherzustellen, dass dieser vorbereitet ist und die User Stories auf Karteikarten mit zu dem Meeting bringt.
>
> Elektronische Aufzeichnungen können Sie *nach* dem Meeting aktualisieren.
>
> Ich sage nicht, dass Sie *niemals* einen Projektor benutzen sollen. So ein Gerät ist ganz praktisch, wenn man sich während des Meetings vorhandene Benutzerschnittstellen und Designs anschauen will.

## 7.3 Die Arbeit einteilen

Bevor das Team die Arbeit schätzen kann, muss es die Auswirkungen auf den Softwareentwurf diskutieren. Sorgen Sie dafür, dass das Team sich die Zeit nimmt, die technischen Details der einzelnen Stories näher kennenzulernen.

Dieser Teil des Meetings ist für den Kunden wahrscheinlich uninteressant. Sagen Sie ihm, dass er das Meeting ruhig verlassen kann und Sie ihn später zurückrufen, wenn das Team alle User Stories eingeschätzt hat. Das hilft auch dem Team, da es sich nicht unter Druck gesetzt fühlen muss, weil jemand im Raum ist, der darauf wartet, dass die Diskussion beendet wird.

## 7.3 – Die Arbeit einteilen

**Nicht nur Zahlen**
*von Rachel*

Ich habe einmal mit einem Projektmanager namens Amir zusammengearbeitet, der während einer Planungssitzung frustriert zum Team sagte: »Los, ich will nur die Zahlen aus den Stories.«

Amir vermittelte dem Team den falschen Eindruck, dass es beim Planen darum geht, Häppchen für das Projektmanagement herzustellen. Er erkannte nicht den wichtigen Punkt, dass es sich bei der Planung darum dreht, herauszuarbeiten, *was* getan werden muss und dass dies geschehen muss, bevor man feststellt, wie lange es dauert. Das Team kann nicht einfach die »Zahlen aus den Stories« auf den Tisch legen, ohne darüber zu reden, was es tun muss, und oft umfasst diese Diskussion auch das Reden über den Entwurf der Software.

Ich teilte Amir nach dem Meeting meine Beobachtung mit und er war froh, dass ich ihn darauf hingewiesen hatte. Beim nächsten Mal sorgte er dafür, dass im Zeitplan Raum für technische Diskussionen blieb. Es dauerte jedoch eine Weile, bis das Team genügend Vertrauen aufbaute, um beim Planen wirklich über seine Designideen zu sprechen.

Regen Sie an, dass das Team die Gestaltungsmöglichkeiten auf dem Whiteboard visualisiert. Es ist nicht nötig, bereits bei der Planung jedes kleine Detail festzuhalten. Designentscheidungen, die die Schätzungen nicht beeinflussen (oder die Arbeit an anderen Stories beeinträchtigen), können den Designern überlassen werden, die schließlich an dieser Story arbeiten werden.

**Das Team hasst das Planen**
*von Rachel*

Ich arbeitete einmal mit einem Team, das Planungsmeetings hasste. Die Meetings zogen sich ohne Pause über den ganzen Nachmittag hin. Die Planungen wurden von der Teamleiterin, Amy, dominiert, die versuchte, das Design für alle Stories festzuklopfen, bevor die Iteration startete. Das Aufstellen der Aufgaben für jede Story kam einem vor wie eine Art Mikromanagement der Arbeit der erfahreneren Entwickler, weil es diesen kaum noch Spielraum bei der eigentlichen Erstellung der Software ließ. Schlimmer noch, sie beschwatzte das Team normalerweise, Schätzungen zuzustimmen, die deutlich unter den ursprünglichen Vorschlägen lagen.

Das Team äußerte in einer Retrospektive seine Bedenken hinsichtlich dieser langen Planungstreffen. Am nächsten Tag brachte jemand einen Kurzzeitwecker mit, der während des Meetings von den Mitarbeitern benutzt werden konnte, um weitere Diskussionen auf zehn Minuten zu beschränken. Nach einer Weile war es so weit, dass der Griff nach dem Timer bereits als Signal galt, die Diskussion zu beschränken und weiterzumachen.

## Rachel sagt ...

**Halten Sie die Diskussion am Leben**

Ich habe Teams kennengelernt, bei denen der Eindruck entstanden war, dass die einzigen Meetings, die sie haben sollten, wenn sie agil sind, »agile Meetings« (Planung, tägliches Standup, Demo und Retrospektive) seien. Das ist aber nicht so. Ermutigen Sie das Team, sich bei Bedarf zu treffen, um über das Softwaredesign zu reden, anstatt zu versuchen, diese Diskussionen in die Planungssitzungen zu quetschen.

### In Aufgaben zerlegen

Schlagen Sie dem Team bei größeren Stories, deren Aufbau länger als einige Tage dauern würde, vor, die Arbeit in Aufgaben zu zerlegen: kleine Häppchen Arbeit, die zur Auslieferung einer User Story beitragen (einige Stunden Arbeit, nicht mehr als ein Tag). Ein solches Vorgehen kann manchmal mehr Story Tests ergeben sowie weitere Möglichkeiten, die Stories weiter aufzuteilen. Falls das Team jedoch bereits eine klare Idee von der Arbeit hat, dann ist das Aufteilen in Aufgaben vermutlich übertrieben.

## 7.3 – Die Arbeit einteilen

Es bringt noch einen weiteren Vorteil, die Arbeit in Aufgaben aufzuspalten. Kleine Aufgaben erleichtern es dem Team, die Arbeit zu verteilen und die Anstrengungen zu koordinieren, damit mehrere Leute an der Story arbeiten können. Das Team kann diese Aufgaben auf dem Teamboard veröffentlichen, um festzustellen, welchen Fortschritt es jeden Tag macht. Es gibt keine besondere Vorlage zum Schreiben von Aufgaben, allerdings sollten sie auch aus der Entfernung lesbar sein.

Wenn wir die Codebasis nicht kennen, an der das Team arbeitet, kann es kompliziert werden, Gespräche darüber zu führen, welche Arbeiten erledigt werden müssen. Lesen Sie dem Team die Story vor und fragen Sie es dann, was geschehen muss. Warten Sie darauf, dass das Team selbst Ideen auf den Tisch legt.

### Liz sagt ...

**Spielen Sie nicht die Sekretärin**

Lassen Sie sich nicht darauf ein, die ganzen Schreibarbeiten beim Meeting zu erledigen. Das kann zwar verlockend sein, weil dies eine Sache ist, mit der Sie das Team unterstützen können, aber es verhindert, dass andere sich beim Meeting einbringen und kann das Gefühl hervorrufen, dass das Meeting zu Ihrem Nutzen stattfindet und nicht zu dem des ganzen Teams. Halten Sie alle Teammitglieder an, sich zu beteiligen.

Falls das Team nicht weiterkommt, helfen Sie ihm, indem Sie solche Fragen stellen:
- Brauchen wir Datenbankänderungen?
- Wie werden wir dies testen?
- Brauchen wir irgendetwas von anderen Teams, wie etwa Dokumentationen oder GUI-Designelemente?

- Gibt es irgendetwas, was wir tun müssen, um unserer Definition von »fertig« zu entsprechen?

**Rechnen, nicht Raten**

Sobald das Team sich erarbeitet hat, was zu tun ist, muss es schätzen, wie lange es dauern wird, die Stories abzuschließen. Das tut es gemeinsam, ohne in diesem Stadium zu entscheiden, wer an welchen Aufgaben arbeiten wird. Bitten Sie das Team, die Arbeit zu betrachten, die erledigt werden muss, ohne in den Schätzungen Reserven für den Fall einzubauen, dass etwas schiefgeht. Selbst wenn es eines Tages zu einer Unterbrechung nach der anderen kommt, ist es nicht möglich, Störungen abzuschätzen.

Machen Sie es im Meeting deutlich, dass die Kalkulation nicht bedeutet, wild herumzuraten! Wenn das Team absolut keine Ahnung hat, was getan werden muss (weil es die Codebasis oder irgendeine neue Technik, die zum Einsatz kommen soll, nicht kennt), dann raten Sie ihm, erst einmal diese Frage zu klären, bevor es an die Kostenberechnung geht. Manche Teams teilen ihre Planungen so ein, dass die User Stories morgens präsentiert werden und die Kalkulation am Nachmittag geschieht. Dies erlaubt es den Entwicklern, erst einmal einen Blick auf den Code zu werfen, bevor man sich zusammensetzt und diskutiert, was zu tun ist.

Ist eine längere Untersuchung nötig, dann schlagen Sie dem Team vor, ein Spike einzuplanen. Ein Spike ist eine zeitlich begrenzte Untersuchung mit dem Ziel, eine Schätzung für eine User Story herzustellen, anstatt Code zu produzieren. Sobald das Team die vorgesehene Arbeit besser versteht, kann es die Story für die nächste Iteration wieder in Betracht ziehen.

**Eine Schätzung abgeben**

Der einfachste Ansatz besteht darin, jede Story zu diskutieren und sich dann auf eine Schätzung zu einigen. Bei kleinen Teams von maximal fünf Leuten funktioniert das auch ganz gut. Wenn Sie jedoch mit größeren Teams planen, werden Sie bemerken, dass einige Teammitglieder still bleiben und sich nicht an der Diskussion beteiligen. Das kann daran liegen, dass es ihnen an Selbstvertrauen mangelt oder sie ganz einfach mit dem zufrieden sind, was vorgeschlagen wird – das restliche Team bekommt jedenfalls keine Meinung von ihnen zu hören. Sie können alle am Gespräch beteiligen, indem Sie es mit Planungspoker versuchen (siehe Kasten).

Die Kalkulationen aller User Stories werden jeweils auf der Story-Karte vermerkt, die dann auf den Tisch gelegt wird. Stellen Sie eine Story-Kartenmatrix her, indem Sie die Story-Karten mit ähnlichen Schätzungen aufeinanderstapeln und die Stapel dann von niedrig zu hoch sortieren. Alle Teammitglieder sollten sie sehen können. Schauen Sie dazu Abbildung 7.1 an[1]. Dies hilft dem Team, die Schätzungen konsistent zu halten. Mike Cohn bezeichnet es als Triangulation: »Wenn man auf diese Weise kalkuliert, dann vergleicht man nicht alle Stories mit einem einzigen Grundwert oder einer allgemeinen Referenz. Stattdessen vergleicht man jede neue Story mit einer Auswahl von Stories, die bereits kalkuliert wurden.« Sein Buch *Agile Estimating and Planning* [Coh06] bietet eine großartige Informationsquelle hinsichtlich des Kalkulierens und Erstellens agiler Pläne.

## 7.4 Auswerten und Bestätigen

Der nächste Teil bei der Planung ist das Gruppieren der Stories zu einem Iterationsplan, dem das Team realistischerweise folgen kann. Das ist oft der schwierigste Teil, weil normalerweise einige Abstriche gemacht werden müssen.

---

[1]. Mit freundlicher Genehmigung von Kerry Jones, der unter
*http://blog.livingroomarchitect.com/2008/08/story-card-matrix.html* mehr erläutert.

**Abbildung 7.1:** Eine Story-Kartenmatrix

## Überprüfen der Kapazität des Teams

Nachdem die Kalkulationen abgeschlossen sind, muss das Team seine Kapazität einschätzen, damit es die Auslieferung einer sinnvollen Anzahl von User Stories planen kann. Nach dem Durchführen einer Reihe von Iterationen besitzt das Team Daten über die durchschnittliche Velocity (Geschwindigkeit), die zeigen, wie viel es wahrscheinlich pro Iteration abliefern kann.

Wenn das Team gerade erst beginnt und noch keine Daten über die Velocity besitzt, dann ist eine Berechnung auf einem Schmierzettel normalerweise genau genug. Nehmen Sie z.B. an, das Team hätte drei Entwickler, einen Tester und einen Projektmanager (der bei Dokumentationsaufgaben einspringt). Diese Leute planen, in Iterationen von zwei Wochen zu arbeiten. Sie stellen fest, dass sie zwei Tage pro Iteration für Meetings und noch ein paar weitere Tage für Support-Aufgaben verlieren, so dass sie grob schätzen, pro Iteration etwa 30 Tage für die Arbeit zu haben. Dann erinnern sie sich daran, dass einer der Entwickler ein paar Urlaubstage eingereicht hat und runden das Ganze auf 28 Tage ab.

> **Planungspoker**
>
> Planungspoker [Gre] wurde erstmals von James Grenning beschrieben. Um Planungspoker zu spielen, benötigt jede Person aus dem Team einige Karten, mit denen Schätzungen abgegeben werden. Jede Hand Karten besteht aus je einer Karte für die Punkteskala, die das Team für seine Schätzungen verwendet, also etwa 0, 1, 2, 3, 5, 8, 13 und 21, sowie einer Karte, um eine Story als zu groß zu kennzeichnen. Markieren Sie diese Karte mit einem ! oder einer großen Zahl, etwa 99.
>
> Wenn eine Story laut vorgelesen wird:
> - Führt jedes Teammitglied eine Schätzung durch, indem es eine Karte aus seiner Hand wählt und mit der Vorderseite nach unten auf den Tisch legt. Auf diese Weise sollen die Schätzungen der anderen Mitspieler nicht beeinflusst werden.
> - Wenn jeder seine Karte ausgespielt hat, werden die Karten umgedreht und verglichen.
> - Sind die Zahlen alle gleich, wird diese Schätzung auf der User Story vermerkt.
> - Haben die Spieler dagegen für unterschiedliche Punktzahlen gestimmt, diskutiert das Team jetzt, woher diese abweichenden Einschätzungen stammen und stimmt dann noch einmal ab.
> - Falls jemand keine Idee hat, kann er eine Karte mit einem ? ausspielen.
>
> Planungspoker hält das ganze Team dazu an, mitzumachen, und hilft ihm, sich nicht an der ersten Schätzung festzuklammern, die irgendjemand herausposaunt hat. Planungspoker kann zwar ein Meeting beschleunigen, aber das ist nicht die Hauptsache. Erwarten Sie bei auseinandergehenden Schätzungen einige Diskussionen, bevor sich das Team auf einen Wert einigen kann.

> Diese Diskussionen sind normalerweise sehr sinnvoll, weil dabei Annahmen und Ideen geäußert werden, worum es in der Story geht und wie man sie aufbauen kann.
> Denken Sie daran, dass Planungspoker nur ein Ansatz zum Schätzen von Stories ist. Wir haben es oft mit Teams zu tun, die dieses Mittel falsch einsetzen, indem sie es bei den Planungen zur nächsten Iteration zum Schätzen von kleinen, gut verständlichen Stories verwenden. Am besten eignet sich diese Technik, wenn Sie weit reichende Pläne für Releases in den nächsten Monaten aufstellen müssen und der Kunde bereits frühzeitig eine Rückmeldung über die ersten Story-Größen bekommen soll, bevor die User Stories vollständig ausgearbeitet sind.

Erinnern Sie das Team daran, dass es darauf achten muss, irgendwelche Spezialisten im Team nicht zu überfordern. Es hat keinen Sinn, den Plan mit Ajax-Arbeiten zu füllen, wenn es nur einen gibt, der das kann. Falls das Team ständig Lücken in punkto Wissen und Fähigkeiten plagen, müssen Sie es ermutigen, Lernaufgaben einzuplanen, um die Kenntnisse des Teams zu erweitern.

**Die Iterationen anlegen**

Legen Sie die Story-Karten so auf den Tisch, wie das Entwicklungsteam plant, daran zu arbeiten. Packen Sie die Karten mit der höchsten Priorität zuerst hin, es sei denn, es gibt bei bestimmten Karten Risiken, Abhängigkeiten oder Fristen – diese müssen mit dem Kunden geklärt werden. Auf dem folgenden Foto sehen Sie, wie die Karten in einer Übersicht angeordnet werden, die zeigt, welche Stories das Team in den nächsten Monaten ausliefern möchte.[1]

---

[1] Das Foto stammt von einem Team, das Scrum einsetzt, weshalb die Iterationen hier mit »Sprint« bezeichnet wurden. Das Meeting, welches das Team mit allen führenden Akteuren durchführte, um diesen Plan herzustellen, fand übrigens nicht im Büro statt.

# 7.4 – Auswerten und Bestätigen

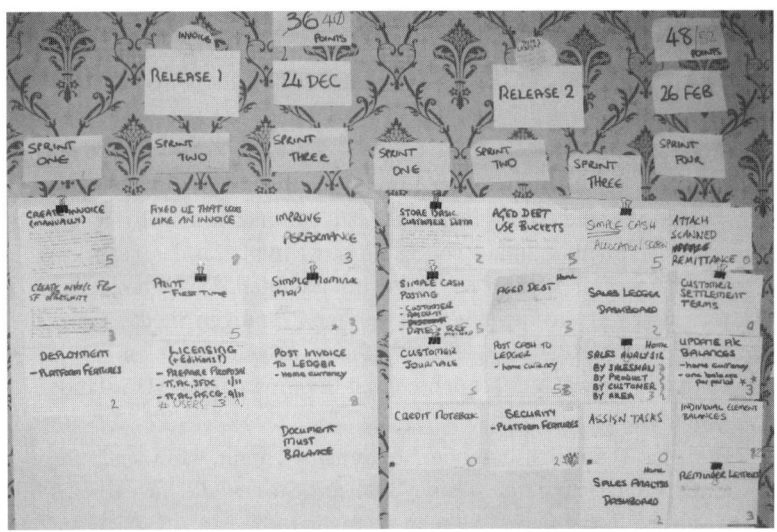

Falls der Kunde während des Meetings nicht dabei war, sollten Sie ihn nun wieder einladen. Führen Sie ihn durch alle Änderungen, die Sie an den Stories vorgenommen haben, wie etwa die Aufteilung in kleinere Stories oder neue Story Tests. Wenn der Kunde sich nun die Schätzungen für die Stories anschaut, die auf den Story-Karten stehen, könnte er darangehen, seine Prioritäten zu ändern. Rechnen Sie damit, dass die Stories noch ein bisschen verschoben werden, bevor endgültig klar ist, was in den Plan aufgenommen wird und was nicht.

**Weiter vorausschauen**

In einer idealen Welt würde das Team am Ende jeder Iteration einen funktionierenden Release an die Anwender ausliefern, allerdings gibt es möglicherweise gute Gründe dafür, weniger oft oder nicht immer an alle Anwender zu liefern.

Wenn Sie die Iterationen in einem Plan ausführen, der sich über mehrere Wochen oder Monate erstreckt, dann sollten Sie das Team daran erinnern, dass wahrscheinlich auch neue Stories hinzukom-

> **Liz sagt ...**
>
> **Seien Sie realistisch**
>
> Wie sehr das Team oder der Kunde sich auch wünscht, dass alle Stories ausgeliefert werden – ein zu optimistischer Plan endet wahrscheinlich in Enttäuschung. Es ist wichtig, dass das Team ein gangbares Tempo einplant, damit im Rahmen der Organisation realistische Erwartungen gesetzt werden. Ermutigen Sie das Team, die Fertigstellung der gleichen Menge Arbeit einzuplanen wie beim letzten Mal – es sei denn, es ist bekannt, dass die Umstände anders sind.
>
> Falls das Team sich besonders optimistisch fühlt, dann legen Sie einen »Nachschub« an – eine Liste mit Stories, die abgearbeitet werden, falls die normale Arbeit vorfristig fertig wird.

men werden. Regen Sie an, ein wenig Spielraum zu lassen, anstatt den Plan zu dicht zu packen. Am einfachsten ist es, wenn Sie eine Iteration frei lassen. Dann haben Sie Platz für neue User Stories und außerdem einen Puffer, der Ihnen hilft, falls die Entwicklung einer der geplanten Stories überzogen wird.

Üblicherweise ist es nicht besonders sinnvoll, einen Plan auf der Grundlage der User Stories aufzustellen, der weiter reicht als drei Monate. Nutzen Sie für alles, was darüber hinaus geht, eine Road Map basierend auf den User Stories.

Falls das Team nicht aktiv ein neues Produkt entwickelt, sondern nur kleine Änderungen als Support für vorhandene Anwendungen vornimmt, bringt es vermutlich nichts, das Team zusammenzuholen, um einen längerfristigen Plan aufzustellen. Stattdessen könnten Sie »Kanban« anwenden (siehe Kasten), das das Team darauf konzentriert, den Arbeitsablauf zu verbessern.

## Kanban von Karl Scotland, EMC Consulting

Ein Kanban-System für die Softwareentwicklung konzentriert sich auf die Visualisierung der Arbeit bei ihrem Fluss durch die verschiedenen Stadien der Transformation in einem Wertestrom, wobei die Menge der gleichzeitig zu bearbeitenden Tickets (Work in Progress, WiP) an jedem Punkt limitiert ist. Dies erlaubt es dem Team, Engpässe und Beschränkungen im System zu erkennen, so dass es sich kontinuierlich darum bemühen kann, das System zu verbessern und die Produktivität und Leistung zu steigern.

Diese Konzentration auf den Fluss macht die Abschätzung der Aufgaben unnötig, wodurch das Aufteilen in Aufgaben zu einer Analyse- und Designtätigkeit wird. Priorisierung, Planung und Freigabe kommen weiterhin regelmäßig vor und formen einen natürlichen Rhythmus um die einzelnen Aktivitäten herum. Das Team schätzt nicht mehr ab, was es innerhalb einer bestimmten Zeitspanne abliefern wird, sondern prognostiziert anhand einer bekannten Zykluszeit und des Durchsatzes, wie viel ausgeliefert wird.

Ein Team, das sich ein Limit von drei Funktionen setzt, die zu einem Zeitpunkt bearbeitet werden, wird sich darauf konzentrieren, den Fluss dieser Funktionen bis zur Fertigstellung zu maximieren, während für neue Funktionen erst dann wieder Zeit aufgewandt wird, wenn Kapazitäten frei werden. Die Priorisierung, Analyse und Planung der neuen Arbeit wird daher »just in time«, also bei Bedarf ausgelöst, und nicht bei einem Iterationsplanungstreffen festgelegt. Die Priorisierung basiert auf der bisherigen Fähigkeit des Teams, Funktionen abzuliefern, sowie künftigen Geschäftszielen und -vorgaben.

*Kanban* ist das japanische Wort für »Signalkarte« und wird im Toyota-Produktionssystem eingesetzt. Ein Kanban-System für die Softwareentwicklung nutzt oft eine Karteikarte als das Token, das die »Work in Progress« begrenzt. Ein Token könnte auch eine Werteinheit repräsentieren, etwa eine User Story. Ein Kanban-System ist daher in der Lage, den Fluss einzelner Einheiten eines Kundenwertes von der Idee bis zum Release durch das Entwicklungssystem zu führen.[a]

a. Mehr über Kanban erfahren Sie unter *http://www.LimitedWIPSociety.org* und *http://availagility.wordpress.com/*.

## 7.5 Den Überblick behalten

Nach dem Meeting wird das Team möglicherweise darauf drängen, mit den neuen Stories zu beginnen. Bevor alle auseinanderlaufen, muss es jemand auf sich nehmen, die Stories und Aufgaben auf das Teamboard zu bringen. Schlagen Sie vor, dass das Team jemanden zum Beobachter ernennt – in manchen Teams wird diese Rolle innerhalb des Teams regelmäßig weitergegeben.

Wir haben gemerkt, dass es zu Mikromanagement führen kann, wenn man Aufgaben in ein Tracking-Werkzeug eingibt. Es ist nicht nötig, alle Aufgaben, die bei der Planung erstellt wurden, elektronisch festzuhalten, schließlich stehen sie ja schon auf dem Teamboard. Erinnern Sie das Team daran, dass sich die Geschäftspartner eher für die Fertigstellung der kompletten User Stories interessieren anstatt für die der Aufgaben, da die Aufgaben nicht ausgeliefert werden.

Wichtig ist es dagegen, eine Version der Release-Pläne in Form von Software vorzuhalten, da diese den Geschäftspartnern mitgeteilt werden müssen. Das Team kann die User Stories einfach in einer Tabellenkalkulation auflisten oder sie zusammen mit den Schätzungen und den geplanten Auslieferungsterminen auf eine Wiki-Seite setzen. Es muss außerdem dafür sorgen, dass diese verschiedenen Ansichten des Plans synchron gehalten werden.

Ermutigen Sie das Team, von den geplanten Stories sowie den dazugehörenden Schätzungen Schnappschüsse anzufertigen. Am Ende der Iteration kann es diese historischen Daten dann mit der tatsächlich erreichten Velocity vergleichen, um die *Hit Rate*[1] zu ermitteln. Dabei handelt es sich um eine Berechnung, die von einigen der Teams, mit denen wir zusammenarbeiten, verwendet wird, um festzustellen, wie genau ihre Planungen sind. Falls z.B. die geplante Gesamtanzahl der Story-Punkte 50 beträgt und sich am Ende der Iteration 40 Punkte an abgeschlossenen Stories ergeben, beträgt die Hit Rate des Teams 80 Prozent.

---

1. Dies wurde uns von Mike Lowery vorgestellt.

## 7.6 Hindernisse

Folgende Hindernisse könnten auftreten.

**Der Kunde weiß nicht, was er will**

Wenn der Kunde sich nicht auf das Treffen vorbereitet hat, wird es vermutlich im ersten Teil des Meetings eine Weile dauern, die User Stories auszuarbeiten. Es hilft vielleicht, mit einer kleineren Gruppe von Leuten ein Vorplanungstreffen abzuhalten, um die Stories schon einmal grob zu umreißen. Das funktioniert am besten, wenn Sie wenigstens eine Person aus dem Team einbeziehen, die aus technischer Sicht berichten kann, ob die Stories machbar und nicht zu groß sind, um sie in einer einzigen Iteration auszuliefern.

**Das Team wird überlastet**

Manchmal wird das Team aufgefordert, mehr Arbeit zuzusagen, als es realistischerweise ausliefern kann. Das kommt häufig vor, wenn der Kunde einen feststehenden Veröffentlichungstermin hat und daher eine Menge Druck auf dem Team lastet. Falls Sie merken, dass das Team viel mehr zusagt, als es aufgrund seiner Velocity schaffen kann, warnen Sie es davor, dass es im schlimmsten Fall überhaupt keine Story ausliefert.

Falls das Team darauf besteht, es dennoch zu schaffen, dann sorgen Sie dafür, dass es die Stories sehr fein aufteilt, damit es für jeden Funktionsbereich etwas gibt, was ausgeliefert werden kann, selbst wenn es sich nicht um die allumfassend zufriedenstellende Version handelt, die eigentlich vorgesehen war.

**Das Wetter von gestern**

*von Lasse Koskela, Reaktor Innovations*

Ich arbeitete einmal mit einem kleinen Startup-Unternehmen, das eine Menge gute Presse bekommen hatte. Viele meinten, es wäre das nächste MySpace usw. Der Kunde war der Gründer des Unternehmens und hatte die erste Version des Online Services selbst im

Laufe einiger Monate nebenbei aufgebaut. Er war sehr engagiert und brannte darauf, das Unternehmen wachsen zu sehen.

Nach einigen Monaten, in denen ein Team zusammengesucht wurde und man begann, den Service für die Anforderungen des Weltmarkts umzubauen, entschloss man sich, Scrum zu übernehmen – ihre momentane Ad-hoc-Methode begann, ihre Schwächen zu zeigen. Es waren mehr Disziplin und Überblick nötig.

Mit dem Beginn der zweiten Iteration und nachdem man in der ersten Iteration Funktionen im Wert von 25 Punkten ausgeliefert hatte, beschloss das Team, auf das »Wetter von gestern« zu vertrauen. Der Kunde jedoch war ziemlich optimistisch, was das Potenzial des Teams betraf, und brachte das Team dazu, auf 35 Punkte zu gehen. Man sagte 35 Punkte zu, man lieferte 24 Punkte aus.

Wieder hielt der Kunde eine mitreißende Rede auf dem Iterationsplanungstreffen, in der er darauf hinwies, dass man »gerade erst durchstartete« und wie sehr das Team die ganze Zeit lernte und sich verbesserte. Das Team sagte 35 zu und lieferte 25 ab.

Vierte Iteration, gleiches Ergebnis. Man sagte 35 zu, weil der Kunde »wusste, sie könnten es schaffen«, und lieferte viel weniger ab.

An dieser Stelle akzeptierte der Kunde schließlich, was ich und auch ein anderer Coach versucht hatten zu erklären – dass sich die Produktivität des Teams nicht durch Wunschdenken und »Versucht es doch noch einmal« steigern lässt. Im schlimmsten Fall bricht sie unter dem extremen Druck zusammen.

**Planänderungen während der Iteration**

Seien Sie auf der Hut, wenn sich die Aufgaben auf dem Teamboard während der ersten Tage einer Iteration radikal ändern – das ist ein Hinweis darauf, dass die Planungsmeetings vermutlich überstürzt werden. Uns sind Teams begegnet, die das Planen, Auflisten der Aufgaben und Schätzen überaus schnell abgehakt haben, ohne wirklich darüber nachzudenken, was geschehen muss. Wenn dann die Arbeit an der Story tatsächlich beginnt, offenbart sich, dass die Aufgaben auf dem Board in keiner Weise das wiedergeben, was getan werden muss.

## 7.6 – Hindernisse

Sie können erwarten, dass das Team einige zusätzliche Aufgaben für eine Story aufstellt, wenn sein Verständnis für das Problem wächst, passen Sie aber auf, wenn sich die Aufgaben oft ändern – das zeigt, dass das Team nicht mit dem Thema zurechtkommt. Ermuntern Sie das Team, mehr Zeit in der nächsten Planungsrunde vorzusehen, um die Aufgaben durchzuarbeiten, und regen Sie darüber hinaus an, einige Spikes einzuplanen.

**Beim Meeting kommt es zu Konflikten oder Spannungen**

Das Durchführen von Planungsmeetings kann eine Herausforderung sein. Oft vertreten die Entwickler gegensätzliche Ansichten darüber, wie das Design ausfallen soll. Kunden wiederum sehen nicht ein, wieso Stories geteilt oder geändert werden sollten.

Die Spannungen im ersten Teil des Meetings, in dem die Stories diskutiert werden, können daher rühren, dass gestritten wird, wie man die Stories aufteilen sollte oder welche Stories am wichtigsten sind. Regen Sie das Team an, seine Ideen und Bedenken dem Kunden zu erläutern. Machen Sie dem Kunden klar, dass er zuhören muss. Welche Stories schließlich im Plan landen, sollte wirklich gemeinsam entschieden werden.

Auch der zweite Teil des Meetings kann konfliktbehaftet sein, weil das Team darin übereinkommen muss, wie es die Software erstellen soll, um die Stories abzuliefern. Ein gewisses Maß an Konflikten hilft sicher beim Testen und Verbessern von Ideen, zu viel davon ist hingegen unerfreulich und ineffizient.

Falls mehrere alternative Lösungen vorgeschlagen werden, die alle gleich gut (oder gleich schlecht) zu sein scheinen, dann erinnern Sie das Team daran, jede Lösung danach zu beurteilen, wie einfach sie zu entwickeln sein wird. Das Team könnte versuchen, beide Lösungen zu entwickeln. Dies würde ihm helfen, mehr über das Problem zu lernen. Bald würde sich herausstellen, ob eine der Lösungen besser ist als die andere oder ob es eine Kombination der beiden Ideen sein sollte. Obwohl es eine Verschwendung zu sein scheint, zwei Lösungen zu programmieren, ist dies möglicherweise die schnellste Möglichkeit zu lernen und ergibt vielleicht sogar eine bessere Lösung.

### Die Velocity des Teams fällt

Es ist völlig normal, dass die Velocity eines neuen Teams einige Iterationen braucht, um einen zuverlässigen Wert zu erreichen. Sobald das aber geschafft ist, sollte das Team versuchen, ihn zu halten. Die Velocity verlangsamt sich oft ein wenig, wenn das Projekt wächst und die Software mehr User Stories unterstützt. Gleichzeitig wächst mit dem Vertrauen in die agilen Methoden der Optimismus des Teams. Helfen Sie dem Team, eine Verlangsamung zu entdecken und versuchen Sie die Ursache dafür zu finden, auch wenn dies einige Iterationen dauert. In der Zwischenzeit sollten die Pläne auf dem neu gemessenen Wert aufbauen, anstatt den Plan mit der alten Velocity fortzusetzen und zu hoffen, dass der Zauber zurückkehrt.

### Die Planungen sind nicht sinnvoll

Manchmal kommt es vor, dass die ganze Planung keinen Sinn hat, etwa wenn mehrere Teammitglieder außer Haus, im Urlaub oder zu einer Weiterbildung sind oder wenn das Team viele Bugs zu entfernen hat. Bug Fixes lassen sich nicht so leicht schätzen, weil die meiste Arbeit darin besteht, detektivisch die Ursache des Problems zu finden.

Anstatt in solchen Situationen die Zeit mit dem Planen von Iterationen zu vergeuden, legen Sie auf dem Teamboard eine priorisierte Liste der zu verrichtenden Arbeit an. Das Team kann diese Liste abarbeiten und beim täglichen Standup jeweils die Prioritäten neu festlegen. Arbeiten Sie weiter an diesen kleinen Sachen, bis das Team wieder vollständig ist oder die Bugs alle entfernt wurden.

Falls das oft vorkommt, sollten Sie möglicherweise zu einer Kanban-artigen Entwicklung übergehen, die nicht auf zeitlich fixierten Iterationen beruht, um die zu erledigende Arbeit zu begrenzen.[1]

## 7.7 Checkliste

- Schaffen Sie zusammen mit dem Team einen Zeitplan für die Planungsmeetings, wobei Sie die Planung möglicherweise auf mehrere Sitzungen verteilen. Zeigen Sie dem Team, wie es den Zeitplan in den Meetings verwendet, um die Gespräche wieder zurück zum Thema zu führen, falls sie abdriften sollten.
- Erinnern Sie das Team daran, vor den Planungsmeetings mit dem Kunden zusammenzuarbeiten, um die User Stories vorzubereiten.
- Sorgen Sie dafür, dass jeder während der Planungsmeetings die Möglichkeit bekommt, Fragen zu den User Stories zu stellen.
- Regen Sie Design-Diskussionen an, bevor die Arbeit abgeschätzt wird. Diese laufen oft besser, wenn sie ohne den Kunden durchgeführt werden.
- Schlagen Sie vor, dass das Team große Stories in Aufgaben zerlegt. Die Aufgaben können während der Iteration zusammen mit den Stories an das Whiteboard geschrieben werden, um dem Team dabei zu helfen, seine Arbeit zu koordinieren. Vermitteln Sie dem Team jedoch auch, dass es besser ist, komplette Stories zu beobachten als einzelne Aufgaben.
- Helfen Sie dem Team dabei, seine Schätzungen konsistent vorzunehmen, indem Sie eine Story-Kartenmatrix zusammenstellen, in der Stories mit den gleichen Kosten gruppiert werden.
- Sorgen Sie dafür, dass das Team in einer vernünftigen Velocity (Geschwindigkeit) arbeitet und keine Versprechungen macht,

---

1. Jeff Patton bietet in seinem Blog unter http://agileproductdesign.com/blog/2009/kanban_over_simplified.html eine hübsche Zusammenfassung des Kanban-Ansatzes an.

die aufgrund ihrer Velocity nicht zu halten sind. Das Team sollte auf jeden Fall seine Kapazität überprüfen, bevor es endgültig entscheidet, welche Stories in den Plan aufgenommen werden.

- Achten Sie darauf, dass jemand vor dem Ende des Meetings alle Karten nimmt und an das Teamboard hängt. Das Team muss darüber hinaus Notiz davon nehmen, welche Stories mit welchen anfänglichen Schätzungen geplant sind, damit es eine Grundlage hat, auf der es seine Velocity berechnen kann.

| KAPITEL 8 |

# Behalten Sie alles im Blick

*Machen Sie die Dinge sichtbar, um das Team zu ermutigen, die Verantwortung zu übernehmen. Führungsprinzip*

Welche Tricks setzen Sie ein, wenn Sie sich etwas merken müssen? Ob es nun darum geht, dass Sie Ihre Hemden aus der Wäscherei holen oder eine Geburtstagskarte schreiben, wir wetten, dass Sie eine sichtbare Merkhilfe benutzen, wie etwa einen Zettel an der Kühlschranktür. Das Team muss sich ebenfalls eine Menge merken: Iterationspläne, Retrospektive-Aktionen und den Zustand der Software. Bringen Sie dem Team bei, die Dinge, auf die es achten muss, im Blick zu behalten.

Nützliche Informationen sollten für alle sichtbar sein und dürfen nicht irgendwo im Computer verborgen werden. Pläne, die elektronisch aufbewahrt werden, sind Informationskühltruhen – sie geben ihre Informationen nur her, wenn man sie öffnet. Helfen Sie dem Team dabei, ein *Teamboard* einzurichten, das die Pläne für alle offen bereithält.

Ein Teamboard ist aber mehr, als nur eine Stelle, an die der aktuelle Plan gehängt wird. Es spiegelt das Team wider sowie das, was dem Team wichtig ist. Hier kann man zeigen, wohin es gehen soll, indem man die Produkt-Roadmap aufhängt, Pläne und Designs veröffentlicht. Viele der Teams, mit denen wir zusammenarbeiten, personalisieren ihr Teamboard darüber hinaus mit Comicstrips, Postkarten und Andenken, die helfen, eine Teamkultur aufzubauen.

## 8.1 Das Teamboard

Die meisten Teams unterteilen ihr Board in Spalten, um einen Fortschritt anzuzeigen (wie in diesem Foto zu sehen). Das Team packt die Karten unmittelbar nach dem Planen an das Teamboard und verschiebt die Karten dann auf dem Board, bis die Fertig (Done)-Spalte erreicht ist.

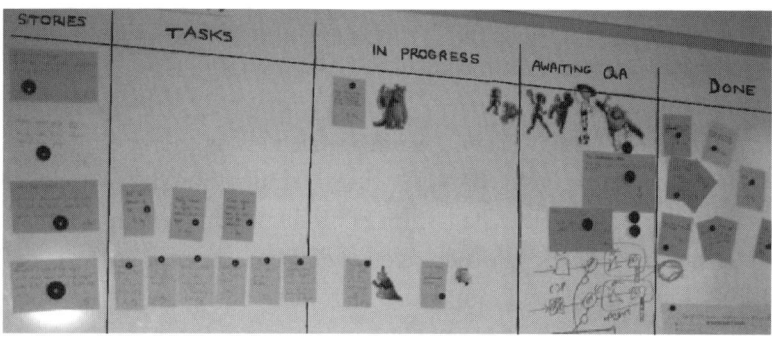

Und so funktioniert es:

**Stories**

Hier werden alle Stories angebracht, und zwar in der Reihenfolge ihrer Priorität von oben nach unten.

**Aufgaben (Tasks)**

Hierher kommen die Aufgaben, nebeneinander, zu ihrer entsprechenden Story.

**In Bearbeitung (In Progress)**

Wenn die Arbeit an einer Aufgabe beginnt, wird die Karte in diese Spalte verschoben.

## 8.1 – Das Teamboard

**Erwartet Abnahme (Awaiting QA)**

Wenn alle Aufgaben abgeschlossen sind, wird die Story-Karte in diese Spalte gelegt und die fertigen Aufgaben können entfernt werden. Wenn ein Kunde oder ein Tester eine Karte hier findet, bedeutet dies für ihn, dass er die Arbeit überprüfen und anschließend bestätigen soll, dass sie den Story Tests entspricht. Falls ein Problem behoben werden muss, verschieben Sie die Story-Karte wieder in die Stories-Spalte und legen für diese Problembearbeitung eine neue Aufgabe an.

**Fertig (Done)**

Das Ziel besteht darin, alle Stories, die fertig sind, hierher zu bekommen. Diese Spalte sollte sich im Laufe einer Iteration immer weiter füllen.

Das Team liefert den Wert nur dann aus, wenn die Story abgeschlossen ist. Ermutigen Sie es, die Stories nacheinander über das Board zu lotsen, anstatt maschinengewehrartig alle Stories gleichzeitig loszuschicken.

Sorgen Sie dafür, dass das Teamboard sauber und gut lesbar ist.[1] Es verliert viel von seiner Wirkung, wenn die Leute nicht erkennen können, was darauf steht. Regen Sie an, dass das Team ein konsistentes Format für die Karten verwendet und die Titel der Stories ordentlich mit einem Marker aufgeschrieben werden, damit das ganze Team sie während des täglichen Standups lesen kann. Falls niemand dabei ist, der eine anständige Handschrift besitzt, kann das Team die Schilder für das Board auch mit dem Computer erstellen.

Sollte das Team keinen Platz haben, um die Karten hin- und herzuschieben, schlagen Sie vor, dass es Aufkleber verwendet, um den Fortschritt auf den Karten zu signalisieren. Fertige Karten tragen eine

---

[1] Unter *http://www.xqa.com.ar/visualmanagement/2009/02/visual-management-for-agile-teams/* finden Sie einige Tipps für das visuelle Management.

ganze Reihe übereinanderhaftender Klebepunkte, die das Ganze wie eine Raupe aussehen lassen.

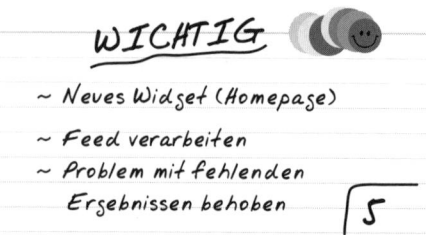

**Noch nicht begonnen**
Alle Karten fangen mit einem roten Aufkleber an.

**In Bearbeitung**
Wenn die Arbeit an einer Karte beginnt, verdecken Sie den roten Aufkleber mit einem gelben.

**In der Auswertung**
Wenn die Aufgabe ausgewertet wird, bedecken Sie den gelben Sticker mit einem blauen.

**Fertig**
Wenn die Aufgabe abgeschlossen ist, decken Sie den blauen Aufkleber mit einem grünen zu. Werden Bugs gefunden, dann zeigen Sie mit einem gelben Aufkleber, dass die Karte nun wieder in Bearbeitung ist.

Verwenden Sie große, helle Aufkleber, damit der Status auch aus einiger Entfernung zu erkennen ist. Erläutern Sie auf einer Legende, was die unterschiedlichen Farben bedeuten – nun kann jedermann das Board interpretieren.

**Wer arbeitet woran?**
Das Schöne an einem Teamboard ist, dass es das Team in die Lage versetzt, seine Arbeit selbst zu wählen. Niemand wartet darauf, dass

ihm gesagt wird, was er tun soll. Jeder nimmt sich einfach die nächste Aufgabe vom Board. Sie werden feststellen, dass dies die Teammitglieder dazu bringt, sich für den Erfolg der Iteration verantwortlich zu fühlen, anstatt sich nur für den jeweils »eigenen« Anteil zu interessieren. Sie können eine Arbeit wählen, die sie interessiert, ohne den Blick auf die anderen Dinge zu verlieren, die erledigt werden müssen.

Um zu vermeiden, dass man jemandem auf den Schlips tritt, muss jeder im Team wissen, wer woran arbeitet. Das wird zwar auch im täglichen Standup Meeting diskutiert, kann sich aber im Laufe eines Tages auch ändern. Machen Sie dies sichtbar, indem Sie die Mitarbeiter bitten, die Aufgaben, an denen sie jeweils arbeiten, mit ihrem Namen oder einem Bild zu kennzeichnen. Falls irgendjemand die Story diskutieren muss, sieht er auf einen Blick, an wen er sich zu wenden hat und muss nicht das ganze Team unterbrechen. Sie können das Ganze ein wenig auflockern, indem Sie vorschlagen, dass die Teammitglieder Comic-Charaktere von sich selbst erstellen, die für diesen Zweck benutzt werden.

Wenn man die Karten mit dem Namen desjenigen kennzeichnet, der daran arbeitet, kann man schneller erkennen, ob irgendjemand nicht weiterkommt. Idealerweise sollte pro Entwickler(paar) genau eine Aufgabe in Bearbeitung sein. Achten Sie auf Gelegenheiten, bei denen ein Entwickler auf mehreren Karten auftaucht und stellen Sie fest, wieso das der Fall ist – möglicherweise blockiert irgendetwas den Fortgang der Arbeit oder derjenige benötigt Hilfe. Fordern Sie das Team auf, auch auf blockierte Aufgaben hinzuweisen. Es sollte dazu einen grell gefärbten Aufkleber benutzen oder die Karte aus dem In-Bearbeitung-Bereich in einen Blockiert-Bereich setzen.

**Die Wahl der Materialien**

Sie glauben vielleicht, dass das Teamboard an der Wand befestigt sein sollte. Wir sind da ganz anderer Meinung. Stellen Sie lieber ein transportables Teamboard her, welches das Team zu seinen Meetings mitnehmen kann. Dazu könnten Sie ein Whiteboard auf Rädern nehmen oder eine Tafel, die aus einem leichten Material besteht – etwa Kork oder Leichtschaum.

Der Umgang mit dem Teamboard sollte einfach und problemlos sein. Sie wollen nicht, dass Karten herunterfallen, wenn es einmal ein bisschen zieht. Eine Magnettafel funktioniert ganz gut – das Team benutzt Magnete, um die Karten auf der Tafel zu befestigen und muss sich nicht mit Pins oder Klebestreifen herumschlagen. Bewahren Sie die Arbeitsmaterialien – Karten, Aufkleber und Magnete – bei der Tafel auf, damit jeder ganz einfach eine neue Karte anhängen kann. Es ist nicht Ihre Aufgabe, das Board für das Team zu bewachen.

### Ein Board aus Karton
*von Rachel*

Vor einigen Jahren arbeitete ich mit einem Team, das gerade in ein neues Großraumbüro umgezogen war. Jedes Team wurde an eine Insel aus Schreibtischen gesetzt, so dass die Projektteams zusammensitzen konnten. Es gab eine Menge abgefahrener Möbel, aber nur wenige Wände. Es wurden einige provisorische Stellwände zur Verfügung gestellt, die die Teams für ihre Meetings benutzen konnten und an denen man Projektmaterialien befestigen konnte. Diese »Wände« bestanden aus relativ schwachen Polykarbonat-Platten – es war nicht leicht, Karteikarten mit Klebeband daran zu befestigen, weil die Wände die Neigung hatten, umzufallen, wenn man sie anrührte.

Unser Team brauchte ein Teamboard, idealerweise eines, das wir von unseren Schreibtischen aus sehen konnten und das nicht hinter einer Wand verborgen war. Ohne Geld, um eines zu kaufen, bestand die einzige Möglichkeit darin, es selbst herzustellen. Unser genialer Projektmanager Oli erschien am nächsten Tag mit einem sehr großen Bogen Wellpappe, den wir mit Paketband an die provisorische Wand klebten, die unseren Schreibtischen gegenüber stand. Zu unserer Überraschung stellten wir fest, dass sich Wellpappe hervorragend eignet, um Karteikarten anzukleben. Das Ergebnis sehen Sie auf dem Foto.

Das ist aber noch nicht das Ende der Geschichte. Nachdem wir das Board schon einige Tage in Benutzung hatten, wurden wir von jemandem aus der Verwaltung offiziell aufgefordert, es wieder abzunehmen, weil das Büro damit so unordentlich aussehen würde. Wir verteidigten lautstark unser Recht, das Board zu behalten, als Darren (der Konstruktionschef) einschritt. Er hatte unser Board bemerkt und ihm gefiel die Tatsache, dass er unsere Fortschritte darauf erkennen konnte. Uns wurde erlaubt, unser schmuddeliges Board zu behalten. Das Board war noch einige weitere Monate im Einsatz – die Teammitglieder nahmen es sogar mit, als sie in das neue Gebäude umzogen (während das neue Board, das inzwischen gekauft worden war, gar nicht ausgepackt wurde).

Es lohnt sich, bei den Hilfsmitteln auf gute Qualität zu achten. Helle, gut haftende Aufkleber sind besser als billige, die öde aussehen und nach einem Tag schon von der Tafel fallen. Beziehen Sie das Team in die Auswahl der Materialien ein, indem Sie alle zusammen einmal einen Ausflug zum Büroausstatter unternehmen.

> **Liz sagt ...**
>
> **Agile Planungssoftware hilft nicht**
>
> Wenn es Probleme in Ihrem Projekt oder Ihrem agilen Vorgehen gibt, dann ist es relativ unwahrscheinlich, dass Ihnen die Einführung einer Software zum Überwachen der Arbeit etwas nützt. Die Verwendung einer solchen Software führt oft dazu, dass Probleme vergraben und schlechte Kommunikationspraktiken unterstützt werden, indem etwa Stories für Bugs angelegt werden, ohne dass man sie diskutiert oder offenlegt.
>
> Es ist für das Team viel anregender, wenn es seine Entwicklung bis zum nächsten Release-Datum auf dem Teamboard anpreist. Das Teamboard gehört dem Team und kann von ihm verändert werden, während die Planungssoftware oft einer einzigen Person gehört und von dieser geändert und sogar gepflegt wird.

### Elektronische Tafeln

Sie werden vielleicht versucht sein, Software einzusetzen, um eine elektronische Tafel herzustellen, anstatt eine normale Tafel zu benutzen. Manche der Teams, mit denen wir es zu tun hatten, projizierten ihr elektronisches Board sogar mit einem Beamer an eine Wand ihres Arbeitsbereichs. Wir finden, dass elektronische Boards nicht so effektiv sind wie ein normales Teamboard. Menschen mögen Dinge, die sie anfassen können und mit Karten kann man in der Gruppe einfacher hantieren als mit elektronischen Daten. Ohne die physischen Beschränkungen eines Teamboards sind elektronische Boards oftmals zu kompliziert.

Sollte sich das Team nicht vollständig an einem Ort befinden, dann gibt es einen praktischen Grund für den Einsatz eines elektronischen Boards. Auch wenn das Team an einem Projekt arbeitet, das von mehreren Teams implementiert wird, könnte das Gesamtbild, das alle Teams wahrscheinlich brauchen, elektronisch gepflegt werden. In beiden Fällen profitieren Teammitglieder, die am selben Ort arbeiten, von einem Teamboard in ihrem Arbeitsbereich.

|  | Mike | Steve | Van | Rose | Henry | Paolo |
|---|---|---|---|---|---|---|
| Mike |  |  |  |  |  |  |
| Steve | II |  |  |  |  |  |
| Van | I |  |  |  |  |  |
| Rose | I | I | III |  |  |  |
| Henry |  | II | I |  |  |  |
| Paolo | I |  | I |  | I |  |

**Abbildung 8.1:** Eine Paarmatrix

Falls Sie sowohl elektronische als auch normale Boards haben, dann müssen Sie beide synchron halten. Es ist nicht nötig, das gesamte Teamboard in Software nachzubilden. Nach der Iteration sind Informationen auf Aufgabenniveau normalerweise nicht mehr relevant. Für die Zwecke der elektronischen Beobachtung müssen Sie lediglich die Story-Titel zusammen mit den Story-Schätzungen aufschreiben, auf die Sie sich beim Planen der Iteration geeinigt haben. Am Ende der Iteration vermerken Sie, welche Stories abgeschlossen wurden und halten die Velocity des Teams fest.

## 8.2 Große, öffentliche Diagramme

Erarbeiten Sie zusammen mit dem Team ein »großes, öffentliches Diagramm«, um die Sichtbarkeit der Fragen, die verfolgt werden, zu verbessern und befestigen Sie es dann am Teamboard. Falls das Team z.B. in seiner Retrospektive übereinkommt, die Rotation der Paare zu unterstützen, könnte man eine Paarmatrix verwenden, auf der zu sehen ist, wer mit wem wie oft zusammenarbeitet (siehe Abb. 8.1). Diese Information ermutigt die Entwickler, sich jeden Tag jemanden für die Zusammenarbeit zu suchen.

Beachten Sie, ob die Informationen auf den Diagrammen dem Team sinnvolle Rückmeldungen liefern. Nehmen Sie z.B. an, dass ein Team ein Programm mit langen Build-Zeiten hat. Es beginnt, an Aufgaben zu arbeiten, um die Zeiten zu verringern und legt ein Diagramm mit den Build-Zeiten an. Die Build-Zeit sinkt. Ist das sichtbare Diagramm weiterhin nötig? Vielleicht kann man die Überwachung jetzt automatisieren. Man könnte ein Frühwarnsystem zum Aufzeichnen der Build-Zeiten einrichten, ein Skript laufen lassen, um die Aufzeichnung zu analysieren, und dann eine E-Mail schicken, falls die Zeitspanne länger als zehn Minuten ist.

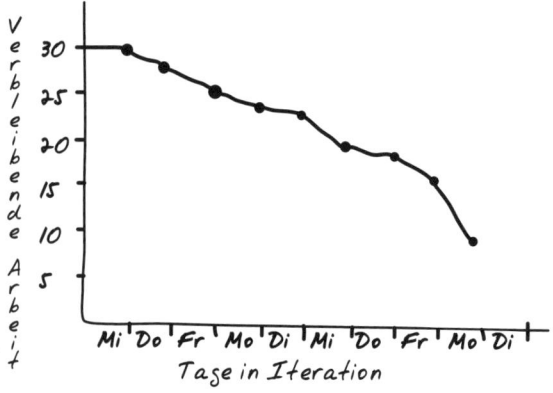

**Abbildung 8.2:** Handgezeichnetes Burndown Chart

Im Übrigen müssen Sie als Coach Sorge für die Einführung öffentlicher Diagramme tragen – holen Sie zuerst die Zustimmung des Teams ein.

### Burndown und Burnup Charts

Wahrscheinlich sind Ihnen Burndown Charts schon einmal begegnet. Ein Burndown Chart zeigt an, wie viel Arbeit in der Iteration noch zu erledigen ist. Schauen Sie sich z.B. Abbildung 8.2 an. Sie gibt einen groben Überblick darüber, ob das Team darauf vertraut, seine Arbeit zu schaffen.

Das Schwierige an Burndown Charts ist ihre Aktualisierung. Wenn das Burndown Chart elektronisch gespeichert wird, muss das Team die verbleibende Zeit in der Software (normalerweise einer Tabellenkalkulation) vermerken, um ein neues Diagramm zu erstellen. Sie können ja mal raten, wie wahrscheinlich es ist, dass alle Teammitglieder dies brav jeden Morgen vor dem täglichen Standup tun.

Wir haben festgestellt, dass die meisten Teams es vorziehen, entsprechende Schätzungen auf den Aufgabenkarten vorzunehmen, indem sie beim täglichen Standup die alte Schätzung durchstreichen und einen neuen Wert hinschreiben. Eine Person kann dann das handgezeichnete Burndown Chart am Teamboard anpassen. Wenn das Team dieser Routine folgt, wird es sich mit der Zeit deutlicher bewusst, ob es alle Stories schaffen kann. Auf dem Diagramm kann darüber hinaus alles vermerkt werden, was die Entwicklungsbemühungen beeinflusst hat – etwa fehlende Teammitglieder. Dieses Burndown Chart kann dann am Ende der Iteration (entweder bei der Demo oder in der Retrospektive) ausgewertet und anschließend weggeworfen werden.

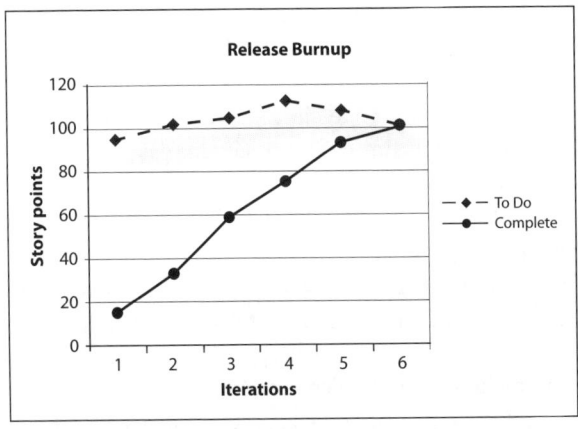

**Abbildung 8.3:** Release Burnup Chart

Oft ist jedoch ein *Release Burnup Chart* sinnvoller. Auf ihm werden die fertigen Story-Punkte im Laufe der Iterationen bis zum nächsten Release eingezeichnet (siehe Abb. 8.3). Das Team aktualisiert das Diagramm, sobald eine Story abgeschlossen ist, wodurch der Fortschritt des Teams bis zum Release für jedermann zu erkennen ist.

In Abbildung 8.3 zeichnet das Team die Story-Punkte, die abgeschlossen sind, gegen die Gesamtzahl der Story-Punkte ein, die zu erledigen sind. Die obere Linie zeigt, wann Stories zum Release hinzugefügt oder aus ihm entfernt wurden. Die untere Linie zeigt, wie nah man sich am Zustand »Fertig« bewegt.

Wenn es einen deutlichen Rückstand gibt, muss das Team möglicherweise die Anzahl der User Stories verringern, die in die nächste Ausgabe gelangen. Falls es nicht so aussieht, als könne das Team die ursprünglich geplante Menge abliefern, müssen Sie dafür sorgen, dass das Team dies dem Kunden und anderen wesentlichen Beteiligten mitteilt.

### Das Richtige messen

*von Liz*

Ein Team, mit dem ich arbeitete, verfolgte seine Stories auf dem Release Burnup Chart. Dort wurden sie als »fertig« markiert, wenn der Entwickler sagte, sie wären abgeschlossen, obwohl noch kein Tester sie getestet und kein Kunde sie abgenickt hatte. Das ganze Team arbeitete angestrengt, um dafür zu sorgen, dass alle Stories zum Veröffentlichungsdatum aufgebaut waren. Allerdings war die Arbeit zum Abschließen der Stories auf dem Release Burnup Chart nicht zu erkennen.

Als der Release-Termin näher rückte, wurde die Liste der ausstehenden Probleme länger und länger. Das Team war gezwungen, mithilfe von Prioritäten festzulegen, welche Defekte repariert wurden und welche man nicht mehr pünktlich schaffen würde.

Schließlich brachten sie das Produkt heraus – verspätet und mit einer schlechteren Qualität, als vorgesehen, nur weil sie Stories verfolgt hatten, die der Entwickler als fertig bezeichnet hatte, und nicht Stories, die *tatsächlich* fertig waren.

> **Rachel sagt ...**
>
> **Nehmen Sie's oder lassen Sie's**
>
> Machen Sie Daten nicht einfach nur deshalb sichtbar, weil Sie es können. Das Team sollte nicht damit belästigt werden, Informationen zu pflegen, die es letztendlich doch nicht nutzt. Die Teammitglieder sind die offensichtlichsten Empfänger der Informationen, auch wenn es oft Leute von außerhalb gibt, die nachschauen, was auf dem Teamboard steht. Lassen Sie das Team mit darüber entscheiden, was beobachtet werden soll und werten Sie hinterher aus, ob es sinnvoll ist, weiterzumachen. Wenn es nicht mehr sinnvoll ist, lassen Sie es sein.

## 8.3 Das Teamboard pflegen

Im größten Teil dieses Kapitels geht es um die Mechanismen, mit deren Hilfe man Informationen sichtbarer machen kann. Es gibt einen wichtigen Aspekt, den wir noch nicht berührt haben, und das ist, wie man die Daten auf dem Teamboard frisch hält. Veraltete Daten haben keinen Nutzen.

Sie wollen nicht mit dem Schnee von gestern arbeiten. Wie also werden die Informationen gepflegt? Reden Sie mit dem Team darüber. Wie kann es vorgehen? Das Team kann sich beim täglichen Standup für einige Augenblicke zusammenfinden, um das Board zu aktualisieren. Die Aufgabe des »Beobachters der Woche« kann aber auch reihum an die Teammitglieder vergeben werden.

### Aufräumen
*von Rachel*

Neulich habe ich zufällig Matt getroffen. Er sah aus, als hätte er die Nase voll. Als ich ihn fragte, wie es mit dem neuen Team liefe, seufzte er nur. Sein neues Team schien überhaupt keine Energie zu haben, und obwohl es eine Menge zu tun gab, schien sich das Team nicht daran zu beteiligen. Ich bemerkte, dass der Teamraum ein Gefühl von Gleichgültigkeit verströmte; es war nicht zu erkennen, dass das Team an einem neuen Projekt arbeitete. Ich hatte das Gefühl, dass Aufräumen Wunder wirken könnte. Es würde dem Team zeigen, dass Matt sich um das neue Projekt kümmerte und seine Konzentration brauchte.

Das Teamboard war ziemlich klein und ungepflegt. Ich schlug vor, dass das Team ein größeres Board benutzen solle. Es gab noch ein anderes Board, das seit Monaten nicht abgewischt worden war. Matt versuchte, mit seinem Finger auf dem alten Whiteboard herumzureiben, aber die Schrift war schon so lange auf der Tafel, dass sie nicht abging. Er gab jedoch nicht auf. Irgendwo fand er etwas Tafelreiniger und fing an.

Als ich in der darauf folgenden Woche wieder hereinschaute, war der Raum wie verwandelt und Matt sah deutlich entspannter aus. Nachdem er mit dem Saubermachen begonnen hatte, fingen die anderen Teammitglieder an, ihm zu helfen. Nach dem Putzen hat das Team nun ein wohlorganisiertes Teamboard, auf dem man viel besser erkennen kann, was getan werden muss.

Achten Sie darauf, ob das Teamboard überfüllt oder unordentlich wird. Es darf sich kein überflüssiger Müll darauf anhäufen, damit das Team alles deutlich sehen kann. Wir empfehlen, das Board am Ende jeder Iteration zu reinigen. Sie können die neue Iteration dann mit einem »unbeschriebenen Blatt beginnen.

## 8.4 Hindernisse

Folgende Hindernisse könnten Ihnen begegnen.

### Kein Platz für ein Teamboard

Teams haben oft Probleme, Platz für ein Teamboard zu finden. Seien Sie kreativ. Wir haben oft mit Teams zusammengearbeitet, die Fenster und Schranktüren für ihre Teamboards verwendet haben. Sie können das Teamboard auch gegen einen Schreibtisch lehnen, falls Sie keine freie Wand haben.

## 8.4 – Hindernisse

### Das Team aktualisiert sein Board nicht

Häufig begegnen uns Manager, die bejammern, dass ihr Team den Status des Teamboards und des Burnup Charts nicht aktualisiert. Wenn wir nachfragen, stellt sich heraus, dass beim täglichen Standup oder bei einer Demo nicht auf das Board und das Burnup Chart eingegangen wird. Aus diesem Grund sieht das Team das Board als irrelevant an und nimmt sich nicht die Zeit, es zu aktualisieren.

Sprechen Sie das Team darauf an, wenn es das Board nicht auf dem neuesten Stand hält. Möglicherweise scheut es sich davor, den Kunden oder seine eigenen Leute über den tatsächlichen Stand des Projekts zu informieren. Oder vielleicht möchte niemand der Streber sein, der den eigenen Status aktualisiert. Nehmen Sie sich die Zeit, die Diagramme auf dem Board anzuschauen und sprechen Sie mit dem Team über dessen Interpretation des Inhalts.

Wenn das Board nicht aktualisiert wird, dann sieht der Fortschritt der Arbeit schlechter aus, als er tatsächlich ist. Oft werden Sie feststellen, dass das Team wirklich an dem Projekt arbeitet, allerdings an Aufgaben, die nicht auf dem Board stehen. Bitten Sie das Team, diese neuen Aufgaben auf dem Board zu vermerken, damit sich jeder ein echtes Bild davon machen kann, wer woran arbeitet.

### Man sorgt sich, dass Karten verloren gehen

Teams, die erst in die agilen Methoden einsteigen, fragen oft »Was ist, wenn die Karten verloren gehen?« oder extremer »Was ist, wenn es brennt?« Sie werden merken, dass dies in der Praxis eigentlich kein Problem darstellt. Wenn eine Karte verloren geht, kann sie neu hergestellt werden. Sie können Backups der Karten anlegen: Fotografieren, kopieren oder scannen Sie sie oder geben Sie sie in das Team-Wiki ein.

Um die kleine Unannehmlichkeit zu umgehen, dass eine Aufgabe verloren geht, benutzen Sie die besten Materialien, die Ihnen zur Verfügung stehen, um das Board zu konstruieren. Falls Sie z.B. Haftnotizen verwenden, dann nehmen Sie die stark haftenden.

## 8.5 Checkliste

- Beziehen Sie das Team in den Entwurf und die Konstruktion eines Teamboards ein, damit es seinen Iterationsplan veröffentlichen kann. Dies erleichtert es allen, die zu erfüllenden Aufgaben zu sehen und die Arbeit zu koordinieren.
- Es ist das Teamboard, man kann es daher auch benutzen, um persönliche Dinge und Diagramme zu veröffentlichen, die dem Team helfen, sich auf die Verbesserung seiner Arbeitsweise zu konzentrieren.
- Suchen Sie eine Board-Konfiguration, die für das Team funktioniert. Wählen Sie Materialien, die aus einiger Entfernung immer noch gut zu lesen sind. Falls Sie ein Farbschema einsetzen, denken Sie an eine Legende, auf der erklärt wird, was die Farben bedeuten.
- Ermutigen Sie die Teammitglieder, die Karten, an denen sie arbeiten, mit Namen oder Avataren zu kennzeichnen. Auf diese Weise wird besser sichtbar, wenn jemand blockiert ist.
- Vergraben Sie keine Informationen in elektronischen Informationskühltruhen. Falls Teammitglieder außerhalb sitzen oder das Team Teil eines großen Programms ist, muss es eine elektronische Zusammenfassung seines Iterationsplans erstellen.
- Nutzen Sie Burndown Charts nur als grobes Maß für die Zuversicht des Teams, auf dem richtigen Weg zu sein. Regen Sie an, dass das Team diese Diagramme beim täglichen Standup entweder zusammen aktualisiert oder einen Beobachter ernennt. Ein Release Burnup Chart ist eine bessere Anzeige für den Fortschritt der Arbeiten und hilft dem Kunden, zu erkennen, ob er die Anforderungen senken oder mehr Iterationen einplanen muss.
- Säubern Sie das Board am Ende der Iteration. Werten Sie die veröffentlichten Diagramme während der Iteration aus und ziehen Sie sie aus dem Verkehr, wenn das Team sie nicht mehr braucht.

Teil 3

# Für Qualität sorgen

| KAPITEL 9 |

# Fertig werden

*Kommen Sie überein, was »fertig sein« bedeutet. Führungsprinzip*

Haben Sie jemals zugeschaut, wie Kinder Fußball spielen? Sie rennen alle dem Ball hinterher, anstatt sich an eine Stelle zu begeben, wo der Ball an sie abgespielt werden kann oder auf die Verteidigung zu achten. Sie wissen nicht, wie man als Team zusammenarbeitet, um Tore zu schießen.

Agile Teams müssen lernen zusammenzuarbeiten, um ihre Ziele zu erreichen. Sie treten keinen Ball hin und her, stattdessen reichen sie Software zwischen den Teammitgliedern herum. Jeder Mensch im Team spielt eine Rolle bei der Erledigung der Arbeit.

Um erfolgreich zu sein, müssen sie zuerst verstehen, welche Funktionalität aufgebaut und welche Tests für die einzelnen Stories durchgeführt werden müssen. Dann müssen sie zusammenarbeiten, um dafür zu sorgen, dass dies alles erreicht wird.

Sie werden merken, dass die Teams oft unterschätzen, wie lange es dauert, die Software zu testen und Probleme zu beheben. Helfen Sie ihnen dabei, sich darüber klar zu werden, was »fertig sein« bedeutet und wie sie zusammenwirken können, um es zu schaffen.

## 9.1 Wer erledigt das Testen?

Das Testen ist nicht die Aufgabe einer einzigen Person. Stattdessen ist das ganze Team dafür verantwortlich. Jede Person im Team besitzt andere Fähigkeiten, die sie einbringen kann, um fertig zu werden. Als Coach können Sie sie dabei unterstützen, ihre Anstrengungen zu koordinieren.

**Entwickler** müssen dafür sorgen, dass ihr Code die Story Tests besteht, bevor sie ihn für weitere Tests freigeben. Dies verhindert, dass die Zeit der Kunden und Tester verschwendet wird, die den Code als Nächstes zum Testen übernehmen. Regen Sie die Entwickler an, ihre Stärken als Programmierer auszuspielen, um so viele Tests wie möglich zu automatisieren, auch wenn sie wahrscheinlich keine Probleme in der Software finden werden, die sie gerade geschrieben haben.

**Kunden** wissen am meisten über die Umgebung, in der die Software benutzt wird. Ihr Fokus liegt normalerweise darauf, ob der Anwender das Ziel der User Story erreichen kann. Denken Sie daran, dass Kunden unter Umständen Grenzfälle vergessen, in denen das System Fehler oder seltsame Daten verarbeiten muss. Bringen Sie das Team dazu, dass es die neueste funktionierende Version des Produkts gleich dem Kunden gibt, damit dieser sie ausprobieren kann.

**Tester** sind unübertroffen im destruktiven Testen, wobei sie über die Grenzfälle nachdenken, in denen das System missbraucht werden könnte. Sie helfen dem Team dabei, die Story Tests auszuarbeiten und überprüfen, ob diese bestehen. Tester benötigen oft Unterstützung von den Entwicklern, um Tests zu automatisieren. Achten Sie auf Gelegenheiten, um diese beiden Gruppen zusammenzubringen.

**Externe Teams** könnten spezielle Tests durchführen, bevor die Software veröffentlicht werden kann, wie etwa Sicherheits-, Usability- oder Plattform-Tests. Empfehlen Sie dem Team, in seinen

Release-Plänen Zeit einzuplanen, um auf Probleme einzugehen, die bei diesen speziellen Tests auftauchen.

Damit diese unterschiedlichen Rollen zusammenwirken können, brauchen Sie eine gemeinsame Definition von »fertig«.

## 9.2 Definieren, was »fertig« bedeutet

Holen Sie das ganze Team zusammen, um zu einer gemeinsamen Definition von »fertig« zu gelangen. Starten Sie die Diskussion mit dieser einfachen Definition:

»Fertig« bedeutet, dass der Kunde mit dem, was entwickelt wurde, zufrieden ist *und* alle Story Tests bestanden werden.

Fragen Sie das Team nun, welche zusätzlichen Tests pro Story durchgeführt werden sollen, bevor sie als »fertig« angesehen werden kann. Ermutigen Sie es, auf seinen Erfahrungen aufzubauen; seine Definition von »fertig« muss die Tests enthalten, die es als wichtig erachtet. Hier eine Liste, die Sie ihm vorlegen können:

- Der Code wurde von einem anderen Entwickler aus dem Team bewertet.
- Der Code enthält Unit Tests.
- Für die Story Tests wurden automatisierte Tests hergestellt.
- Von einem der Tester aus dem Team wurden Ad-hoc-Tests durchgeführt.
- Die Benutzerdokumentation wurde aktualisiert und beschreibt die neue Funktionalität.
- Auf verschiedenen, fest definierten Betriebssystemkonfigurationen wurden Performancetests durchgeführt.

Schreiben Sie Ihre Definition von »fertig« auf das Whiteboard, wo jeder sie sehen kann. Werten Sie sie dann zusammen mit dem Team aus. Ist alles vorhanden, was erledigt werden muss, bevor der Code freigegeben werden kann? Hören Sie genau zu, wenn es um Tests geht, die nach Meinung des Teams durchgeführt werden sollten, wenn die Iteration vorbei ist. Fragen Sie nach, wer diese Arbeit ausführen soll. Wenn es das Team ist, dann sollte dies wahrscheinlich in seine Definition von »fertig« aufgenommen werden. Sobald das Team mit seiner »fertig«-Checkliste zufrieden ist, sollte es sie an prominenter Stelle im Büro aufhängen.

---

**Finish Card Checklist**

UNIT TEST
AUTOMATED TEST
REFACTOR
SOURCE CONTROL
TEMPLATE / KEYWORDS
RELEASE
MooOOoOOoOOoOOo
STAGE TO PRODUCTION AS APPROPRIATE

---

**Abbildung 9.1:** Beispiel einer Fertig-Checkliste (Connextra 2002)

In Abbildung 9.1 zeigen wir ein Beispiel für eine solche Checkliste, die ein Team an seinem Teamboard veröffentlicht hat. Schauen wir uns die Punkte darauf genauer an. Wie Sie sehen, enthält die Liste ganz offensichtliche Punkte, wie Tests und Umbauten, aber auch den Umgang mit den Quellen (Source Control). Wir würden Source Control zwar normalerweise nicht in die Definition von »fertig« aufnehmen, aber dieses Team benutzt Elemente (Bilder, Templates und Stichwortdateien), die es einchecken möchte. Die Entwickler feierten jedes Einchecken von Code mit einer Spielzeugkuh, die muhte – dies war das Signal an die anderen Entwickler, die neuesten Änderungen zu holen. Bei diesem Produkt war das »Fertigsein« mit einer Story eigentlich das tatsächliche Freigeben des Produkts. Ermutigen Sie das Team, nach Bestandteilen der Funktionalität zu suchen, die es bereits während der Iteration als »fertig« kennzeichnen kann, anstatt damit bis zum Ende zu warten.

Wann sollte man am besten mit dem Team über die Definition von »fertig« sprechen? Sie können es am Anfang des Projekts diskutieren, wenn Sie gemeinsam mit dem Team die Randbedingungen abstecken. Oder Sie verschieben die genauen Details auf den Augenblick, in dem das Team einmal eine Iteration hat, in der irgendwelche Stories nicht fertig geworden sind. Das Team wird seine Definition von »fertig« in den Retrospektiven noch einmal überdenken, gehen Sie also ruhig davon aus, dass sie sich während des Projekts weiterentwickelt.

Sicher wissen Sie, dass die Definition von »fertig« manchmal nicht angewendet werden kann. Es ist nicht nötig, im Falle von Spikes den »fertig«-Test durchzuführen – Code, der entwickelt wurde um zu ermitteln, was nötig ist oder um festzustellen, wie eine neue Technik angewandt werden kann, können Sie ruhig wegwerfen. Erinnern Sie das Team bei der Planung der Iteration daran, da dies die Schätzungen beeinflusst.

Wenn das Team dann »fertig« definiert hat, müssen Sie beobachten, ob es immer noch Probleme damit hat, Stories am Ende der Iteration abzuschließen. Ist dies der Fall, dann suchen Sie zusammen mit dem Team nach den Engpässen und überlegen Sie, wie man den Arbeitsfluss verbessern kann. Sie könnten z.B. auf einen Kanban-Ansatz zurückgreifen und die einzelnen Arbeitsschritte mit Limits belegen. Dies muss sich dann auch auf dem Teamboard widerspiegeln (wie in Kapitel 7 beschrieben).

## 9.3 Das Testen einplanen

Wenn dem Team klar ist, was geschehen muss, wird es mit dem Testen wahrscheinlich nicht bis zum letzten Tag der Iteration warten. Nehmen Sie sich beim Planen die Zeit, um mit dem ganzen Team darüber zu reden, worin die Testaufgaben bestehen. Lassen Sie sich auf gar keinen Fall mit einer einzigen Aufgabe namens »Test« für die jeweilige Story abspeisen! Beispiele für Testaufgaben sind das Schreiben von automatisierten Tests, das Vorbereiten von Testdaten und das Einrichten von Umgebungen.

Es gibt natürlich immer viel weniger Tester als Entwickler in einem Team, so dass die Tester bei den Meetings leicht an den Rand gedrängt werden. Sorgen Sie dafür, dass die Tester zu den Planungstreffen eingeladen werden und ermutigen Sie sie, eine aktive Rolle zu übernehmen. Achten Sie darauf, dass das Team ihren Bedenken zuhört. Wenn sie etwas missbilligen oder sich aus der Diskussion ausklinken, dann fordern Sie sie auf, ihren Standpunkt darzulegen.

## Rachel sagt ...

### Zeigen Sie Respekt

Ich bin manches Mal geschockt von der Art und Weise, wie Tester in Softwareteams behandelt werden. Sie werden oft aus den Gesprächen über die User Stories ausgeschlossen und man lädt sie auch nicht zu den Teammeetings oder irgendwelchen geselligen Ereignissen ein. Suchen Sie nach Möglichkeiten, wie sich alle Mitglieder eines Teams einbezogen fühlen können.

Falls Sie hören, dass sich Leute aus dem Team beschweren, indem sie die Rollen als Bezeichnung verwenden, wie etwa »Die Tester sind nie da«, dann stoßen Sie auf keinen Fall ins selbe Horn. Bringen Sie stattdessen das Gespräch wieder zurück auf die Situation, der sich das Team momentan gegenübersieht und erinnern Sie es an den Druck, dem sich die Leute in diesen Rollen möglicherweise ausgesetzt sehen.

Indem Sie sich die Zeit nehmen, jedermann im Team zuzuhören und Interesse an seiner Arbeit zu zeigen, demonstrieren Sie, dass Sie ihn und seinen Beitrag zum Projekt schätzen. Wenn Sie Respekt zeigen, wird man Ihnen wahrscheinlich ebenfalls Respekt entgegenbringen.

Das Team befindet sich in einer besseren Position, um das Testen zu planen, wenn es mehr darüber weiß, was die Tester eigentlich machen. Veranlassen Sie die Entwickler und die Tester, sich im Büro zusammenzusetzen; dies verbessert die Kommunikation und erleichtert es ihnen, gegenseitigen Respekt aufzubauen. Sie könnten auch vorschlagen, dass die Entwickler und Tester paarweise zusammenarbeiten, um die Details der Story Tests auszuarbeiten und die Hauptursache für fehlgeschlagene Tests zu ermitteln.

## 9.4 Bugs verwalten

Damit das Team alle seine Stories zum Ende der Iteration »fertig« bekommt, muss es wissen, wie es Bugs behandelt, die während der Iteration auftauchen. Es ist klar, dass ein Story Test, der fehlschlägt, repariert werden muss, damit die Story als »fertig« betrachtet werden kann. Was soll jedoch geschehen, wenn der Bug ein neuer Story Test ist, der bei der Planung nicht besprochen wurde? Behebt das Team den Bug während der aktuellen Iteration oder verschiebt es ihn auf später?

Unterstützen Sie das Team bei der Entscheidung, indem Sie die verschiedenen Möglichkeiten mit ihm durchgehen. Wenn die Software den Hauptzweck der User Story bereits leistet, könnte man den Bug Fix vermutlich auf eine spätere Iteration verschieben. Falls das Problem bzw. der Bug in der Software hingegen einen bevorstehenden Release verhindert, muss es sicher sofort behoben werden. Da diese Arbeit vorher nicht eingeplant war, besteht nun die Gefahr, dass andere Stories nicht abgeschlossen werden können. Erinnern Sie das Team daran, den Kunden auf seine Lage aufmerksam zu machen, falls es glaubt, dass dies geschehen könnte.

Hier ein Beispiel für ein typisches Gespräch, das stattfindet, wenn ein Entwickler nachprüft, ob das Team »fertig« ist.

## Noch nicht ganz fertig

»Endlich!«, grinst Rebecca. »Ich habe die Karussell-Story fertig. Es funktioniert jetzt alles.« Sie sieht sich im Büro um, begierig, etwas vorzuführen. »Larry, bist du beschäftigt? Ich brauche dich, um das hier zu testen.«

»Sicher. Ich muss nur diesen Test beenden, dann habe ich Zeit für dich.« Rebecca nimmt sich einen Apfel, während sie auf Larry wartet.

»Also, was hast du für mich?«, fragt er und dreht sich mit seinem Stuhl so, dass er Rebeccas Bildschirm sehen kann.

»Ich habe das Buchkarussell fertiggestellt«, sagt sie stolz.

»Cool! Zeig her!«

Rebecca ruft die Website auf und geht auf die neue Buchlistenseite. Ein dreidimensionales Karussell mit Buchtiteln dreht sich herum.

»Das gefällt mir. Wie kriegst du es dazu, bei dem Buch anzuhalten, das du haben willst?«, fragt Larry. Rebecca klickt auf ein Buch und das Karussell hört auf sich zu drehen.

»Kann man das auch mit der Tastatur erreichen?« Rebecca drückt einige Tasten, allerdings ohne Erfolg.

»Nein, ich muss mir noch mal anschauen, wie ich das hinbekomme.« Sie macht sich eine Notiz auf eine gelbe Karteikarte.

Am nächsten Tag hat Rebecca das Problem gelöst und Larry testet es erfolgreich als Bestandteil eines sauberen Builds, der auf dem Integrationsserver veröffentlicht wird.

»Rebecca, das ist jetzt ziemlich gut. Es gibt aber noch einiges, was ich von Amanda erledigen lassen möchte.« Larry ruft Amanda: »Amanda, hast du einen Augenblick Zeit?«

»Klar, wenn es schnell geht. Ich habe um 3 Uhr ein Meeting.« Sie lächelt und kommt herüber zu Larrys Schreibtisch. Rebecca gesellt sich zu den beiden.

»Ich habe gerade den Test des Karussells beendet, an dem Rebecca gearbeitet hat. Ich möchte aber, dass du noch ein paar Dinge überprüfst, die mir aufgefallen sind.« Larry wendet sich an Rebecca und sagt: »Rebecca, zeigst du Amanda bitte, wie es funktioniert?«

Rebecca öffnet eine neue Buchlistenseite und zeigt Amanda das Karussell. »Das sieht wirklich gut aus. Es gefällt mir«, sagt Amanda.

»Ja, es sieht großartig aus. Es gibt nur ein paar kleinere Probleme«, sagt Larry und greift nach der Maus. »Dies wird angezeigt, wenn wir für ein Buch kein Bild haben.« Und Larry dreht das Karussell nach hinten.

»Oh, das ist nicht so gut.« Amanda runzelt die Stirn.

»Was sollen wir mit Büchern machen, die kein Bild haben? Wir haben nicht daran gedacht, als wir diese Story kalkuliert haben«, sagt Rebecca.

»Zeig es im Moment nicht im Karussell an. Wir werden für solche Bücher ein Platzhalterbild erstellen«, entscheidet Amanda. Rebecca notiert sich dies als Aufgabe auf eine gelbe Karteikarte.

»In Version 6 dieses Browsers werden außerdem lange Buchtitel nicht besonders gut angezeigt«, demonstriert Larry.

Rebecca wirkt ein wenig enttäuscht, dass Larry noch ein Problem gefunden hat. »Das ist ein bisschen kompliziert. In Firefox und Safari funktioniert es prima.«

»Wie lang muss ein Titel sein, um das Limit zu überschreiten?«, fragt Amanda.

»Nun, ich habe beim Durchsehen nur einige gefunden. Warte ...« und Larry kopiert einen der langen Buchtitel in einen Editor, um die Zeichen zu zählen. »Das sind 98 Zeichen und es sieht so aus, als wäre der Titel bei 95 Zeichen abgeschnitten worden.«

»Rebecca, kannst du feststellen, wie viele Bücher Titel haben, die länger sind als 95 Zeichen?«, fragt Amanda, während sie auf ihre Uhr schaut.

»Moment, ich schaue nach«, sagt Rebecca und schreibt dabei eifrig eine Datenbankabfrage. »Vier.«

»Vier? Von wie vielen?«

»Mehr als 5.000.«

»Damit kann ich leben. Du musst dieses Problem in dieser Iteration nicht lösen. Stattdessen möchte ich, dass du an der Empfehlungs-Engine-Story arbeitest.«

»Okay. Ich behebe das Problem mit den fehlenden Bildern und morgen kann ich dann mit den Empfehlungen beginnen.« Rebecca lächelt und sieht erleichtert aus.

»Prima! Nun, ich muss los zu meinem Meeting.« Amanda schnappt sich einen Bericht aus dem Drucker und fügt hinzu: »Vielleicht komme ich später zum Essen nach, falls ihr die neue Saftbar ausprobieren wollt.«

In unserer Geschichte verwendet das Team gelbe Karten für Bugs, damit diese sich am Board als etwas hervorheben, das gelöst werden muss. Sie werden bemerken, dass der Tester nur die Grenzfälle mit dem Kunden diskutiert. Der Kunde entscheidet, das Problem mit der Anzeige der langen Buchtitel zu verschieben, als er feststellt, dass dies nur wenige Bücher betrifft. Unsere Geschichte erzählt nicht, was im Zusammenhang mit diesem Bug dokumentiert wird, was uns in den düsteren Bereich des Bug Trackings führt.

### Fehlgeschlagene Tests kennzeichnen

Raten Sie Testern davon ab, Bug Reports in einem Bug Tracker zu vergraben und ermutigen Sie sie stattdessen, fehlgeschlagene Tests auf dem Teamboard zu kennzeichnen, so dass sie für das ganze Team sichtbar sind. Es ist dann klar, dass das Team noch etwas zu tun hat, bevor die Story fertig ist.

### Bugs per E-Mail
*von Rachel*

Ich habe kürzlich in einem Team gearbeitet, in dem einer der Tester Probleme, die er gefunden hat, immer per E-Mail mitteilte. Eine Kopie ging darüber hinaus an den Chef der Qualitätssicherung. Die Entwickler wollten, dass der Tester unbedingt erst mit ihnen sprach, bevor er E-Mails an Leute außerhalb des Teams verschickte, vor allem, weil die Entwickler ihre E-Mails nicht besonders oft lasen, wenn sie beim Programmieren waren. Die Begründung des Testers war, dass er sie nicht stören wolle. Um die Aufnahme eines weiteren Testers in das Team zu rechtfertigen, hielt er den Qualitätsmanager auf dem Laufenden.

Leider fingen die Entwickler an, ihn zu umgehen und Änderungen in die aktiven Umgebungen einzubringen, ohne erst den Tester zu konsultieren. Das war, als würde man Öl ins Feuer gießen. Der Chef der Qualitätssicherung berief einen Workshop mit dem gesamten Team ein, um diese Situation zu klären.

Das Team kam überein, dass die Tester künftig Probleme mit den Stories für alle sichtbar mit farbigen Karten am Teamboard markieren sollten. Die Entwickler würden dann auf diesen Karten die

Build-Nummer vermerken, die den Bug behebt. Auf diese Weise würden die Tester die Entwickler nicht unterbrechen oder Probleme in E-Mails vergraben.

Antony Marcano warnt uns, dass sich ein Bug Tracker in ein verborgenes Backlog verwandeln kann (siehe Kasten). Uns gefällt sein Ratschlag, Bugs, die zurückgestellt werden, als neue Stories zu behandeln und zum Backlog[1] der User Stories für künftige Iterationen hinzuzufügen. Es wird kein separates Bug-Tracking- Werkzeug benötigt, obwohl es vielleicht ganz nützlich sein könnte, um die Details der Bugs, wie etwa Screenshots, elektronisch zu speichern.

> **Ein verborgenes Backlog von Antony Marcano, testingReflections**
>
> Ich trat einem eingespielten Team bei, das alle paar Wochen funktionierende Software auslieferte. Während der Iteration führten wir immer wieder Ad-hoc-Tests durch, wenn wir glaubten, die Story wäre fast fertig. Fanden wir Bugs, gaben wir sie ordnungsgemäß in das Bug-Tracking-System ein. Manchmal behoben wir den Bug auch, während wir bei anderen Gelegenheiten die Entscheidung an unseren Kunden delegierten.
>
> Wir benutzten TDD, so dass wir vor dem Reparieren eines Bugs einen automatisierten Story Test dafür schrieben, der ihn reproduzierte. Dies brachte mich schließlich auf den Gedanken, dass es sich bei diesen Bugs um einfache Story Tests handelte, an die wir zuvor einfach noch nicht gedacht hatten.
>
> Wir wurden zunehmend frustriert, weil wir erst einen Bug Report für das Bug-Tracking-System schreiben und dann im Prinzip die gleiche Information noch einmal in einem automatisierten Test wiederholen mussten – es fühlte sich irgendwie überflüssig an.

---

1. *Backlog* ist ein Begriff, mit dem man im Scrum Framework eine Liste der zu erledigenden Arbeit beschreibt.

> Das einzige Problem, welches das Bug-Tracking-System für uns löste, war, dass es den Status festhielt und uns sagte, wer an dem Problem arbeitete.
>
> Ich merkte, dass ich sicher einen oder mehrere Bugs zu einer neuen User Story zusammenfassen könnte, wenn ein Bug Report analog zu einem Story Test war. Wir hatten bereits eine Methode, um User Stories zu verwalten. An dieser Stelle wurde mir klar, dass wir im Prinzip aus zwei Backlogs arbeiteten: einem Backlog mit den noch zu implementierenden Verhaltensweisen, die in Form der User Stories zusammengefasst waren, und einem weiteren Backlog der Fehler im Bug-Tracking-System! Das Bug-Tracking-System war nichts weiter als ein *verborgenes Backlog*.
>
> Eine Nebenwirkung dieser beiden separaten Backlogs bestand darin, dass wir Bugs und Stories unterschiedlich behandelten. Wir priorisierten sie nicht auf die gleiche Weise oder zur gleichen Zeit. Ich habe Teams gesehen, die eine feste Kapazität für das Beheben von Bugs aus früheren Iterationen veranschlagen, ohne sie in ein Verhältnis zu den Stories aus der aktuellen Iteration zu setzen, oder die planen, alle Bugs zu beheben, selbst wenn diese von geringerem Wert sind als die Stories aus dem Backlog. Entsprechend diesem Ansatz hatten wir – ungeachtet ihrer Auswirkungen – Zeit für das Beheben von Bugs eingeplant, was manchmal dazu führte, dass ein Bug repariert wurde, der weniger wert war als eine neue Story und umgekehrt.
>
> Bei neuen Projekten schlage ich inzwischen vor, nur noch dann ein Projekt im Bug-Tracking-System anzulegen, wenn wir es brauchen. Seit einiger Zeit habe ich dafür keinen Bedarf mehr gefunden.

Denken Sie daran, dass es immer mehr als eine Möglichkeit gibt, um ein Problem zu lösen. Wir kennen auch Teams, die es vermeiden, ein verborgenes Backlog anzulegen, indem Sie alle Bugs und Stories in einen Bug Tracker, wie etwa Trac[1], packen und den Tra-

---

1. Siehe http://trac.edgewall.org/

cker als Planungswerkzeug verwenden. Diese Lösung erfordert einen technisch versierten Kunden, der die Zeit aufbringt, sich mit einem neuen Werkzeug vertraut zu machen, anstatt bei den althergebrachten Office-Werkzeugen, wie etwa Tabellen, zu bleiben.

**Die Hauptursachen finden**
Immer wenn ein Bug gefunden wird, bietet sich eine Gelegenheit für eine Verbesserung. Ermutigen Sie das Team, nach den Ursachen zu forschen und darüber nachzudenken, wie man den Fehler in der nächsten Iteration vermeiden könnte. Man kann dies gleich tun, wenn der Bug entdeckt wurde oder man diskutiert es bei der nächsten Retrospektive. In Kapitel 10 werden wir näher darauf eingehen, was Entwickler tun können, um die Qualität des Codes zu verbessern und die Anzahl der Bugs zu verringern, die in ihrem Code gefunden werden.

## 9.5   Frühes Feedback bekommen

Frühes Feedback kann dazu beitragen, Probleme bereits im Keim zu ersticken. Oft bitten Entwickler nicht früh genug um Feedback, was dann zu Stories führt, die am Ende der Iteration noch nicht fertig sind und außerdem eine ungleichmäßige Belastung der Tester zur Folge haben kann. Es ist nicht nötig, dass ein Entwickler eine ganze User Story implementiert, ohne vorher nachzuprüfen, ob er auf dem richtigen Weg ist. Wenn ein Teil der Story fertig ist, kann er diesen Teil dem Kunden oder einem Tester zeigen, um eine Rückmeldung zu erhalten.

Sie werden häufig feststellen, dass Entwickler die Gespräche mit dem Kunden oder den Testern hinausschieben, bis sie mit der Arbeit an der Story fertig sind. In der Geschichte sahen wir, dass Rebecca stolz auf ihre Arbeit war und enttäuscht reagierte, als Probleme gefunden wurden. Niemand macht gerne Fehler. Es ist nur natürlich, dass Entwickler warten, bis sie glauben, dass wirklich alles fertig ist, bevor sie ihre Software zum Testen geben. Sie machen sich vielleicht auch Sorgen, dass ein zu frühes Feedback sie behindern wird.

> **Liz sagt ...**
>
> **Bleiben Sie ruhig**
>
> Versuchen Sie ruhig zu bleiben und den Druck auf das Team nicht unnütz zu erhöhen. Ihre Stimmung könnte auf das Team abfärben und es beeinflussen, selbst wenn Sie das nicht wollen.

Wir merken, dass Entwickler die Nachfragen nach Feedback verzögern, wenn sie befürchten, dass die Tester das kritisieren werden, was sie gemacht haben. Achten Sie darauf, wie Tester und Kunden ihre Rückmeldungen präsentieren. Auch wenn Tester es genießen, Bugs zu finden, ist es wichtig, dass negatives Feedback so geliefert wird, dass die Entwickler auch zuhören. Teilen Sie ihnen mit, was Sie in Abschnitt 2.2 gelernt haben. Ermutigen Sie sie, ihre Beobachtungen mitzuteilen, anstatt ihre Meinung zu sagen.

Feedback ist nur möglich, wenn die Person Zeit hat, es abzugeben. Achten Sie darauf, ob der Kunde sehr beschäftigt ist und nicht oft vorbeischaut. Niemand unterbricht gern jemanden, der offensichtlich beschäftigt ist. Die Entwickler haben vielleicht das Gefühl, dass sie die Zeit des Kunden verschwenden, wenn sie weniger als den fertigen Artikel vorstellen. Wenn der Kunde nicht mit im Team sitzt, dann bitten Sie ihn, jeden Tag eine Stunde lang zur Verfügung zu stehen, um dem Team zu helfen.

## 9.6 Unfertige Stories wiedergutmachen

Wir haben bisher darüber gesprochen, wie man die Wahrscheinlichkeit erhöht, dass das Team alle seine Stories am Ende der Iteration

## 9.6 – Unfertige Stories wiedergutmachen

fertiggestellt hat. Was machen Sie aber, wenn das Team dieses Ziel *nicht* erreicht?

Nehmen Sie es ernst. Sprechen Sie in der Demo und in der Retrospektive darüber, was geschehen ist. Helfen Sie dem Team zu verstehen, wieso dies geschehen ist und bitten Sie um Vorschläge, wie man das beim nächsten Mal vermeiden kann. Erkennen Sie außerdem, dass dieses Problem auch beeinflusst, wie viel Arbeit das Team beim nächsten Mal zuverlässig zusagen kann. Bevor das Team die nächste Iteration plant, muss es entscheiden, wie das Nichtfertigwerden seine Velocity beeinflusst.

---

**Rachel sagt ...**

**Seien Sie geduldig**

Dem Team beim Aufstellen realistischer Pläne zu helfen, braucht Zeit – seien Sie geduldig. Das Team muss erkennen, dass es ein Problem gibt, bevor es willens ist, sich zu ändern. Es kann einige Iterationen dauern, bevor das Team wirklich glaubt, dass es immer zu viel zusagt. Es ist möglicherweise immer optimistisch, dass die Dinge beim nächsten Mal besser stehen.

Wenn die Leute vorwärtshetzen und Überstunden machen, dann sind sie vielleicht zu sehr darin versunken, mehr Software zu bauen, um darüber nachzudenken. Sie müssen vermutlich eine Atempause anregen, etwa bei einem Treffen außerhalb der Firma, bevor Sie zu ihnen durchdringen.

---

Lassen Sie einfach keine unfertigen Stories und Aufgaben am Teamboard vor sich hingammeln. Indem man das Teamboard am Ende einer Iteration vollständig leert, nimmt man auch einen Teil des Drucks vom Team. Diese unvollständigen Stories müssen wahrscheinlich als Teil des nächsten Iterationsplanungstreffens berücksichtigt werden, so dass Sie sie zu den neuen Stories nehmen sollten.

Wir haben Organisationen kennengelernt, in denen der Druck auf die Teams, »Ja« zu allem zu sagen, was ihnen vorgesetzt wird, einfach überwältigend ist. Obwohl sie tief in ihrem Inneren wissen, dass sie sich zu viel vornehmen, wissen sie nicht, wie sie das Desaster vermeiden sollen, das auf sie zukommt. Ihre Aufgabe als Coach besteht darin, sie zu überzeugen, dass man auch »Nein« sagen kann. Es ist einfacher, wenn das Team »Nein« sagt, als wenn Einzelpersonen »Nein« sagen. Sprechen Sie als Coach direkt mit den Leuten im Team über ihre Bedenken. Wenn sie diese Ihnen gegenüber in Worte fassen können, hilft es ihnen womöglich, auch als Team darüber zu reden.

Helfen Sie dem Team, Daten zu sammeln, um Argumente für ein Verlangsamen des Tempos und eine geringere Last zu finden. Erinnern Sie die Leute beim Planen der nächsten Iteration an die gemessene Velocity; wenn man die Durchschnittswerte über mehrere Iterationen ermittelt, sind die Geschwindigkeitswerte umso überzeugender. Falls das Team weiterhin mehr Arbeit zusagen soll, als es anhand seiner Velocity vernünftigerweise schaffen kann, dann sorgen Sie dafür, dass der Kunde um das Risiko weiß, dass nicht alles ausgeliefert werden kann.

Können Sie den Kunden nicht davon überzeugen, einige Stories fallen zu lassen, dann bringen Sie ihn vielleicht dazu, die User Stories stärker zu stückeln, um die Wahrscheinlichkeit zu erhöhen, dass das Team einige davon liefern kann.

## 9.7 Hindernisse

Folgende Hindernisse könnten Ihnen begegnen.

**Das ist nicht mein Problem**

Manchmal begegnen uns Personen, die eine sehr starre Sicht auf die Aufgaben haben, für die sie zuständig sind. Sie haben vielleicht auch einen Entwickler oder einen Kunden im Team, der darauf besteht, dass »Testen etwas für Tester« ist. Oder vielleicht haben Sie

## 9.7 – Hindernisse

einen Tester, der sagt, dass automatisierte Tests von Entwicklern geschrieben werden müssen. Der Grund liegt wahrscheinlich in der Angst davor, etwas Neues auszuprobieren. Versuchen Sie, sie dazu zu bringen, einige Testaufgaben auszuführen und sorgen Sie dafür, dass jemand da ist, der ihnen beim Lernen hilft.

Suchen Sie nach Methoden, um einen Sinn für Verantwortung für das gesamte Team aufzubauen. Sie erreichen möglicherweise eine Änderung der Einstellung, wenn die Ergebnisse der Iteration deutlich sichtbar sind. Wir gehen in Kapitel 12 näher darauf ein.

**Arbeiten mit externen Testern**

Manchmal befinden sich die Tester in einem anderen Büro oder sitzen sogar in einer anderen Zeitzone. Sie werden merken, dass dies Verzögerungen beim Feedback seitens der Tester mit sich bringt, was wiederum die Menge an Software verringert, die das Team fertigstellen kann. Das Team könnte versucht sein, die Software in der nachfolgenden Iteration zu testen; das vermittelt die Illusion von Fortschritt und bedeutet, dass Bugs aus der vorherigen Iteration die Entwicklung in der nächsten Iteration unterbrechen.

Es hilft möglicherweise, eine separate Telefonkonferenz mit den Testern anzuberaumen, um vor der Iterationsplanung Schätzungen für die Testaufgaben zu erhalten, damit diese neben den Entwicklungsaufgaben bedacht werden können. Auf diese Weise kann das Team vermeiden, mehr Arbeit zuzusagen, als es schaffen kann.

Das Arbeiten mit externen Testern bedeutet neben dem Gebrauch von E-Mail auch, dass das Team die Bugs elektronisch verfolgen muss. Sorgen Sie dafür, dass jeder im Team irgendein einfaches Mittel der interaktiven Kommunikation mit den entfernten Testern hat, sei es Telefon oder Instant Messaging.

**Die Organisation schreibt den Gebrauch eines Bug Trackers vor**

Wir haben in Organisationen gearbeitet, wo der Gebrauch von Bug-Tracking-Software für alle Teams vorgeschrieben war. Die Fehlerraten werden sogar aus diesen Werkzeugen abgeleitet, um zu zeigen, dass die Tester erfolgreich arbeiten. Wie Mary Poppendieck in *Implementing Lean Software Development* [PP06] sagt, besteht die Aufgabe der Tester darin, »Defekte zu vermeiden«, und nicht, sie zu sammeln. Wenn eine Story immer noch am Teamboard steht, dann müssen auch alle Probleme, die behoben werden sollen, dort erscheinen, wo das ganze Team sie sehen kann. Empfehlen Sie, dass das Team Bug-Tracking-Software nur für solche Bugs benutzt, die nach dem Ende der Iteration gefunden werden.

## 9.8 Checkliste

- Definieren Sie zusammen mit dem Team, was »fertig« bedeutet. Zeigen Sie dies in Form einer Checkliste im Arbeitsbereich des Teams. Beziehen Sie Tests ein, die von Kunden, Entwicklern und Testern durchgeführt werden, aber nicht solche Tests, die außerhalb des Teams geschehen.
- Achten Sie darauf, dass das Testen bei der Iterationsplanung berücksichtigt wird, damit die Testaufgaben vom ganzen Team verstanden werden.
- Ermutigen Sie die Entwickler, eng mit den Testern und den Kunden zusammenzuarbeiten, um bereits frühzeitig ein Feedback zu den Stories zu erhalten. Bitten Sie den Kunden, jeden Tag Zeit einzuplanen, um Fragen des Teams zu beantworten.
- Empfehlen Sie, die Software während der Iteration den Kunden zur Verfügung zu stellen. Ermutigen Sie das Team, nach Teilen der User Stories zu suchen, die früher ausgeliefert werden können, anstatt zu warten, bis die Iteration endet.
- Benutzen Sie das Teamboard, um Bugs bekanntzugeben, die vor dem Ende der Iteration behoben werden müssen. Anstatt im Bug Tracker ein verborgenes Backlog herzustellen, bitten Sie die Tester, gemeinsam mit dem Kunden solche Bugs, die aufgeschoben wurden, in neue User Stories umzuwandeln, die in künftigen Iterationen eingeplant werden können.

## 9.8 – Checkliste

- Falls das Team nicht alle Stories fertigstellen kann, reden Sie mit dem ganzen Team während einer Demo oder Retrospektive darüber, woran das liegt. Säubern Sie das Teamboard am Ende der Iteration und nehmen Sie alle unvollständigen Stories in die Iterationsplanung auf. Helfen Sie dem Team, Daten über seine Arbeitsgeschwindigkeit zu sammeln, damit es sich in der nächsten Iteration nicht wieder verschätzt.

| Kapitel 10 |

# Die Entwicklung mit Tests unterstützen

*Sorgen Sie dafür, dass es für den Code automatisierte Tests gibt und dass diese bestanden werden.* Führungsprinzip

Wir kennen viele Teams, die behaupten, dass sie agil wären, aber immer noch stark auf manuelle Tests bauen. Die Entwickler werfen den Testern irgendwelche Software hin, damit diese die Probleme darin finden, die Tester wiederum schicken die Software mit weitschweifigen Bug Reports wieder zurück. Die Tage vergehen, während die Entwickler und Tester sich im Kreis drehen und versuchen, die Software auszubessern, bis sie gut genug für die Auslieferung ist.

Ermutigen Sie das Team, diesen Stress zu verringern, indem es den Schritt zu einer *testgetriebenen Entwicklung* geht. Das Team kann automatisierte Tests einsetzen, um festzustellen, ob der Code funktioniert – und das in Minuten anstatt in Stunden oder Tagen. Jetzt können die Entwickler darauf vertrauen, dass sie auf eine solide Basis bauen und die Tester können sich auf die Grenzfälle konzentrieren, anstatt ihre Zeit mit trivialen Problemen zu vergeuden.

Das Erreichen dieses Test-Nirwanas gehört zu den größten Herausforderungen an Sie als agilen Coach. Es ist eine komplexe Änderung, da die Einführung der testgetriebenen Entwicklung (Test-Driven Development; TDD) verlangt, Probleme im Hinblick auf technische Fragen, auf die persönliche Entwicklung und auf die Teamarbeit zu lösen. Schauen wir uns an, wie Sie anfangen können und wie Sie Hürden bei der Umsetzung der TDD überwinden. Anschließend erfahren Sie, wie Sie dem Team beim Übergang zu einer *Continuous Integration* helfen können.

## 10.1 Die Einführung der testgetriebenen Entwicklung

Geben Sie dem Team viel Zeit, um den Übergang zur TDD zu schaffen. Es dauert wahrscheinlich einige Monate, bevor es seinen Code wirklich mithilfe der Tests verbessert. Ihr erste Herausforderung beim Implementieren der TDD ist es, herauszufinden, wo Sie anfangen sollen. Wir empfehlen Ihnen, die Probleme nacheinander anzugehen, anstatt TDD mit einem einzigen großen Knall einzuführen.

Wenn das Team mit einem völlig neuen Projekt beginnt, kann es direkt mit einer ausgewachsenen TDD beginnen (wie im Kasten beschrieben). Die meisten Teams jedoch gehen von bereits vorhandenem Code aus, der noch keine automatisierten Tests enthält, so dass die erste Aufgabe darin besteht, festzustellen, wie man die automatisierten Tests um diesen übernommenen Code »herumwickelt«. Gewöhnen Sie das Team an TDD; lassen Sie die Teammitglieder zunächst einige automatisierte Tests pro Tag schreiben, bevor sie versuchen, ihren Code mit den Tests voranzubringen. Das gibt ihnen Zeit, um ihre Fähigkeiten weiterzuentwickeln und eine Testinfrastruktur aufzubauen, bevor sie probieren, zuerst die Tests aufzustellen.

Arbeiten Sie eine Weile mit dem Team zusammen, um den Umfang des Codes, die Erfahrungen der Teammitglieder und deren jeweiliges Interesse an einer Änderung der Arbeitsweise zu verstehen. Wenden Sie dann den PrOpER-Zyklus an (siehe Abschnitt 1.4), um Hindernisse zu beseitigen, die der Übernahme der TDD eventuell entgegenstehen.

## 10.1 – Die Einführung der testgetriebenen Entwicklung

> **Testgetriebene Entwicklung**
>
> Bei der testgetriebenen Entwicklung sind automatisierte Tests obligatorisch; es wird kein Code hinzugefügt, ohne dass zuerst ein automatisierter Test geschrieben wird.
>
> Um Code mit Tests zu betreiben, schreibt der Entwickler zuerst einen Test für den Code, den er schreiben möchte. Er führt den Test aus, um zu überprüfen, dass er tatsächlich fehlschlägt. Jetzt schreibt er den Code, der mindestens erforderlich ist, um den Test zu bestehen. Nach jedem erfolgreichen Testdurchlauf sucht er nach Möglichkeiten, um den Code zu verdichten und Dopplungen zu eliminieren. Er baut den Code auf, indem er diese Schritte wiederholt.
>
> Durch dieses Vorgehen wird der Entwickler angeregt, darüber nachzudenken, wie er ein kleines Problem nach dem anderen löst. Es hilft ihm darüber hinaus, von außen anstatt von innen zu arbeiten – da für jeden Test zuerst über die Schnittstelle des Codes anstatt über seine interne Logik nachgedacht werden muss. Da das Anwenden der TDD den Entwickler dazu bringt, immer wieder kleine Designentscheidungen zu treffen, wird diese Vorgehensweise manchmal auch als *testgetriebener Entwurf* bezeichnet.

Die folgende Geschichte verdeutlicht einige typische Herausforderungen, denen Sie sich gegenübersehen könnten.

**TDD wird zu schnell eingeführt**
*von Rachel*

Vor einigen Jahren habe ich mit einem Team gearbeitet, das in einer guten Position zu sein schien, um den Schritt zur TDD zu wagen. Das Team entwickelte ein Content Management System in Java. Der Entwicklungsmanager hatte bereits einen Trainingskurs arrangiert, damit das Team seine Fähigkeiten im Schreiben von JUnit Tests verbessern konnte. Er rief mich hinzu, um das Training des Teams in TDD fortzusetzen. Dieses Anliegen wirkte völlig normal, doch ich erkannte nicht, in was ich dort hineingeraten würde.

Oberflächlich betrachtet gab es nur eine offensichtliche technische Herausforderung: Das Team hatte in seinen Code Aufrufe an das Dokumentenmanagementsystem eines Drittanbieters eingebettet. Es musste eine Möglichkeit finden, um Tests zu schreiben, ohne diese Bibliothek aufzurufen. Das schien für mich nicht unerreichbar zu sein. Ich war davon überzeugt, dass das Team Test Doubles[1] einsetzen könnte, um die Bibliotheksaufrufe herauszuziehen. Wenn Sie jedoch TDD in einem Team einführen, dann müssen Sie nicht nur die technischen Probleme lösen, sondern sehen sich auch menschlichen Herausforderungen gegenüber.

Ich begann damit, dass ich eine Pair-Programming-Sitzung mit den einzelnen Entwicklern aus dem Team anberaumte. Mein Plan bestand darin, zunächst einmal zu versuchen, JUnit Tests für die User Stories zu schreiben, an denen das Team momentan arbeitete. Nach meinem ersten Tag sah ich mich allerdings mit einer Reihe von Problemen konfrontiert, die mir sagten, dass das Team noch gar nicht für TDD bereit war.

Der Tag begann ganz gut. Ich bildete mit Dom, dem technischen Leiter, ein Paar. Er schien ziemlich beschäftigt zu sein, war aber willens, einige automatisierte Tests zu schreiben. Er hatte gerade einen Bug Fix implementiert, so dass wir beschlossen, dass er einen Test schreiben sollte, um den gerade geschriebenen Fix zu beweisen. Als er seinen neuen Test auf der Kommandozeile ausführte, war er überrascht, dass dieser fehlschlug – offensichtlich hatte er den Bug nicht vollständig behoben! Die Testdaten, die wir in unserem Unit Test gewählt hatten, lösten ein Problem aus, das er beim früheren manuellen Testen des Codes nicht bedacht hatte. Diese Erfahrung schien ihn davon zu überzeugen, dass es eine gute Idee sein *könnte*, für jeden Bug Fix automatisierte Tests zu schreiben!

Ich setzte mich nun mit Dave zusammen, der an einem relativ einfachen Code arbeitete, mit dem man XML-Eingabedateien verarbeiten konnte. Er hatte bereits einige Unit Tests in Eclipse ausgeführt und wir fügten noch ein paar einfache Testfälle hinzu. Ich konnte ihn noch auf eine Bibliothek mit XML-Assertions hinweisen, die für ihn nützlich sein könnte, aber ansonsten schien er keine Hilfe zu benötigen.

---

1. Siehe http://xunitpatterns.com/

## 10.1 – Die Einführung der testgetriebenen Entwicklung

Die nächste Sitzung war recht schwierig. John hatte noch nicht viel Erfahrung mit Java. Er hatte einige grundlegende Prinzipien der objektorientierten Programmierung noch nicht verstanden. Er wusste nicht, wie er seine IDE verwenden sollte, um Unit Tests zu schreiben oder auszuführen. Er benutzte eine einzige Testmethode, die er jedes Mal bearbeitete, wenn er überprüfen wollte, ob sein Code funktionierte. Ganz offensichtlich hatte er außerdem Probleme damit, zu verstehen, wie das vorhandene System funktionierte, als ich jedoch vorschlug, einen seiner Teamkollegen zu fragen, schreckte er zurück. Wir brachten etwa eine Stunde damit zu, seine lange Testmethode auseinanderzunehmen, um womöglich einige JUnit Tests zu extrahieren, aber das schien eine sinnlose Aufgabe zu sein.

Die letzte Sitzung des Tages war mit Chris, dem einzigen Externen im Team. Er benutzte noch eine andere IDE, nämlich NetBeans. Er schien recht erfahren zu sein, machte sich aber Sorgen wegen der Probleme, die das Schreiben von Unit Tests für Code, der direkt eine Drittanbieter-Bibliothek aufruft, mit sich bringen könnte. Ich erwähnte die Möglichkeit, Ersatzobjekte zu benutzen und er sagte mir, dass eine Entwicklerin, die kürzlich das Team verlassen hatte, in ihren Teams Ersatzobjekte verwendet hätte. Wir öffneten die Tests, die sie geschrieben hatte und sie sahen gut aus. Anders verhielt es sich jedoch, als wir versuchten, sie auszuführen. Der Code war verschoben worden, seit sie die Tests geschrieben hatte – und ließ sich nicht einmal mehr kompilieren! Niemand aus dem Team hatte seitdem die Tests ausgeführt. Sie hätte sie genauso gut gar nicht schreiben erst müssen.

Da wurde es mir klar: Das »Team« arbeitete gar nicht als Team. Alle arbeiteten an verschiedenen Bereichen des Codes und hatten völlig verschiedene Vorstellungen davon, wie man die Tests schreiben müsste. Niemand führte Tests aus, die jemand anderes geschrieben hatte; sie verwendeten sogar alle unterschiedliche IDEs. Es war eigentlich nicht möglich, TDD oder das, was es für das Team bedeutete, zu übernehmen.

Bevor das Team mit TDD beginnen konnte, mussten wir einige grundlegende Dinge erledigen. Das Team musste zusammen eine Teststrategie erarbeiten und Einigung darüber erzielen, wie es seine

Tests in einer gemeinsamen Suite organisieren sollte, die jeder im Team ausführen konnte.

Später entdeckte ich, dass der Entwicklungsmanager wollte, dass das Team TDD übernahm, weil die Tester im Projekt überlastet waren. Sie fanden triviale Probleme im Code, die man hätte vermeiden können, wenn die Entwickler selbst einfache Tests an ihrem Code vorgenommen hätten. Der Manager schaffte es aber nicht, dies dem Team mitzuteilen. Die Leute mussten es von ihm hören, um zu verstehen, wieso sie Training und Schulung in TDD erhielten. Sie benötigten eine Begründung, um den Wechsel zu vollziehen.

**Akzeptanz durch das Team**

Wie die Geschichte zeigt, reicht es nicht, dem Team zu zeigen, wie man Tests schreibt. Das Team muss sich verpflichten, die Tests zu schreiben und auszuführen. Es benötigt zwingende Gründe, bevor es zustimmt, die zusätzliche Arbeit auf sich zu nehmen, die das Schreiben automatisierter Tests bedeutet. Sorgen Sie dafür, dass es die Vorteile der TDD versteht und die treibenden Kräfte hinter der Änderung anerkennt.

Holen Sie das Team zusammen, um Einigung darüber zu erzielen, wozu es sich verpflichten kann. Listen Sie die Blockaden auf, die Ihrer Meinung nach den Einstieg in TDD behindern. Bitten Sie dann um Vorschläge, wie man diese Blockaden lösen kann. Setzen Sie Gradients of Agreement ein (siehe Abschnitt 2.4), um festzustellen, an welchen der Aktionen das Team zuerst arbeiten möchte.

**Zeit, um das Schreiben von Tests zu lernen**

Sobald die Teammitglieder überzeugt sind, dass sie den Schritt zu TDD tun sollten, müssen sie lernen, wie es geht. Das geht natürlich am besten, wenn jemand mit ihnen arbeitet, der Erfahrung im automatisierten Testen und TDD besitzt (vielleicht sind Sie das).

Weisen Sie sie auf kommerzielle Trainingskurse hin, um ihnen einen Vorsprung zu verschaffen. Falls es allerdings kein Geld für

10.1 – Die Einführung der testgetriebenen Entwicklung

eine Schulung gibt (oder in der verwendeten Programmiersprache keine Kurse angeboten werden), muss das Team sich selbst beibringen, wie man automatisierte Tests schreibt. Helfen Sie ihm dabei, indem Sie ein regelmäßig stattfindendes Coding-Dojo einrichten, um seine Fähigkeiten beim Schreiben von Tests zu verbessern (siehe Kasten).

> **Coding-Dojo**
>
> Ein Coding-Dojo versammelt Entwickler, um gemeinsam an einem vorbereiteten Programmierproblem zu arbeiten[a]. Es ist eine großartige Möglichkeit, die Designfähigkeiten der Entwickler zu verbessern und das Lernen im Team zu unterstützen. Die Inspiration für diesen Ansatz stammt von Dave Thomas' Code-Kata.
>
> Das Durchführen eines Dojo ist ziemlich leicht. Wählen Sie ein Programmierproblem oder Kata.[b] Legen Sie das Problem bereits weit vorher fest, damit sich die Teilnehmer auf das Dojo vorbereiten können.
>
> Das Dojo beginnt damit, dass zwei Entwickler anfangen, an einem Computer im vorderen Teil des Raums an dem Problem zu arbeiten. Der Computer ist an einen Projektor angeschlossen, damit alle den Code sehen können, der geschrieben wird.
>
> Wenn die Entwickler mit ihrer Arbeit beginnen, erklären sie laut, was sie tun und geben laufend Kommentare darüber ab, wie sie das Problem lösen. Kann die Gruppe dem nicht folgen, muss das Paar anhalten und alles noch einmal erläutern.
>
> Um alle zu beteiligen, wird alle fünf Minuten die eine Hälfte des Paars ausgetauscht und durch einen der anderen Entwickler im Raum ersetzt. Das geht dann ungefähr eine Stunde lang. Auf diese Weise kann jeder einmal zeigen, wie er das Problem lösen würde.

a. Mehr über Coding-Dojos erfahren Sie unter http://codingdojo.org/.
b. Einige Beispiele finden Sie unter http://codekata.com/.

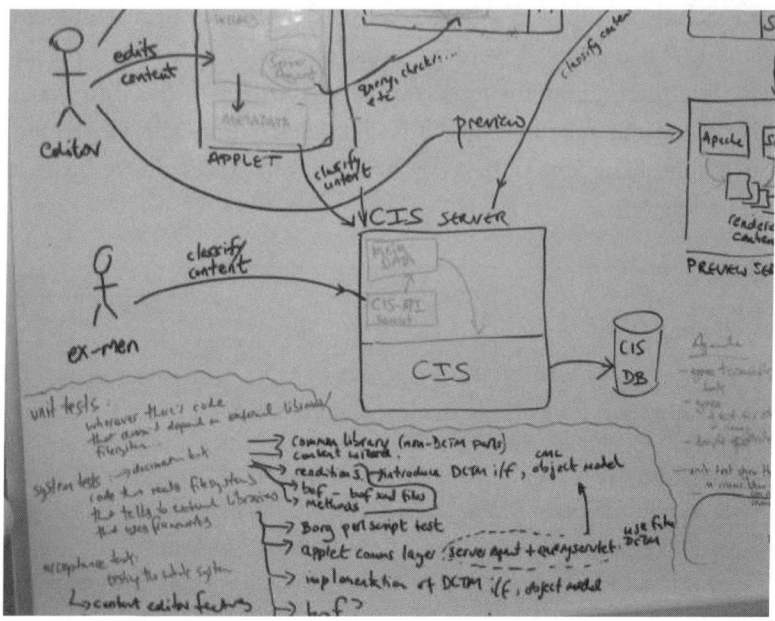

**Abbildung 10.1:** Whiteboard nach der Diskussion der Teststrategie

Rechnen Sie damit, dass die Teammitglieder langsamer werden, sobald sie sich daran gewöhnen, automatisierte Tests zu schreiben. Wenn sie Pläne machen, erinnern Sie sie daran, dass sie Zeit einplanen müssen, um das Schreiben der automatisierten Tests zu erlernen. Das Team sollte außerdem seinen Kunden davon in Kenntnis setzen, dass die Velocity während der Lernphase wahrscheinlich sinken wird.

**Festlegen, wo man mit dem Schreiben der Tests beginnen wird**

Das Team wird es nicht schaffen, vorhandenen Code in einem Rutsch mit Tests nachzurüsten. Es muss schrittweise vorgehen und Sie müssen ihm dabei helfen.

Arbeiten Sie gemeinsam mit dem Team eine Teststrategie aus, die festlegt, wie die verschiedenen Codebereiche getestet werden sollen. Skizzieren Sie die Softwarearchitektur auf dem Whiteboard (siehe

Abb. 10.1). Gehen Sie diese Architektur gemeinsam mit dem Team durch und stellen Sie fest, welche Teile am meisten von den automatisierten Tests profitieren würden. Machen Sie ein Digitalfoto von dem Whiteboard, um die Diskussion zu dokumentieren; kommen Sie später wieder darauf zurück, wenn das Team so weit ist, die passende Stelle für die nächsten Tests zu finden.

> **Unit-Test-Regeln von Michael Feathers, Object Mentor**
>
> Ich habe diese Regeln bereits mit vielen Teams eingesetzt. Sie fördern ein gutes Design und ein schnelles Feedback und scheinen den Teams dabei zu helfen, eine Menge Ärger zu vermeiden.
>
> Ein Test ist kein Unit Test, wenn
>
> - er zur Datenbank spricht,
> - er über das Netzwerk kommuniziert,
> - er das Dateisystem berührt,
> - er nicht korrekt zur gleichen Zeit wie ein anderer Ihrer Unit Tests ausgeführt werden kann oder
> - Sie besondere Maßnahmen an Ihrer Umgebung vornehmen müssen (z.B. Konfigurationsdateien bearbeiten), um ihn auszuführen.
>
> Tests, die diese Dinge tun, sind nicht schlecht. Oft lohnt es sich, sie zu schreiben und sie können auch in einer Unit-Test-Umgebung geschrieben werden. Es ist jedoch wichtig, dass man sie von den echten Unit Tests trennen kann, damit wir einige Tests haben, die wir schnell ausführen können, wenn wir unsere Änderungen vornehmen.

Ein guter Ausgangspunkt sind Unit Tests (siehe Kasten). Code in der Mitte lässt sich normalerweise leicht isolieren, so dass das Team in der Lage sein sollte, schnell laufende Unit Tests herzustellen. Allerdings wird das Team wahrscheinlich merken, dass jeder Code ohne automatisierte Tests verworrene Abhängigkeiten aufweist. Ein

Entwickler muss eine Methode finden, um den Code, an dem er arbeitet, zu isolieren, bevor er Unit Tests um ihn herumlegen kann. Einige nützliche Techniken hierzu finden Sie in *Working Effectively with Legacy Code* [Fea04].

Die meisten Teams, mit denen wir arbeiten, beginnen mit einer einfachen Regel: Sie schreiben Tests für neuen Code und alle Änderungen an vorhandenem Code. Diskutieren Sie diesen Ansatz mit dem Team und überprüfen Sie, ob alle damit einverstanden sind. Wenn es zu viel ist, dieser Regel zu folgen, dann stellen Sie fest, ob es für das Team in Ordnung ist, jeden Tag wenigstens einige Tests zu schreiben, damit zumindest ein minimaler Fortschritt erzielt wird. Machen Sie dem Team klar, dass diese Tests am nützlichsten sind, wenn sie Wege durch den Code abdecken, die fehlschlagen könnten, anstatt trivialer Methoden. Das Thema ist verfehlt, wenn das Team versucht, das Ziel zu erreichen, indem es Tests für Abfrage- und Änderungsmethoden schreibt.

Nachdem das Team entschieden hat, an welcher Stelle der Codebasis es mit den automatisierten Tests ansetzen will, müssen Sie es daran erinnern, dass es sich überlegen soll, wie es seine Tests organisiert. Es muss darüber nachdenken, ob die Tests in den gleichen Unterverzeichnissen gespeichert werden sollen wie der Code oder getrennt davon. Darüber hinaus ist es hilfreich, wenn man sich auf eine konsistente Benennung der Tests einigt. Und schließlich müssen alle Teammitglieder in der Lage sein, die komplette Sammlung der automatisierten Tests auszuführen.

## 10.2 Continuous Integration

Vielleicht merken Sie, dass die Entwickler daran gewöhnt sind, getrennt zu arbeiten und alle paar Tage ihren Code einzuchecken. Sie schieben das Integrieren ihres Codes immer wieder hinaus, weil es Zeit kostet. Aber während sie es verschieben, kann sich der Rest der Codebasis ändern. Je länger es zwischen den Integrationen dauert, umso schwieriger wird es.

Continuous Integration bedeutet, Codeänderungen früh und oft in die Codebasis einzubringen. Jede Integration ist klein, so dass sie leicht zu vollziehen sein sollte. Wenn man diesen Ansatz wählt, steht der neueste Code in kleinen Häppchen dem ganzen Team zur Verfügung, sobald er fertig ist – anstatt in einem großen Batzen. CI hängt mit dem Einsatz der TDD zusammen, da Tests für die ganze integrierte Codebasis bestanden werden sollten, nicht nur auf dem Computer des Entwicklers. Bei der CI geht es also nicht nur um das häufige Integrieren des Codes, sondern auch darum, dass alle Tests jederzeit durchlaufen sollten.

James Shore sagt dazu[1]:

*Im Gegensatz zur gängigen Vorstellung ist die Continuous Integration eine Haltung, kein Werkzeug. Es ist eine gemeinsame Übereinkunft des Teams, dass:*

1. *Wenn wir den neuesten Code aus einem Repository bekommen, dieser immer erfolgreich kompiliert wurde und alle Tests bestanden hat.*
2. *Wir unseren Code alle zwei bis vier Stunden einchecken.*

Uns gefällt dieses Zitat, weil es ein wesentlicher Teil bei der Übernahme der CI ist, dass das Team aus ganzem Herzen dieser Philosophie folgt und dafür sorgt, dass immer alle Tests bestanden werden. Wenn Teams versuchen, CI-Werkzeuge zu verwenden, ohne diese Haltung zu entwickeln, übernehmen Entwickler oftmals nicht die Verantwortung dafür, den Build zu reparieren, wenn er »auseinanderfliegt«.

Wenn Sie CI im Team einführen, dann schlagen Sie vor, einem synchronen CI-Ablauf zu folgen. Immer wenn ein Entwickler Code eincheckt, führt er den Build aus und wartet ab, ob alle Tests durchlaufen, bevor er weiteren Code entwickelt. Werden die Tests nicht bestanden, muss der Entwickler das Problem beheben.

---

1. http://jamesshore.com/Blog/Continuous-Integration-is-an-Attitude.html.

**Abbildung 10.2:** Build Token

Damit dies funktioniert, dürfen sich die Entwickler nicht gegenseitig auf die Füße treten, indem Sie versuchen, Änderungen zur gleichen Zeit zu integrieren. Viele Teams verwenden ein *Build Token*. Das kann ein beliebiges Objekt sein, mit dem dem Team angezeigt wird, dass eine Integration im Gang ist. Die Teams können sich einen Spaß daraus machen, was sicher dazu beiträgt, den CI-Prozess als Ritual im Team zu verankern. Wir haben Teams getroffen, die ein Gummihuhn, eine muhende Kuh, komische Hüte und sogar ein »Schwert der Integration«[1] aus Karteikarten (siehe Abb. 10.2) benutzt haben.

Manche Teams feiern eine erfolgreiche Integration außerdem noch mit einem Geräusch, etwa einem Gong oder Applaus. Dies zeigt dem restlichen Team, dass es die gerade eingecheckten Änderungen holen kann.

---

1. Gezeigt auf dem XPDay 2008 von Gwyn Morfey, New Bamboo.

> **Rachel sagt ...**
>
> **Zwingen Sie dem Team keine Spielzeuge auf**
>
> Teamrituale kommen üblicherweise aus dem Team selbst und entwickeln sich mit der Zeit. Lassen Sie sich nicht dazu hinreißen, diesen Vorgang abzukürzen und den Spaß zu erzwingen, indem Sie selbst losziehen und ein süßes Build Token kaufen. Spielzeuge am Arbeitsplatz helfen dem Team sicher, sich zu entspannen und sie in die Teamarbeit einzubeziehen, Sie müssen aber auch Rücksicht auf die Unternehmenskultur nehmen. Wenn das Team dem Manage-

Dieser synchrone CI-Vorgang scheint zwar auf den ersten Blick zeitaufwendiger zu sein, als wenn man Software hat, die die Check-Ins erkennt und automatisch testet, hilft aber auf lange Sicht den Entwicklern, sich für das Reparieren fehlerhafter Builds verantwortlich zu fühlen. Sobald alle Teammitglieder ihren Code wenigstens mehrmals täglich integrieren und Fehler gleich behoben werden, kann man zu einer eher asynchronen, von Software unterstützten Lösung übergehen. Achten Sie darauf, dass das Team weiterhin defekte Builds sofort repariert. Der Trick besteht darin, das Feedback über den Build-Status zu verbessern, damit das Team zeitnah erfährt, wenn ein Build defekt ist.

### Das Feedback über den Build-Status verbessern

Wenn das Team dazu übergeht, einen CI-Server einzusetzen, um den Build auszuführen und die Testergebnisse mitzuteilen, benötigt es kein Build Token mehr. Die Entwickler checken ihren Code ein und machen weiter. Jetzt wird es wichtig, dass jeder im Team benachrichtigt wird, wenn der Build defekt ist, weil das letzte Einchecken dazu geführt haben könnte, dass die Tests fehlschlagen. Benachrichtigungen per E-Mail sind normalerweise nicht die beste

Methode, um Entwickler davon in Kenntnis zu setzen, dass die Tests fehlschlagen, weil die meisten ihre E-Mail-Programme beim Programmieren geschlossen haben. Versuchen Sie daher, die fehlschlagenden Tests dem ganzen Team auf andere Weise sichtbar zu machen, indem Sie die Build-Seite interessanter gestalten, wie Ivan im folgenden Kasten erklärt. In Abbildung 10.3 sehen Sie außerdem einen Schnappschuss einer Build-Seite.

### Die Build-Seite verbessern von Ivan Moore, Team Optimization

Wir benutzten South Park Studio[a], um für jedes der Teammitglieder Bilder der Charaktere herzustellen, die am Teamboard benutzt werden konnten. Diese Bilder setzten wir neben die Stories, damit klar wurde, wer an welcher Story arbeitete. Das Team fand diese Bilder Klasse.

Wir hatten ein Problem mit Builds, die defekt waren und von niemandem repariert wurden, weil niemand sich dafür verantwortlich fühlte. Ich adaptierte unser CI-Werkzeug, Build-o-matic[b], derart, dass es die Commit-Meldungen nach den Namen oder Initialen des Entwicklers durchsuchte, das passende Bild dazu fand und dieses dann auf die Build-Ergebnisseite setzte, die auf dem Status-Monitor angezeigt wurde.

Die Wirkung der Bilder auf der Seite überraschte mich. Wenn die Leute die Seite zum ersten Mal sahen, lachten sie und ganz gewiss wurden alle darauf aufmerksam. Man begann, den Build stärker zur Kenntnis zu nehmen. Wenn der Build nicht funktioniert hatte, wurde der Schaden von nun an schneller behoben, weil viel deutlicher sichtbar war, wessen Commit den Build beschädigt hatte.

Die Bilder zeigen, wer etwas eingecheckt hat, sobald eine Modifikation erkannt und der Build gestartet wurde. Das bedeutete, dass die Leute, die gerade Code eingecheckt hatten, leichter feststellen konnten, ob der Build mit ihren Änderungen funktionierte.

a. Siehe http://www.sp-studio.de/
b. Siehe http://build-o-matic.sourceforge.net/

Feedback muss sowohl schnell als auch sichtbar erfolgen. Falls es lange dauert, alle Tests durchzuführen, haben die meisten Entwickler ihren Code schon eingecheckt, wenn sie fertig sind. Meist springt niemand auf, um einen Build zu reparieren, weil jeder davon ausgeht, dass nicht er es war, der ihn beschädigt hat.

## 10.3 Die testgetriebene Entwicklung fortsetzen

Wir haben bisher darüber gesprochen, wie man TDD und CI einführt. Sobald das Team jedoch diese Techniken übernommen hat, müssen Sie es darin unterstützen, diese Ansätze fortzuführen. Gibt es irgendetwas, wobei Sie dem Team helfen können, wenn es bereits überzeugt ist, dass es TDD anwenden sollte?

**Abbildung 10.3:** Build-Seite mit Avataren

Achten Sie auf langsam laufende Tests. Die folgende Geschichte zeigt, wie ein Team, das sehr stolz auf seine Tests war, durch langsam laufende Tests aufgehalten wurde. Ermutigen Sie das Team, Zeit einzuplanen, um seine Build-Skripte und seine Infrastruktur zu verbessern, um Verzögerungen zu vermeiden.

### Die Auswirkungen von langsam laufenden Tests
*von Liz*

Ich arbeitete einmal mit einem Team, das eine sehr umfassende Suite mit automatisierten Akzeptanztests besaß; allerdings dauerte es zwei Stunden, um die komplette Test-Suite auszuführen. Das bedeutete, dass ein Entwickler nicht alle Tests ausführen konnte, bevor er seine Arbeit eincheckte und hatte zur Folge, dass oft Code eingecheckt wurde, der die Tests nicht bestand. Wenn man es dann zwei Stunden später bemerkte, hatten auch andere Entwickler ihren Code eingecheckt. Jeder ging davon aus, dass ein anderer für den Fehler verantwortlich war. Aus diesem Grund gingen die Tests immer schief.

Das Team bedachte nicht, dass es zu einer abgeschlossenen User Story oder zu seiner Definition von »fertig« gehörte, dafür zu sorgen, dass die Akzeptanztests bestanden würden. Schrittweise verschlechterte sich im Laufe der Zeit die Codebasis, da immer mehr Tests fehlschlugen. Die Akzeptanztests hatten überhaupt keinen Nutzen, da sie nicht bestanden wurden.

Als Coach regte ich die Entwickler an, die Test-Suite zu beschleunigen und damit aufzuhören, weiteren Code hinzuzufügen, wenn die Akzeptanztests nicht durchliefen. Der Projektdruck war jedoch so stark, dass die Entwickler glaubten, sie müssten sich weiterhin darauf konzentrieren, noch mehr Stories zu implementieren.

Eines Tages war die Lage so schlecht, dass etwas geschehen musste. Einige Entwickler befassten sich damit, die fehlgeschlagenen Tests zu reparieren, während das restliche Team der Qualitätssicherung dabei half, das Produkt zu testen. Niemand fügte etwas Neues hinzu, solange die vorhandenen Tests noch nicht bestanden waren.

Dann waren die Tests eines Tages in Ordnung. Die Test-Suite lief aber immer noch langsam, so dass die Tests am nächsten Tag immer noch fehlschlugen. Und so blieben sie, bis das Projekt vorbei

## 10.3 – Die testgetriebene Entwicklung fortsetzen

war. Mehr und mehr wurde gekürzt, um den Termin zu halten. Als der Abgabetermin näherrückte, wusste niemand mehr so genau, wie weit man eigentlich von »fertig« entfernt war. Schließlich gab man das Produkt frei, nachdem man die gefürchtete Testphase durchlitten hatte, die man mit den automatisierten Tests eigentlich vermeiden wollte.

---

**Liz sagt ...**

**Zehnminütiger Build**

Das Team braucht eine automatisierte Test-Suite, die schnell ausgeführt werden kann. Wenn nämlich die Tests sehr lange dauern, kann es passieren, dass die Entwickler nicht darauf warten, bis sie bestanden werden. Achten Sie auf die Zeit, die es erfordert, die Anwendung zu kompilieren und die Tests auszuführen. Wenn diese Zeit eine Schwelle von zehn Minuten überschreitet, muss das Team Zeit aufwenden, um die Tests zu beschleunigen.

---

Wenn es nur wenige langsame Tests gibt, könnte das Team die lange laufenden Tests in einer eigenen Test-Suite zusammenfassen, die im Hintergrund ausgeführt wird. Gibt es hingegen viele langsame Tests, kann das daran liegen, dass die Tests schlecht gestaltet sind und zu viele Abhängigkeiten von externen Ressourcen aufweisen. Vielleicht muss das Team mehr Tests schreiben, die Test Doubles einsetzen, wie etwa Ersatzobjekte oder Stubs, um diese externen Ressourcen auszuklammern. Eine andere Lösung besteht darin, den Testdurchlauf auf eine Build Farm zu übertragen.

Das Team braucht vermutlich eine Menge Unterstützung und Ermunterung, um die Entwicklung wirklich mithilfe von Tests voranzutreiben. Achten Sie auf Entwickler, die behaupten »Da wurde nur eine Zeile geändert«, um zu rechtfertigen, dass sie keine Tests schreiben. Zu viele dieser Einzelenänderungen ohne Tests können sich in eine Entschuldigung dafür verwandeln, dass überhaupt keine Tests für übernommenen Code geschrieben werden.

Sorgen Sie dafür, dass die Abdeckung mit Tests deutlicher erkennbar wird. Sie sollte in ungefähr dem gleichen Maße zunehmen wie die Codemenge. Es gibt spezielle Analysewerkzeuge, um diese Abdeckung zu messen. Vergessen Sie nicht, dass diese Werkzeuge nur überprüfen, ob die Tests den gesamten Code durchprobieren; sie kontrollieren nicht, wie gut diese Tests sind. Achten Sie darauf, dass die Abdeckung nicht durch schwache Tests ad absurdum geführt wird.

**Bestehende Tests sichtbar machen**
*von Liz*
Ich habe mit einem Team gearbeitet, das gerade erst in TDD eingestiegen war. Ich veröffentlichte die Anzahl der bestandenen und fehlgeschlagenen Tests gut sichtbar auf dem Teamboard. Wir werteten die Zahl bei unserem täglichen Standup aus, um festzustellen, wie sich das Team entwickelte. Das half den Leuten, die Tests immer im Kopf zu behalten.

Dies tat ich für ungefähr einen Monat, bis das Team besser in TDD wurde und von selbst dafür sorgte, dass alle Tests bestanden wurden.

Was bleibt also noch zu tun, wenn das Team eine gute Testabdeckung erreicht hat und schnell laufende Tests benutzt? Ermutigen Sie es, seinen Horizont zu erweitern und nach neuen Bereichen seiner Architektur zu suchen, für die es noch keine Tests besitzt.

## 10.4 Hindernisse

Folgende Hindernisse könnten Ihnen begegnen.

**Es stehen keine Testwerkzeuge zur Verfügung**
Für die gängigen Programmiersprachen gibt es Open Source Unit Test Frameworks. Manche Teams müssen allerdings ihren Code in proprietären Programmiersprachen schreiben, weil sie mit Fremd-

software arbeiten, die eine eigene Sprache mitbringt oder weil das Unternehmen selbst eine spezielle Sprache entwickelt hat, in der bereits eine Menge Code vorliegt. Doch auch wenn das Team feststellt, dass es keine kommerziellen oder Open-Source-Werkzeuge zum Schreiben der automatisierten Tests in seiner Sprache gibt, muss es sich nicht davon abhalten lassen, die Tests zu automatisieren. Normalerweise ist es möglich, selbst ein einfaches Framework für automatisierte Tests zu schreiben – regen Sie die Leute an, ihre eigenen Testwerkzeuge auf die Beine zu stellen.

**Es ist nicht so leicht, immer zuerst zu testen**
Es kann schwierig sein, sich beim Übergang zu TDD immer daran zu halten, dass zuerst getestet werden soll. Rechnen Sie damit, dass es weiterhin Entwickler geben wird, die erst hinterher testen. Das ist ganz natürlich. Ich könnte z.B. als Entwickler den Code zuerst entwerfen, um visuell festzustellen, wo er getestet werden kann; an dieser Stelle passiert es leicht, dass man die Lösung vor den Tests schreibt. In Paaren zu arbeiten, um das Design zu diskutieren, kann den Entwicklern beim Einstieg in TDD helfen.

Falls ein Entwickler im Team nicht dazu zu bewegen ist, die Tests zuerst zu schreiben, er aber trotzdem automatisierte Tests schreiben würde, dann schlagen Sie dem Team vor, dies zur Probe eine Zeit lang zu erlauben. Solange die automatisierten Tests dieses Entwicklers eine ähnliche Testabdeckung wie der Rest des Teams erreichen, ist es in Ordnung, nachträglich zu testen. Achten Sie darauf, ob diese Methode Probleme für andere Teammitglieder verursacht und sprechen Sie dies in der Retrospektive an.

**Jeder arbeitet in seinem eigenen Zweig**
Es gibt viele unterschiedliche Verzweigungsstrategien. Arbeiten alle in ihrem jeweils eigenen Zweig, ist dies jedoch nicht kompatibel mit der Continuous Integration. Manche Teams arbeiten so, damit die Entwickler einander beim Arbeiten nicht stören.

Dies verursacht ein Problem, weil jede Integration sehr zeitaufwendig sein kann und oft Missverständnisse im Team auftreten, weil die Entwickler isoliert arbeiten. Jede Integration birgt außerdem das Risiko, dass fremder Code beschädigt wird und Defekte auftreten. Der ganze Sinn der CI besteht darin, dass kleine, häufig durchgeführte Integrationen schnell und problemlos erfolgen und die Entwickler aufeinander abgestimmt bleiben.

Falls Sie merken, dass das Team die Integration verzögert, dann sollten Sie die Probleme besprechen, die dies im Team verursachen kann. Ermuntern Sie das Team, CI für einige Wochen auszuprobieren und dies in der Teamretrospektive auszuwerten.

## 10.5 Checkliste

- Lassen Sie dem Team viel Zeit für den Übergang zu einer testgetriebenen Entwicklung. Es bedeutet eine große Änderung für das Team, die kaum in einem Rutsch erfolgen kann. Wählen Sie für den Wechsel zu TDD einen iterativen Ansatz. Verbringen Sie Zeit mit dem Team, um zu verstehen, welches die Blockaden sind und wenden Sie dann den PrOpER-Zyklus an.
- Ein völlig neues Projekt kann damit beginnen, dass zuerst Tests geschrieben werden. Wenn das Team jedoch Tests für bestehenden Code nachrüsten muss, braucht es Zeit um zu ermitteln, wo es beginnen sollte. Das Team kann anfangs nachträglich einige automatisierte Tests pro Tag oder Woche schreiben (anstatt zuerst die Tests zu entwickeln), bis es weiß, wie es den bereits vorhandenen Code zu testen hat.
- Das ganze Team muss den Ansatz tragen; alle Entwickler müssen schließlich Tests schreiben und ausführen, damit TDD funktioniert. Sorgen Sie dafür, dass das Team weiß, welche Probleme mit TDD gelöst werden.
- Planen Sie Zeit ein, damit das Team das Schreiben der automatisierten Tests lernen kann. Unterstützen Sie das Team, indem Sie Schulungen und Coding-Dojos organisieren.

## 10.5 – Checkliste

- Holen Sie das Team zusammen, um zu einer gemeinsamen Teststrategie zu gelangen. Modultests in der mittleren Ebene sind normalerweise eine sichere Bank. Vergessen Sie nicht die Übereinkunft über die Grundlagen der automatisierten Tests, etwa wo die Tests gespeichert und wie sie ausgeführt werden. Werten Sie die Teststrategie mit dem Team aus, damit Sie wissen, wohin es als Nächstes gehen soll.
- Continuous Integration ist eine Haltung, kein Haufen Werkzeuge. Schlagen Sie dem Team vor, mit einem synchronen CI-Prozess zu beginnen, bevor es einen Build Server einsetzt.
- Wenn das Team einen CI-Server verwendet, erleichtern Sie es dem Team, die Verantwortung für das Reparieren defekter Tests zu übernehmen. Machen Sie den Build-Status für das ganze Team erkennbar und vergraben Sie diese Information nicht in einer E-Mail.
- Achten Sie auf langsam laufende Tests. Ermutigen Sie das Team, Zeit einzuplanen, um seine Build-Skripte sowie seine Infrastruktur zu verbessern. Die Testabdeckung hilft dem Team zu verstehen, wie gut es arbeitet.

| KAPITEL 11 |

# Sauberer Code

*Verbessern Sie täglich das Softwaredesign.* Führungsprinzip

Wenn man ein Haus hat, ist es natürlich wichtig, es immer aufzuräumen und sauber zu halten, da es ansonsten mit der Zeit unmöglich wird, darin zu leben. Das gilt auch für Code: Wenn das Team sich keine Zeit nimmt, um den Code sauber zu halten, wird er unordentlich und instabil, was ihn auf die Dauer verlangsamt. Als Coach müssen Sie dem Team zeigen, wie es den Code die ganze Zeit sauber, getestet und integriert hält.

Schauen wir uns an, wie Sie sauberen Code für das Team in den Mittelpunkt stellen und die Leute auf agile Praktiken wie inkrementelles Design, gemeinsamen Besitz des Codes und Pair Programming einstimmen können. Wir verraten außerdem einige Tipps, wie Sie Probleme aufstöbern und lösen, die das Team daran hindern, zusammenzuarbeiten, um sauberen Code herzustellen.

## 11.1  Inkrementelles Design

*Inkrementelles Design* bedeutet ganz einfach, dass man sich Zeit nimmt, um das Design der Software in kleinen Schritten zu verbessern. Diese Designverbesserung wird zu einem Bestandteil der täglichen Routine der Entwickler. Sie ist in jeder User Story enthalten und wird nicht auf einen späteren Zeitpunkt verschoben. Wenn die Entwickler auf diese Weise arbeiten, denken sie beim Schreiben der Tests, beim Implementieren des Codes, um diese Tests zu bestehen, sowie vor dem Einchecken ihres Codes an das Design der Software.

Es kann sich jedoch als eine Herausforderung darstellen, den Schritt vom Design, das im Voraus fertig ist, zum inkrementellen Design zu gehen. Helfen Sie dem Team dabei, den richtigen Ausgleich zwischen der Zeit für das Softwaredesign und der Zeit für das Implementieren von Code für noch mehr User Stories zu finden.

**Die Analysestarre überwinden**

Oft bleiben Teams am Anfang eines Projekts in einer Art Analysestarre hängen. Helfen Sie ihnen, wenn sie zu viel Zeit damit verbringen, über das Design nachzudenken, anstatt funktionierende Software herzustellen.

Versuchen Sie zu erkennen, was ihr Vorankommen behindert. Wollen sie etwa das korrekte Design für alle künftigen Anforderungen ausarbeiten? Fürchten sie, dass Entscheidungen, die sie jetzt treffen, später nicht mehr zurückgenommen werden können? Erinnern Sie sie daran, dass sie keine Kristallkugel haben, um alle neuen Anforderungen vorherzusehen, die während eines Projekts auf sie zukommen könnten. Weitere Diskussionen werden die richtigen Antworten sicher nicht bringen, während sie andererseits die Korrektheit ihrer Ideen beweisen können, indem sie sie implementieren.

Ermuntern Sie das Team, für *jetzt* zu entwerfen und das Design so einfach zu halten, wie das für die momentanen Bedürfnisse möglich ist. Natürlich sollen die Teams nicht absichtlich kurzsichtig sein – das Team sollte die kommenden User Stories durchaus berücksichtigen, wenn es seine Designentscheidungen trifft. Weisen Sie die Entwickler darauf hin, dass sich das Design beim Überarbeiten oft noch verbessert. Immer wenn das Design überarbeitet wird, wird es verfeinert und vielseitiger.

**Einigen Sie sich über den weiteren Weg**
Auch Uneinigkeit im Team über die architektonischen Aspekte des Designs können das Team behindern. Solche Konflikte treten häufig dann auf, wenn es einen Machtkampf zwischen Entwicklern mit unterschiedlichen Kompetenzen im Team gibt. Eine häufig geführte Debatte dreht sich darum, wie viel Logik in das Front-End, in die Middleware oder die gespeicherten Prozeduren gelegt werden soll. Das Team kommt nicht voran, weil es nicht weiß, wie es diese Meinungsverschiedenheit beilegen soll.

Falls das Team in eine Sackgasse gerät, führen Sie einen Team Workshop durch, auf dem Sie die Pros und Kontras der verschiedenen Designoptionen besprechen. Laden Sie nach Möglichkeit einen externen Experten zu dem Workshop ein, der eine unabhängige Sicht auf die Dinge einbringt. Sorgen Sie dafür, dass alle Alternativen gleich lange und intensiv diskutiert werden. Schlagen Sie vor, alle Designs auf das Whiteboard zu schreiben. Dies hilft dabei, die Debatte aus dem persönlichen Bereich heraus auf die Sachfragen zu lenken. Ermutigen Sie das Team, ein Design auszuwählen, um es in der nächsten Iteration zu befolgen, und lassen Sie die Angelegenheit in der nächsten Retrospektive noch einmal Revue passieren. Falls Sie sich Sorgen machen, dass der Druck im Team negative Auswirkungen hat, dann schlagen Sie vor, diese Wahl in einer anonymen Abstimmung zu treffen.

**Zeit für das Design einplanen**
Viel öfter als eine Analysestarre begegnet uns bei Teams das genau entgegengesetzte Problem: Sie wenden nicht genügend Zeit für das Design auf. Entwickler sind versucht, beim Design zu sparen, weil das Softwaredesign von außen nicht sichtbar ist, der Kunde es also auch nicht sieht. Wenn Entwickler unter Druck sind, schreiben sie häufig einfach so ihren Code, ohne das Design gesondert zu planen. Da sie den Designschritt sparen, können sie auf kurze Sicht schnel-

ler mit ihren User Stories fertig werden. Allerdings wird der Code schwerer verständlich und kann nicht ohne Probleme geändert werden, was im Gegenzug das gesamte Team herunterbremst und in schlimmen Fällen dazu führt, dass man die komplette Codebasis wegwerfen muss.

Helfen Sie dem Team, das Design im Auge zu behalten, wenn es die User Stories implementiert. Erinnern Sie es daran, dass es in seinen Schätzungen Zeit für die Designdiskussionen und die Strukturverbesserungen einplanen muss. Dazu reicht es nicht, in jede Story eine Designaufgabe einzufügen – das Design ist keine separate Aufgabe, die man irgendwann abhaken kann. Das Design muss zu einem integralen Bestandteil der Codeentwicklung werden. Wenn einige Stories weitere Designdiskussionen erfordern, heften Sie eine entsprechende Karte an das Teamboard, um daran zu erinnern.

Sie können das Team außerdem bei seinem Streben nach sauberem Code unterstützen, indem Sie eine Kontrolle des Designs in die Definition des Teams von »fertig« aufnehmen. Man könnte z.B. eine Vereinbarung treffen, dass sich ein anderer Entwickler den Code genau anschauen soll, bevor er eingecheckt wird, um sicherzustellen, dass der Code (und die Unit Tests) von wenigstens einem anderen Teammitglied verstanden wurden. Oder man entscheidet sich dafür, den Code in Form eines Pair Programming zu implementieren, so dass der gesamte Code von zwei Entwicklern geschrieben wird, die als Paar zusammenarbeiten.

Besorgen Sie sich ein Whiteboard, um das sich das Team für seine informellen Designdiskussionen versammeln kann. Dieses Board muss sich dort befinden, wo die Entwickler arbeiten, und nicht in einem Besprechungsraum. Wenn ein Entwickler etwas erklären möchte, kann er einen Stift nehmen und seine Ansichten skizzieren. Erleichtern Sie dem Team den Gebrauch des Whiteboards, indem Sie selbst es ebenfalls benutzen.

Wenn die Teammitglieder einem inkrementellen Designansatz folgen, achten Sie während der Entwicklung der einzelnen Stories besonders auf das Design des Codes. Sie reden über das Design, bevor sie den Code implementieren und säubern das Design immer wieder. Es ist jedoch ganz hilfreich, wenn man Designänderungen in kleinen Schritten vornimmt, anstatt zu viele Dinge auf einmal zu ändern. Ermutigen Sie das Team, dazu ein Refactoring (Strukturverbesserung) in Form kleiner Änderungen vorzunehmen.

**Refactoring**

Das *Refactoring* ist ein Vorgang, bei dem das Softwaredesign verbessert wird, ohne dass man das Verhalten der Software ändert. Es erfolgt in winzigen Schritten, indem man eine kleine Verbesserung nach der anderen anbringt, wie etwa *Feld umbenennen* oder *Methode extrahieren*. Nach jedem Refactoring müssen Tests durchgeführt werden, um zu überprüfen, ob sie immer noch bestanden werden. Werden sie bestanden, sollte es möglich sein, den Code einzuchecken. Unser bevorzugter Leitfaden zum Refactoring ist Bill Wakes *Refactoring Workbook* [Wak04], weil er Übungen enthält, die Sie mit dem Team durchexerzieren können.

Das Refactoring erleichtert die Pflege des Codes auf zwei Arten:

**Verbesserung der Lesbarkeit** durch Umstrukturierung und Umbenennung des Codes;

**Verringerung redundanten Codes** durch Zusammenlegung und Löschung unbenutzten Codes.

**Lesbarer Code**

Das Team muss Code schreiben, der von jedermann im Team leicht verstanden werden kann und für alle, die den Code in den kommenden Jahren pflegen müssen, selbsterklärend ist. Wie Kent Beck in *Implementation Patterns* [Bec07] sagt: »Es hat nichts mit Zauberei zu tun, wenn man Code schreibt, den andere Leute lesen können. Es

> **Dem Kunden das Refactoring erklären**
>
> Ein Team muss seinem Kunden möglicherweise nie erklären, was Refactoring ist, wenn es es schafft, kleinere Umstrukturierungen in seine jeweiligen Stories aufzunehmen. Oft jedoch erwähnen Entwickler beim täglichen Standup Gelegenheiten für ein Refactoring und in der Folge tauchen am Teamboard entsprechende Aufgabenkarten auf. Das wird den Kunden natürlich neugierig machen und, falls das Refactoring dann zu einer Designverbesserung erklärt wird, klingt es wie eine optionale »nett zu haben«-Aktivität.
>
> Wir haben festgestellt, dass es hilft, wenn man es mit einer Analogie erklärt. Refactoring ist wie Saubermachen im eigenen Zuhause. Würde ich jedes Mal, wenn ich vom Einkaufen oder von einer Dienstreise nach Hause komme, meinen Kram einfach fallen lassen, ohne ihn wegzuräumen, dann würde mein Haus schnell wie eine Müllhalde aussehen. Nichts wäre mehr zu finden. Vielleicht kaufe ich sogar Sachen neu, obwohl ich weiß, dass ich sie irgendwo schon habe. Es wird schwieriger, sich im Haus zu bewegen – überall stehen Haufen herum! Ich mache vielleicht sogar etwas kaputt, weil irgendwelcher anderer Kram obendrauf liegt.
>
> Refactoring ist ein notwendiger Akt, bei dem Code an die richtige Stelle geräumt wird, wo andere Entwickler ihn schnell und einfach finden können. Code bleibt organisiert und ordentlich. Entwickler müssen sich dieser Aufgabe unterziehen, weil es sonst passieren kann, dass der gleiche Code an mehreren Stellen auftaucht, wodurch sich die Pflege des Codes erschwert. Beim Refactoring geht es nicht um die ästhetische Organisation des Codes, also nicht

ist wie immer beim Schreiben – lernen Sie Ihr Publikum kennen, überlegen Sie sich eine klare Gesamtstruktur, drücken Sie die Details so aus, dass sie die Story bereichern.«

Beck führt weiterhin aus, dass der wesentliche Schritt des Kommunizierens durch Code darin besteht, dass man sich bewusst dafür entscheidet, sich um die Bedürfnisse anderer Leute zu kümmern.

Helfen Sie den Entwicklern im Team zu erkennen, wie wichtig es ist, für jemand anders zu schreiben, der den Code liest. Es hilft, wenn man den gemeinsamen Codebesitz praktiziert, indem man allen Teammitgliedern Code präsentiert, den sie selbst nicht geschrieben haben. Wenn sie sich über die Art und Weise beschweren, wie jemand Code geschrieben hat, werden sie sich vermutlich bewusst, dass sie selbst sauberen Code erstellen müssen. Das Pair Programming geht noch einen Schritt weiter, indem sie die Entwickler direkt dem Programmierstil eines anderen aussetzt, so dass sie einen Sinn für das Denken hinter dem Code bekommen und die Chance ergreifen können, einzugreifen und die Teamkollegen bessere Ausdrucksmöglichkeiten zu lehren.

Wir empfehlen Ihnen, sich die Zeit zu nehmen, um den Code anzuschauen und ein Gefühl dafür zu entwickeln, wie das Team mit dem Softwaredesign zurechtkommt. Das könnte Bereiche aufdecken, in denen das Team weiteres Training benötigt, etwa schlechtes Design oder falsche Vorstellungen für die Anforderungen. Sie finden vielleicht sogar Kommentare im Code, die Ihnen Hinweise liefern, dass es Unstimmigkeiten über das Design gibt und mit deren Hilfe Sie Probleme aufdecken, die im Team noch nicht gelöst wurden.

**Verräterische Kommentare**
*von Rachel*

Ich habe bemerkt, dass das Gemecker der Entwickler manchmal in den Kommentaren enthüllt wird, was zu ganz nützlichen Einsichten führen kann. Hier ein Beispiel aus einem Projekt, an dem ich gearbeitet habe:

/*Idealerweise würde dies als Teil einer Lazy-Load-Implementierung auf der Referenz-Get-Methode der einzelnen Business-Objekte erledigt werden. Ich würde dann das DAO benutzen, um die Objekte zu suchen, die es besitzt, wobei im Prinzip eine manuelle Version der Container Managed Relations (CMR) in der Entity-EJB-Welt implementiert werden würde. Dank unserer unkonventionellen Methode des Aufrechterhaltens der Datenbankverbindung und der Übergabe von der obersten Sitzungsebene hinunter an die DAOs ist das allerdings unmöglich. Daraus folgt, dass die einzige Möglichkeit, ein komplettes Teilobjekt mit all seinen Kindern herzustellen, darin besteht, das Objekt hier manuell aufzubauen. Wirklich hässlich, völlig gegen den Gedanken eines DAO-Entwurfsmusters und der Trennung der Serviceebene und absolut schlecht zu pflegen. */

Dieser Kommentar verriet mir, dass es wenigstens einen Entwickler im Team gab, der sich um die Integrität des Designs sorgte, aber das Gefühl hatte, auf verlorenem Posten zu stehen. Ich begann, mit diesem Entwickler zusammenzuarbeiten, um die dringend benötigte Umstrukturierung der verworrenen Abhängigkeiten gegenüber seinem Manager mit der Begründung zu rechtfertigen, dass dies eine Hürde für die Unit Tests darstellte.

## Liz sagt ...

### Keine Kommentare

Ermutigen Sie das Team, auf das Schreiben von Kommentaren zu verzichten; sie verstopfen den Code und sind möglicherweise gar nicht korrekt. Guter Code ist sauber und klar und benötigt keine Kommentare. Wenn Sie im Code viele Kommentare vorfinden oder hören, dass die Entwickler den Code erklären, dann ist vermutlich eine Umstrukturierung erforderlich.

### Werkzeuge für das Refactoring

Werkzeuge können dem Team helfen, beim inkrementellen Design zu bleiben, indem sie Designverbesserungen erleichtern. Eine automatisierte Unterstützung für gebräuchliche Umstrukturierungen (die von Werkzeugen wie ReSharper für C# oder Eclipse für Java geboten wird) erlaubt es einem, Änderungen am Design schneller und mit weniger Fehlern durchzuführen. Trainieren Sie das Team darin, sich die Entwicklungsumgebungen wirklich zunutze zu machen. Es reicht nicht, einfach Refactoring-Werkzeuge zu installieren, die Entwickler müssen auch wissen, wie und wann sie sie benutzen sollen. Falls einige Teammitglieder ihre Werkzeuge bereits kennen, dann greifen Sie auf das Pair Programming zurück, um diese Kenntnisse weiterzugeben. Ist Refactoring für alle neu, dann planen Sie Zeit zum Lernen ein. Sie sollten das Team ermuntern, ein Coding-Dojo durchzuführen (siehe Kapitel 10), damit es lernt, über das Design seines Codes und über Tests zu reden.

## 11.2 Gemeinsamer Codebesitz

Bitten Sie das Team, *gemeinsamen Codebesitz* auszuprobieren, bei dem jedes Teammitglied jedes beliebige Stück Code bearbeiten darf. Ein Entwickler kann nun an der nächsten Story arbeiten, ohne warten zu müssen, bis die Person, die den Code geschrieben hat, verfügbar ist.

Teamzusammenarbeit spielt eine große Rolle beim gemeinsamen Codebesitz. Ohne einen gewissen Grad an Zusammenarbeit könnten Entwickler einander entgegenarbeiten, ohne es zu merken. Achten Sie auf das Niveau der Gespräche zwischen den Entwicklern im Team. Wenn sie nicht miteinander reden, dann könnte dies darauf hindeuten, dass ihre Arbeit auseinanderdriftet. Im Code könnten sich Kämpfe abspielen, ohne dass darüber geredet wird; Entwickler schreiben Code nach ihrem eigenen Geschmack um und das Ergebnis sieht aus wie eine Flickendecke. Ihre Herausforderung besteht darin, die Kräfte des »Teams« wieder zu vereinen, damit es wirklich zusammenwirkt und niemand im Stillen leidet.

### Programmierstil

Gemeinsamer Codebesitz lässt sich leichter einführen, wenn das Team beim Design und der Programmierung einen konsistenten Ansatz verfolgt. Wir reden nicht davon, dass ein offizielles Dokument über die Programmierstandards geschaffen werden muss. Das Team sollte sich einfach einen »Hausstil« zulegen, dem alle zustimmen.

Holen Sie das Team zusammen, um sich auf einen Programmierstil zu einigen. Eine solche Debatte ist nicht unbedingt einfach. Es gibt keine richtige Antwort, welcher Stil denn nun der beste ist und oft haben Entwickler exakte Vorstellungen in Bezug auf das Codelayout, die darauf basieren, wie sie das Programmieren gelernt haben. Dennoch lohnt es sich, einen Stil durchzusetzen, da der Code anschließend besser lesbar ist und weniger Zeit damit verschwendet wird, den Code an den persönlichen Geschmack anzupassen. Ermitteln Sie mithilfe der Gradients of Agreement (Abschnitt 2.4), ob Sie Konsens über eine der vorgeschlagenen Methoden erzielen können. Oder einfacher: Lassen Sie das Team mit dem Daumen »abstimmen« – wie in unserer Geschichte.

### Das Team stimmt Programmierrichtlinien zu

Das Team hat sich in seinem Arbeitsraum um das neue Whiteboard herum versammelt. Joe steht auf und räuspert sich. »Okay, ich habe dieses Meeting einberufen, damit wir anfangen können, unseren Code aufzuräumen.«

Er geht an das Whiteboard und nimmt sich einen Marker. »Wir wollen uns zuerst auf einige Stilrichtlinien einigen, die wir künftig befolgen wollen.«

Damian rollt mit den Augen. »Haben wir nichts Besseres zu tun, als darüber zu reden, wo wir die geschweiften Klammern setzen wollen?«

Joe ermahnt das Team: »Wir haben in unserer letzten Retrospektive darüber gesprochen, dass wir den Code aufräumen müssen. Wir müssen hier zusammenarbeiten oder der neue Code wird so übel wie PLib.«

Joe schaut erwartungsvoll in die Runde. »Hat irgendjemand eine Richtlinie, die für uns sinnvoll ist?«

Larry starrt aus dem Fenster, unter seinen Augen sind dunkle Ringe zu sehen. Joe ruft zu ihm herüber: »Larry, bist du noch bei uns?«

## 11.2 – Gemeinsamer Codebesitz

Larry konzentriert sich wieder. »Sicher. Ich hätte es ganz gern, wenn wir uns über das Benennen der Tests Gedanken machen. Manche beginnen mit »Test«, andere enden mit »Test« – das kommt mir ziemlich willkürlich vor. Mir persönlich ist es egal, aber die Tests wären einfacher zu finden, wenn wir uns auf eine Form einigen könnten.«

Damian sieht überrascht aus. »Stimmt! Das erscheint mir auch sinnvoll.«

»Irgendwelche Einwände?«, fragt Joe, während er auf das Whiteboard schreibt *Ab sofort nennen wir unsere Testklassen Testxxx und nicht mehr xxxTest.* »Okay, machen wir eine Daumenabstimmung.«

Damian sagt: »Das ist ein Kinderspiel!« und hält seinen Daumen hoch.

Larry und Joe halten ebenfalls ihre Daumen hoch. Damian schaut zu Rebecca. »Ist das für dich auch okay?« Sie nickt und hält ihren Daumen hoch.

Dann platzt es aus ihr heraus: »Wie wäre es mit einer Richtlinie, alle unsere Funktionen wirklich kurz zu fassen? Damit könnten wir sicherstellen, dass jede Funktion wirklich nur eine Sache macht. Ihr wisst schon, so wie Bob Martin das in seinem Buch *Clean Code* [Mar08] sagt.«

Damian lehnt sich in seinem Stuhl zurück und kaut an seinem Stift. »Das klingt gut, aber ich halte meinen Daumen mal zur Seite, bis ich weiß, was genau du mit »kurz« meinst.«

Rebecca denkt einen Augenblick nach und sagt dann: »Im College hat man uns erzählt, dass eine Funktion nicht mehr Platz einnehmen sollte, als ich auf dem Bildschirm sehen kann. Allerdings haben wir große Monitore. Ich glaube, wir sollten sie kleiner machen als das, damit sie wirklich immer nur eine Sache machen.«

Joe schnappt sich wieder den Marker. »Vielleicht können wir uns ja auf eine bestimmte Anzahl Codezeilen einigen?«

Rebecca kratzt sich am Kinn und schlägt dann vor: »Wie wäre es, wenn wir sagen, dass unsere Funktionen nicht länger als zehn Zeilen sein sollen?«

Damian runzelt die Stirn. »Ich bin mir nicht sicher. Denkt daran, wir haben noch alten PLib-Code mit einigen wirklich langen Funktionen.«

Larry nickt. »Einige von denen sind mehr als 200 Zeilen lang und es ist wirklich schwer festzustellen, was sie tun, ohne sie auszudrucken, weil sie nicht auf den Bildschirm passen.«

»Ich habe einen Vorschlag für euch«, sagt Joe, während er Folgendes an das Whiteboard schreibt: *Alle NEUEN Funktionen sollten weniger als zehn Zeilen lang sein.* »Klingt das okay?« Alle heben ihre Daumen.

Damian lehnt sich nach vorn. »Wir könnten das sogar mit unserem statischen Analyse-Toolkit messen. Dann würden wir sehen, ob diese Programmierstandards es wirklich bringen. Wenn wir sie befolgen, sollte die Anzahl der langen Funktionen von Woche zu Woche weniger werden, und das könnten wir aufzeichnen.«

»Würdest du das einrichten?«, fragt Joe.

Damian nimmt eine Karteikarte und schreibt eine Aufgabe für das Teamboard. »Sicher! Ich würde mal ein bisschen herumsuchen, um zu schauen, was wir dafür benutzen können. Vielleicht kriegen wir das sogar in unseren CI-Build gehängt.«

»Ich würde die Statistiken so lange ausdrucken und ans Teamboard hängen, bis du den CI-Build hinbekommen hast«, fügt Rebecca hinzu.

Sobald das Team seine neuen Programmierrichtlinien hat, regen Sie es dazu an, darüber zu reden, ob es wichtig ist, zu messen, wie gut diese sich an irgendwelchen selbstgewählten Benchmarks machen.

In unserem Beispiel plant das Team, mit einem statischen Analysewerkzeug zu messen, wie viele Funktionen mehr als zehn Codezeilen haben. Passen Sie jedoch auf – wenn man zu viele Daten generiert, entsteht möglicherweise einfach nur Rauschen. Das Team muss sich darüber klar werden, was es mit diesen neuen Informationen anfangen möchte. Es kann die Ergebnisse in ein Diagramm zeichnen und entweder an das Teamboard hängen oder dynamisch auf dem Build-Monitor aktualisieren.

Indem die Ergebnisse sichtbar bleiben, werden alle an die Vereinbarung erinnert und sehen außerdem, ob sie sie einhalten. Nach einigen Wochen oder Monaten sollte das Team merken, dass es sich verbessert hat und nicht mehr aufzeichnen muss, wie viele lange Funktionen es gibt. Sollte der Trend allerdings nicht so ausfallen, wie erwartet, muss das Team herausfinden, woran das liegt. Die Retrospektive ist ein guter Zeitpunkt, um dies zu diskutieren.

**Mit Spezialisten arbeiten**

Es mag zwar so aussehen, als wäre der schwierigste Teil bei der Übernahme des gemeinsamen Codebesitzes das Erzielen einer Übereinkunft über den Programmierstil, dennoch ist es viel schwieriger, die Entwickler davon abzubringen, sich zu spezialisieren, indem sie immer die Teile der Codebasis herauspicken, die sie als ihre eigenen betrachten. Für jemanden, der an einem Modul gearbeitet hat, ist es einfacher, irgendwelche Bugs zu beheben und derjenige zu sein, der neue Funktionen hinzufügt, allerdings kann dies zu Engpässen in der zeitlichen Planung führen.

Durch die Spezialisierung ist es für das Team auch nicht mehr unbedingt nötig, über das Design zu reden und um Hilfe zu bitten, wenn man nicht weiterkommt. Sie werden merken, dass die Entwickler nicht viel miteinander reden, wenn sie sich auf diese Weise spezialisieren. Pair Programming hilft Ihnen, dies zu vermeiden. Manche der Teams, mit denen wir gearbeitet haben, hatten die einfache Regel, dass jeden Tag eine Person aus jedem Paar ausgetauscht werden muss. Dies regt die einzelnen Teammitglieder an, zwischen den User Stories zu wechseln, anstatt immer bei derselben Story zu bleiben.

**Kaputte Fenster reparieren**

Achten Sie darauf, dass der gemeinsame Codebesitz die Entwickler nicht veranlasst, die Verantwortung für den Code von sich zu weisen. In *The Pragmatic Programmer* [HT00] reden Andy Hunt und Dave Thomas über die »Kaputte Fenster«-Theorie. Kleine Anzeichen, dass sich niemand um den Code kümmert, können zu größeren Verstößen führen.

> **Rachel sagt ...**
>
> **Erlaubnis, sich um den Code zu kümmern**
>
> Die meisten Softwareentwickler schreiben wahnsinnig gerne Code, viele allerdings werden völlig von dem überflüssigen Kram in Anspruch genommen, der die vorhandene Codebasis verstopft, an der sie arbeiten. Versuchen Sie, die persönliche Begeisterung Ihrer Entwickler für den Code wieder aufleben zu lassen, damit sie wieder Stolz auf ihre Arbeit empfinden. Sie haben wieder Freude an der Programmierung, was sollte sie aufhalten?
>
> Ein Teil des Problems könnte Selbstzensur sein. Ein Entwickler nimmt vielleicht an, dass ihm keine Zeit zugestanden wird, um Dinge zu verbessern, so dass er nicht einmal erklärt, was seiner Meinung nach getan werden müsste, um die Arbeit ordentlich zu erledigen. Er stellt die kurzfristigen Anforderungen des Unternehmens über sein eigenes professionelles Urteil.
>
> Möglicherweise befürchtet er, dass seine Meinung nicht respektiert wird und dass es schwierig wird, den Nutzen zu bemessen. Indem man das Team während der Planung zusammenholt, um die Aufgaben und Kalkulationen zu diskutieren, macht man das Ganze zu einer Teamentscheidung, und nicht zu einer persönlichen. Wenn die Teammitglieder ihre Kräfte bündeln und zusammenarbeiten, anstatt allein zu kämpfen, können sie es schaffen.

Versuchen Sie, den PrOpER-Coaching-Zyklus anzuwenden, über den wir gesprochen haben (siehe Abschnitt 1.4). Fragen Sie die Entwickler, was sie am Code am meisten stört. Unter Umständen müssen Sie Einzelgespräche führen, um tatsächlich bis zum Kern des Problems vorzudringen. Möglicherweise gibt es einen bestimmten Codebereich, der besonders schlecht ist oder es gibt im Team Unstimmigkeiten über einen bestimmten Punkt des Designs. Wenn das Team an einer alten, vollgemüllten Codebasis arbeitet, ist es vielleicht einfach überfordert von der Aufgabe, sie aufzuräumen. Helfen Sie dem Team, einen Plan zum Renovieren des Codes aufzustellen. Es reicht eventuell schon, das Problem zu erkennen und es in handliche Stücke zu zerlegen, um Entwickler, die bereits aufgegeben hatten, wieder ins Boot zu holen.

## 11.3 Pair Programming

Pair Programming bedeutet, dass zwei Leute zusammenarbeiten – am selben Computer und am selben Problem. Beide Personen spielen eine aktive Rolle beim Entwickeln der Software; die Person, die aktiv tippt, ist der *Driver*, der Partner wird als *Navigator* bezeichnet und überlegt sich die nächsten Schritte bzw. achtet auf potenzielle Fallstricke. Die Partner wechseln sich laufend in diesen Rollen ab.

Falls Sie versuchen, das Team davon zu überzeugen, das Pair Programming auszuprobieren, dann berichten Sie von den Vorteilen, die dieser Ansatz mit sich bringt:

- Die Qualität des Codes steigt, weil er ständig überwacht wird.
- Im Team verbreiten sich gute Praktiken.
- Die Entwickler werden weniger unterbrochen, weil man dazu neigt, Leute, die zusammenarbeiten, nicht zu stören.
- Jeder Teil des Codes ist mehr als einem Entwickler bekannt.
- Es wird ein einheitlicher Programmierstil durchgesetzt, wodurch sich die Zusammenarbeit erleichtert.
- Der Zusammenhalt im Team verbessert sich, weil das Team voneinander lernt und Freude an der Zusammenarbeit hat.

Falls Sie selbst programmieren können, ist es sicher verlockend, den Entwicklern Vorschläge zu unterbreiten, wie sie den Code schreiben sollten. Seien Sie jedoch vorsichtig, weil Sie vielleicht Ihre Zeit verschwenden – die Entwickler werden Ihre Erfahrungen sicher ignorieren, wenn Sie nicht selbst in dem Projekt programmieren. Außerdem könnten sie der Meinung sein, dass Sie Ihre Kompetenz überschreiten und sich in ihre Arbeit einmischen, halten Sie sich deshalb mit Ratschlägen zurück. Dennoch eignet sich das Pair Programming prima, um einzelne Entwickler zu schulen. Hier einige Tipps, wie Sie Ihren eigenen Stil verbessern, falls Sie es noch nie im Training ausprobiert haben.

Wenn Sie als Driver agieren, dann sollten Sie den Code nicht einfach nur still eintippen. Demonstrieren Sie, dass ein wichtiger Aspekt des Pair Programmings darin besteht, zu erklären, warum Sie etwas tun. Wenn Ihr Partner die Tastatur hat, dann achten Sie darauf, dass Sie nicht als Besserwisser rüberkommen. Es gibt kaum etwas Schlimmeres, als mit jemandem zusammenzuarbeiten, der bei jedem Tippfehler aufspringt und ständig Tastenkürzel herausschreit.

Seien Sie offen für Vorschläge Ihres Partners, selbst wenn er ein Neuling ist. Es gibt ein Phänomen namens *Beginner's Mind* (Anfängergeist): Jemand mit einem unverbrauchten Blick sieht möglicherweise mehr Optionen als Sie. Das heißt, selbst wenn Sie eine sehr offensichtliche Lösung haben, sollten Sie sich darauf einlassen, die Lösung auszuprobieren, die Ihr Partner vorschlägt. Falls es nicht funktioniert, hat er etwas gelernt und falls es funktioniert, haben Sie etwas gelernt! In Arlo Belshees Artikel »Promiscuous Pairing and Beginner's Mind« (veröffentlicht in *Proceedings of the Agile 2005 Conference* [Belo5]) erfahren Sie mehr darüber.

Manchmal wird das Pair Programming nicht besonders gut durchgeführt, wenn z.B. eine Person die ganze Arbeit erledigt und die andere Person nur zuschaut. Sie sollten eine Interaktion zwischen den Partnern erkennen können. Eine effektive Paarung ist ein dynamischer Vorgang, bei dem die Tastatur oft und spontan zwischen den beiden hin- und hergeht. Auf YouTube gibt es einen Videoclip, *Real Programmers Use Sign Language*, der zeigt, dass zwei Programmierer bei dem Pair Programming mächtig herumfuchteln.[1]

---

[1] Siehe http://www.youtube.com/watch?v=nqYqQUfPCp8.

## Liz sagt ...

### Zwei Monitore

Es kann sehr unbequem sein, wenn zwei Leute sich einen Monitor teilen. Schließen Sie deshalb an denselben PC zwei Monitore, zwei Tastaturen und zwei Mäuse an (wie auf dem Foto zu sehen). Sorgen Sie dafür, dass beide Monitore den gleichen Code anzeigen. Dies erlaubt es zwei Leuten, als Paar zusammenzuarbeiten, ohne sich in die Quere zu kommen. Auch der Wechsel der Driver- und Navigator-Rollen wird dadurch erleichtert.

Ein Gefühl für die Interaktionen bei dem Pair Programming erhalten Sie außerdem, wenn Sie sich online verfügbare Sendungen von Partnersitzungen anschauen.[1]

Normalerweise sollte eine Person die Tastatur nicht länger als zehn Minuten haben. Führen Sie die Pingpong-Programmierung (siehe Kasten) ein, um das Team daran zu gewöhnen, innerhalb des Paars die Kontrolle abzugeben.

---

[1]. Siehe http://pairwith.us/.

Für Entwickler kann das Pair Programming zunächst frustrierend sein; oft bedeutet sie, dass man anhalten muss, um den Kollegen zu helfen, anstatt weiter Code herzustellen. Sie werden jedoch mit der Zeit merken, dass die Teammitglieder die jeweiligen Marotten des anderen kennenlernen und sich in der Folge wieder mehr auf die Aufgabe konzentrieren können, ohne sich am Stil des anderen zu stören. Der dabei entstehende Code wird deutlich besser lesbar sein als zuvor.

Denken Sie daran, dass das Pair Programming sehr intensiv ist; sie erfordert eine Menge Konzentration. Erinnern Sie das Team daran, dass es einmal pro Stunde eine Pause einlegen sollte. Manche Teams haben dafür einen Kurzzeitwecker, andere verwenden die Pomodoro-Technik, um die Paare zu ermutigen, Pausen zu machen (siehe Kasten).

Ermuntern Sie die Entwickler darüber hinaus, zwischen den Paaren zu wechseln. Der tägliche Standup bildet eine gute Gelegenheit für das Team, um darüber zu reden, ob für irgendwelche Aufgaben Paare gebildet werden sollten – und wer mit wem zusammenarbeiten könnte. Schlagen Sie vor, dass das Team eine Matrix (siehe Abschnitt 8.2) aufstellt, damit es sehen kann, ob die Paarungen der einzelnen Teammitglieder gleichmäßig verteilt sind.

## 11.4 Hindernisse

Folgende Hindernisse könnten Ihnen begegnen.

### Ein Entwickler mag das Pair Programming nicht

Wir stellen oft fest, dass einige Entwickler in einem Team das Pair Programming gut finden, während sie anderen gar nicht gefällt. Achten Sie auf Zeichen des Widerstands gegen das Pair Programming und versuchen Sie, die zugrunde liegenden Ursachen zu verstehen.

## 11.4 – Hindernisse

Ein häufig auftretender Grund ist, dass manche Entwickler nicht wissen, wie man das Pair Programming richtig durchführt. Wenn eine Person nur zuschaut, während die andere die ganze Arbeit erledigt, dann ist es keine Überraschung, dass es ihnen keinen Spaß macht. Erläutern Sie, wie die Interaktion bei dem Pair Programming vonstatten gehen sollte und ermutigen Sie die betreffenden Personen, es mit Pingpong-Programmierung zu versuchen.

---

**Pingpong-Programmierung**

Pingpong-Programmierung ist ein Ansatz für das Pair Programming, der sicherstellt, dass beide Mitglieder des Paares abwechselnd die Tastatur besetzen.[a]

- Der erste Entwickler schreibt einen fehlschlagenden Test und übergibt die Tastatur dann an seinen Partner.
- Der zweite Entwickler schreibt gerade so viel Code, dass der Test bestanden wird.
- Sie arbeiten dann zusammen, um den Code so umzustrukturieren, dass der Test bestanden wird.
- Dann kann der Zyklus erneut starten, indem die zweite Person einen neuen fehlschlagenden Test schreibt und die Tastatur wieder an die erste Person übergibt.

---

a. Siehe http://c2.com/cgi/wiki?PairProgrammingPingPongPattern.

Diskutieren Sie mit dem Team, wie viel Pair Programming seiner Meinung nach notwendig ist. Wann glauben die Leute, dass es angebracht ist – wann wird es erwartet und wann ist es optional? Halten sie eine Arbeitsvereinbarung für nötig? Manche Teams beschließen, beim gesamten Produktionscode Paare zu bilden, andere tun es nur bei schwierigen Problemen. Wenn die Entwickler keine Paare bilden wollen, sollte ihr Code wenigstens einer gewissen Überprüfung unterzogen werden.

**Ein Entwickler befolgt die Programmierpraktiken des Teams nicht**
Sie können einen Entwickler nicht zwingen, sich um die Codequalität zu kümmern. Als Coach haben Sie jedoch die Aufgabe, einzuschreiten, wenn ein Teammitglied die Vereinbarungen des Teams nicht einhält. So könnte es z.B. sein, dass ein Entwickler regelmäßig Code eincheckt, der nicht kompiliert, bevor er nach Hause geht, und er es somit den Teamkollegen überlässt, die Probleme zu lösen.

Wenn mangelnder Respekt vor den getroffenen Vereinbarungen das Team ärgert, dann reden Sie mit dem entsprechenden Entwickler über die möglichen Gründe. Vielleicht hat er die Vereinbarung vergessen oder nicht verstanden, welche Auswirkungen sie auf seine Arbeit hat. Wenn er sich der Vereinbarungen jedoch bewusst ist und sie absichtlich verletzt, dann könnte dies ein Zeichen dafür sein, dass er in einem anderen Team besser aufgehoben wäre.

Zwar könnte das ganze Team während der Retrospektive mit dem Entwickler sprechen, allerdings sollten Sie diese Situation vermeiden, da sie leicht in eine generelle Schuldzuweisung ausarten könnte.

**Lücken in den Programmiersprachen erzeugen eine Barriere für das Pair Programming**
Vielleicht arbeitet Ihr Team an einem mehrschichtigen System, bei dem die Front-, Middle- und Back-End-Techniken sehr verschieden sind. Die Entwickler im Team könnten die Lernkurve zu steil finden, um beim Programmieren von einer Ebene in die andere zu wechseln. In dieser Lage ist das Pair Programming nur zwischen den Entwicklern sinnvoll, die auch diese Sprache beherrschen. Es ist z.B. nicht sinnvoll, einen C++-Entwickler mit einem JavaScript-Entwickler zusammenzusetzen.

Pair Programming ist kein Ersatz für Training. Falls ein Entwickler aus dem Team C++ oder eine andere Sprache lernen muss, dann sollte er besser eine Schulung besuchen oder ein Buch zum Thema

> **Pomodoro-Technik**
>
> Bei der *Pomodoro*-Technik[a] handelt es sich um eine von Francesco Cirillo von XPLabs geschaffene Zeitmanagementtechnik, die dabei helfen soll, die Konzentration zu verbessern.
>
> Arbeiten Sie in Zeitfenstern von 25 Minuten, gefolgt von einer fünfminütigen Pause. Nach vier Zeitfenstern legen Sie eine längere Pause ein. Jeder dieser Zeiträume wird als »Pomodoro« bezeichnet (italienisch für »Tomate«), und zwar wegen des tomatenförmigen Kurzzeitweckers, der ursprünglich benutzt wurde.
>
> Zu Beginn des Pomodoro schalten Sie Ihr E-Mail-Programm, Ihr Instant-Messaging-Programm und Ihr Telefon aus. Stellen Sie auf dem Kurzzeitwecker 25 Minuten ein und arbeiten Sie. Tun Sie nichts anderes. Falls irgendjemand Sie unterbricht, sagen Sie ihm, dass Sie nach diesem Pomodoro wieder Zeit für ihn haben. Falls Ihre Gedanken abschweifen, notieren Sie sich den Gedanken und kehren Sie zu dem zurück, was Sie eigentlich tun sollen.
>
> Wenn der Wecker klingelt, machen Sie eine Pause. Machen Sie auf der Story-Karte oder in Ihrem Arbeitsbuch einen Strich und ruhen Sie sich einige Minuten aus.
>
> Legen Sie am Anfang des Tages zusammen mit dem Team fest, wie die Pomodoro-Zeitfenster genutzt werden sollen. Vermerken Sie am Ende, wie viele Pomodoro-Zeiträume für die einzelnen Aktivitäten eingesetzt wurden, um künftige Schätzungen zu verbessern.

a. Siehe http://www.pomodorotechnique.com/.

lesen, als es mit dem Pair Programming zu probieren. Achten Sie außerdem auf Entwickler, die sich Sorgen machen, dass ihr Spezialwissen abnimmt.

## 11.5 Checkliste

- Helfen Sie dem Team dabei, die zeitliche Balance zwischen dem Softwaredesign und dem Implementieren des Codes zu finden. Das Team muss sich darauf konzentrieren, die User Stories zu entwerfen, die es kennt, anstatt zu erraten, was der Kunde will.
- Erinnern Sie das Team daran, während des Planungsvorgangs Zeit für das inkrementelle Design vorzusehen. Gewöhnen Sie es daran, für Designdiskussionen ein Whiteboard im Arbeitsbereich zu benutzen.
- Ermutigen Sie das Team, das Softwaredesign schrittweise zu verbessern, indem es vor jedem Einchecken ein Refactoring (Umstrukturierung) vornimmt, anstatt technische Probleme anzuhäufen. Refactoring-Werkzeuge verringern die Hürden für Designverbesserungen. Sorgen Sie dafür, dass alle im Team wissen, wie man sie einsetzt.
- Holen Sie das gesamte Team zusammen, um sich auf einen Programmierstil zu einigen. Falls das Team kein Pair Programming durchführen möchte, dann empfehlen Sie, dass es zumindest die gegenseitige Begutachtung des Codes in seine Definition von »fertig« aufnimmt.
- Helfen Sie dem Team dabei, einen Plan zum Erneuern derjenigen Bereiche des Codes zu formulieren, deren Design nicht mehr dem gewünschten Standard entspricht. Durch das Reparieren »kaputter Fenster« kann das Team das Niveau seiner Software hochhalten.
- Nutzen Sie das Pair Programming, um zwei Köpfe auf schwierige Probleme anzusetzen und Wissen im Team zu verbreiten. Richten Sie den Arbeitsraum des Teams so ein, dass das Pair Programming bequem möglich ist, etwa indem Sie zwei Monitore auf einen Schreibtisch (und an einen Rechner) stellen.
- Führen Sie Pingpong-Programmierung ein, um die Paare zu ermutigen, zwischen den Rollen des Drivers und des Navigators zu wechseln. Achten Sie darauf, dass die Paare genügend Pausen machen und die Partner tauschen, anstatt Cliquen zu bilden.

Teil 4

# Auf Feedback achten

| KAPITEL 12 |

# Ergebnisse vorstellen

*Suchen Sie das Feedback des Kunden, um die Software zu verbessern. Führungsprinzip*

Falls Sie schon einmal im Rahmen eines Schulprojekts vor der ganzen Gruppe einen Vortrag halten mussten, wissen Sie, dass dies eine starke Motivation sein kann. Das gilt auch für agile Teams. Ein Demo-Meeting dient zum Vorstellen eines Produktes oder der Zwischenergebnisse der umgesetzten Funktionalitäten (und wird im Folgenden hier kurz Demo genannt). Eine kommende Demo motiviert die Teammitglieder, alles rechtzeitig fertig zu haben.

Überraschenderweise behandeln viele agile Teams das Demo-Meeting als optionales Extra. Das kann folgende Gründe haben:

**Es gibt nichts zu zeigen.** Das Team hat in seiner Iteration keine Software eingeplant, die vorgestellt werden könnte.

**Sofortige Veröffentlichung.** Das Team gibt die Software am Ende der Iteration frei, so dass eine Demo sinnlos wäre.

**Kunde im Team.** Das Team zeigt die Software während der Iteration dem Kunden, so dass eine Demo keinen zusätzlichen Nutzen bringen würde.

Diese Faktoren bilden gute Gründe, um das Format der Demo am Ende der Iteration zu ändern, allerdings glauben wir, dass man sie nicht komplett wegfallen lassen sollte. Die Iterationsdemo schafft Vertrauen und Berechenbarkeit zwischen dem Team und dem Unternehmen, verzichten Sie deshalb nicht darauf.

## 12.1 Die Demo vorbereiten

Denken Sie daran: Das Geheimnis eines erfolgreichen Meetings liegt in der Vorbereitung. Das gilt ganz besonders für die Iterationsdemo.

Den Samen für eine erfolgreiche Demo sät das Team bereits bei der Iterationsplanung. Ermutigen Sie das Team, bereits in diesem frühen Stadium festzustellen, wie es die User Stories den beteiligten Partnern zeigen kann. Falls dies schwierig ist, schlagen Sie als Kompromiss vor, dass wenigstens eine oder zwei User Stories vorgeführt werden.

### Wer an der Demo teilnimmt

Lassen Sie das ganze Team wissen, dass von allen erwartet wird, an der Demo teilzunehmen. Oft begegnen uns Manager, die befürchten, dass damit die Zeit des Teams verschwendet wird. Schützen Sie das Recht des Teams, seine eigene Arbeit zu präsentieren, da die Demo ansonsten nicht geeignet ist, das Team zu motivieren.

Die meisten Teams nutzen die Iterationsdemo außerdem als Gelegenheit, um dem Unternehmen zu zeigen, was sie geschaffen haben. Schlagen Sie vor, den Kunden entscheiden zu lassen, welche Geschäftspartner eingeladen werden sollen. Man könnte Vertreter aus den Verkaufs- und Marketingabteilungen oder Leute aus anderen technischen Teams, wie etwa Architekten, Sicherheitsexperten und Geschäftsleitung, hinzuziehen. Bitten Sie jemanden aus dem Team, etwa eine Woche vor der Demo Einladungen zu verschicken, damit die Teilnehmer sich die Zeit freihalten können.

## 12.1 – Die Demo vorbereiten

Es ist toll, wenn jemand aus der Geschäftsführung kommen kann, weil dies dem Team die Chance bietet, sich mit seiner Arbeit zu beweisen. Falls diese Person jedoch zum angesetzten Demotermin nicht kommen kann, dann warnen Sie das Team davor, die Iteration auszuweiten, nur um diesem leitenden Angestellten entgegenzukommen. Stattdessen sollte das Team einen anderen Termin anberaumen, damit er die neueste Version sehen kann.

Weisen Sie alle Geschäftspartner ein, die noch nie bei einer Demo waren – sie müssen verstehen, dass das Team einem iterativen Prozess folgt und dass das, was sie sehen, nicht das fertige Produkt ist.

### Die Reihenfolge des Ablaufs ausarbeiten

Am letzten Tag der Iteration muss das Team zusehen, dass es für das Demo-Meeting fertig wird. Erinnern Sie es während des täglichen Standups daran. Folgende Dinge kann es zur Vorbereitung tun:

- Klarstellen, welche Stories fertig sind und auf der Demo gezeigt werden können.
- Über eine Ablaufreihenfolge zum Präsentieren der Stories entscheiden.
- Übereinkommen, wer welche Stories präsentiert.
- Einen Durchlauf organisieren, um die Demo zu üben.

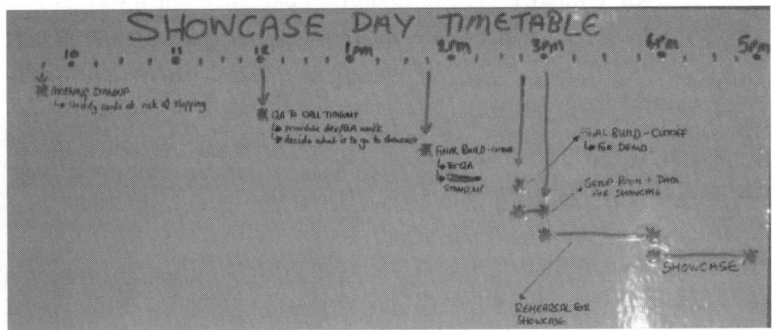

**Abbildung 12.1:** Zeitplan für den letzten Tag der Iteration

Manche Teams hängen sich auch einen Zeitplan in ihren Arbeitsraum, um sich daran zu erinnern, was zur Vorbereitung noch erledigt werden muss; siehe Abb. 12.1 (in dieser Organisation wird die Demo als *Showcase* bezeichnet).

Die folgende Geschichte verdeutlicht die typischen Gespräche, die am Tag der Demo geführt werden.

### Sich für die Demo fertig machen

Wir stoßen zum Team, als es sein tägliches Standup fast erledigt hat. Raj, der neue Projektmanager, hat eine Mitteilung für das Team: »Ich konnte unseren üblichen Raum für die Iterationsdemo nicht buchen. Wir sind deshalb oben im 11. Stock. Ich werde gleich im Anschluss hochgehen, um die Netzwerkverbindung zu überprüfen. Wir brauchen nur Zugang zum Jupiter über das Netzwerk, oder?«

»Wären wir in dem hübschen Aufenthaltsraum, dann wäre der Netzwerkanschluss kein Problem. Ich war dort letzte Woche zu einem Meeting mit der Geschäftsführung und wir konnten problemlos auf den Bug Tracker zugreifen«, sagt Damian, der sein Lieblings-Simpsons-T-Shirt trägt. »Wer bringt diese Woche die Donuts?«

»Ich bin dran, aber hast du was dagegen, wenn wir Obst nehmen?« Joe grinst und zeigt auf einen Beutel mit Äpfeln und Orangen unter seinem Schreibtisch.

»Prima!«, zwitschert Rebecca. »Zuckerfreie Snacks passen mir ganz gut! Ich trainiere für einen 10-km-Lauf nächsten Monat.«

»Danke, Joe«, sagt Raj, der auf seine Uhr schaut. »Kann ich jetzt mal hören, was wir vorführen wollen? Mark, der Verkaufsleiter, kommt diese Woche mit dazu, es sollte also professionell sein. Also, alle Stories auf dem Board in der Fertig-Spalte sind fertig, bis auf die ISBN-Suche, die noch in der Testphase steckt. Stimmt das?«, wendet er sich an Larry, den Tester, der schläfrig aussieht und Kaffee aus einer Star-Trek-Tasse schlürft.

»Oh, aber das ist auch fertig. Amanda und ich haben den Bug Fix gestern überprüft, ich habe nur vergessen, die Story in die Fertig-Spalte zu setzen.«

## 12.1 – Die Demo vorbereiten

»Großartig! Das klingt ja, als hätten wir es geschafft!«, sagt Raj, der nun endlich weitermachen möchte.

»Wie wäre es, wenn wir festlegen, wer was zeigt?«, fügt Joe hinzu.

»Ich habe an der ISBN-Suche gearbeitet, so dass es wohl sinnvoll wäre, wenn ich das zeige. Rebecca, ist das okay für dich, wenn du die anderen Stories vorgestellt?«

»Jo, ich glaube schon ...«, sagt Rebecca zweifelnd.

»Schau nicht so besorgt! Das ist doch ein Kinderspiel! Und Mark wird völlig aus dem Häuschen sein, wenn er das Buchkarussell sieht!«, setzt Joe hinzu.

»Okay, aber kann ich an dich übergeben, falls wir Probleme haben, auf die Datenbank zuzugreifen?«, sagt Rebecca, die immer noch ein bisschen ängstlich aussieht.

»Keine Bange. Die Probleme, die wir letzte Woche hatten, lagen an dem Umzug des Servers. Dieses Mal sollte alles klargehen. Stimmt's, Damian?« Damian nickt zustimmend.

In diesem Moment erscheint Amanda mit einem Stapel Karteikarten in der Hand. »Hallo, allerseits! Ich komme gerade von einer Telefonkonferenz mit unserem Büro in Singapur, wo wir deren Ideen für die nächsten Stories durchgesprochen haben. Habe ich den Standup verpasst?«

»Ja, ich glaube, wir alle sind jetzt schon gespannt auf die Demo,« lächelt Raj. »Die einzige Story, die es nicht geschafft hat, ist der Empfehlungs-Engine-Spike, und das war ja eigentlich eine vorgezogene Story, für den Fall, dass wir früher fertig sind.«

»Gibt es irgendetwas Besonderes, das wir vonseiten des Verkaufs zu erwarten haben? Mark hat den Kunden keine neuen Funktionen versprochen, ohne nachzuprüfen, ob wir sie implementieren können, oder?«, scherzt Damian, halb im Ernst.

Amanda überlegt einen Augenblick und sagt dann: »Ich denke, es wird diese Woche gut. Mich würde aber wirklich interessieren, was er über das Buchkarussell denkt.«

Rebecca sieht immer noch nervös aus und fragt: »Amanda, ich stelle das Karussell vor. Kann ich es vor dem Meeting noch mal mit dir durchgehen?«

Amanda lächelt. »Sicher! Aber ich möchte mir zuerst einen Kaffee holen.«

Der tägliche Standup endet damit, dass Raj nach oben eilt und Amanda und Rebecca in die Küche gehen.

Schauen wir uns diese Geschichte noch einmal an. Sie sehen, dass es mehr als ein Teammitglied gibt, welches das Team daran erinnert, was zur Vorbereitung der Demo noch getan werden muss. Das wollen Sie als agiler Coach auch erreichen. Wenn das Team Verantwortung übernimmt und sich selbstständig bereit macht, können Sie in den Hintergrund treten und müssen nicht mehr selbst auf der Bühne stehen, um das Meeting zu leiten.

**Technische Voraussetzungen**

Das Letzte, was das Team braucht, ist ein Ausfall der Technik, der die Demo sprengt. Erinnern Sie es daran, dass Software, die in einer Entwicklungsumgebung funktioniert, dies nicht unbedingt tut, wenn man über das Netzwerk aus einem Versammlungsraum darauf zugreift. Empfehlen Sie dem Team, die Software nur aus einer sauberen Integrationsumgebung heraus zu demonstrieren, die getestet wurde – überprüfen Sie aber dennoch, ob diese aus dem Raum, in dem das Meeting stattfinden soll, über das Netzwerk erreicht werden kann. Zeit sparen kann man außerdem, indem man sich auf einer Wiki-Seite einen Spickzettel zusammenstellt, der wichtige Ressourcen wie Links und Dateinamen enthält, die während der Demo benötigt werden.

### Auf der Bühne sterben
*von Rachel*

Ich habe einige fürchterliche Demos erlebt. Eine fand im Teamraum statt. Die Leute bei der Demo sollten von einem Entwicklerschreibtisch zum nächsten laufen und sich über die Schulter der Entwickler irgendwelche Software anschauen, die auf deren Monitoren zu sehen war. Niemand konnte wirklich erkennen, was dort ablief, es gab keinen Ablaufplan und die Leute sollten knapp zwei Stunden dort herumlaufen und -stehen.

Ein anderes Team hielt seine Demo zwischen zwei externen Teams, die gemeinsame Desktops benutzten. Vom Kundenteam war *überhaupt* niemand da! Die demonstrierte Software war ein schlampiger Haufen halb fertiger Funktionen, die sich im Laufe der letzten Iterationen angesammelt hatten. Das Schlimmste war jedoch die Computertechnik für die Zusammenarbeit mit dem externen Team – niemand konnte richtig hören, was die anderen sagten, weil ein Echo auf der Leitung lag. Und trotzdem tat das Team sich das mehr als eine Stunde lang an.

Machen Sie Folgendes, bevor das Meeting beginnt:

- Bringen Sie alle Gerätschaften, die für die Demo erforderlich sind, an den Start, wie etwa einen Projektor, ein Konferenztelefon und Marker.
- Überprüfen Sie die Netzwerkverbindungen.
- Erinnern Sie das Team daran, dass das Meeting bald anfangen wird.

## 12.2  Jeder trägt etwas bei

Beginnen Sie das Meeting mit einer Einführung durch den Kunden. Er bietet einen Überblick über das Ziel der Iteration und die User Stories, die für die Entwicklung ausgewählt wurden.

Jetzt richtet sich die Aufmerksamkeit auf das Team. Was wird es heute präsentieren? Bevor es die Software zeigt, muss der Teamleiter alle über den Ablaufplan in Kenntnis setzen und berichten, ob es wichtige Stories gibt, die noch nicht fertig sind. Ermutigen Sie die Leute, von Anfang an offen in Bezug auf Rückstände zu sein, weil dies hilft, den Fokus auf den präsentierten Stories zu halten. Das Team kann nach dem Vorführen der Software diskutieren, wieso es zu einem Ausfall kam. Oder es verschiebt diese Diskussion auf die Retrospektive.

> **Liz sagt ...**
>
> **Essen**
>
> Essen zu einem Meeting mitzubringen, ist eine gute Möglichkeit, um die Leute zu entspannen und die Atmosphäre aufzulockern. Man könnte entweder in einem langen Meeting eine Pause einlegen oder die Leute animieren, pünktlich zu erscheinen. In manchen Teams bringen die Mitglieder abwechselnd Kekse oder Pfannkuchen zu den Meetings mit.

Nun ist das Team an der Reihe und präsentiert seine Arbeit. Manche Teammitglieder sind vielleicht nicht besonders scharf darauf, die Demo zu übernehmen, weil es sie nervös macht, etwas vor den Vorgesetzten und den Geschäftspartnern zu präsentieren. Ermuntern Sie jedes Teammitglied, seinen Anteil an den Iterationsdemos zu übernehmen, erzwingen Sie es aber nicht. Lassen Sie stattdessen das Team entscheiden, wer im Meeting auftritt.

Für das Team ist es toll, wenn seine Arbeit gelobt wird, aber oft werden auch Lücken entdeckt. Achten Sie während der Demo darauf, dass das Feedback – sowohl das positive als auch das negative – aufgezeichnet wird. Machen Sie die Notizen unauffällig auf einer Karteikarte, anstatt sie an das Whiteboard zu schreiben, was störend sein könnte.

Bevor das Meeting endet, gehen Sie mit der Gruppe noch einmal die wesentlichen Punkte des Feedbacks durch, um zu überprüfen, dass nichts vergessen wurde. Vorschläge für Verbesserungen oder neue Funktionen kommen wahrscheinlich in den Topf, aus dem die künftigen Planungssitzungen gespeist werden. Warnen Sie das Team davor, zu versprechen, dass diese in der nächsten Iteration erledigt werden – diese Entscheidung kann nicht vor der nächsten Planungssitzung getroffen werden.

Ergreifen Sie vor dem Beenden des Meetings die Gelegenheit, um eine Übereinkunft darüber zu treffen, welche Velocity des Teams festgehalten werden soll. Wurden während der Demo ernsthafte Bugs entdeckt, könnte das Team beschließen, für diese Story keine Punkte zu zählen. Hat das Team sehr viel weniger abgeliefert, als geplant, muss es vermutlich auch über Änderungen an seinem Release-Plan reden, bevor es auseinandergeht.

Schauen wir uns nun an, wie unser fiktives Team seine Demo durchgeführt hat.

### Demonstration der Buchsuche

Es ist 10:55 Uhr. Raj steht auf und erinnert das Team daran, dass es losgehen muss. »Der Aufzug ist manchmal wirklich lahm, wir sollten uns deshalb lieber auf den Weg in den 11. Stock machen.«

»Ich nehme die Treppe. Wetten, dass ich zuerst oben bin?«, ruft Rebecca.

»Ich würde ja mitkommen, aber ich muss das Obst tragen«, fügt Joe hinzu, als er sich in Richtung Fahrstuhl in Bewegung setzt.

Damian sieht aus, als wäre er immer noch mit Programmieren beschäftigt. »Los, Damian!«, ruft Rebecca. »Die Demo fängt in ein paar Minuten an!«

Damian sperrt seinen Bildschirm und folgt den anderen.

Als das Team im Versammlungsraum ankommt, hat Raj den Projektor schon eingeschaltet und dieser zeigt die Wiki-Seite des Teams. Die Teammitglieder treten in den gemütlichen Aufenthaltsraum ein und Joe legt seine Tasche mit den glänzenden grünen Äpfeln auf den Tisch. Larry schnappt sich einen und lässt sich in einen der schicken Ledersessel fallen. Rebecca setzt sich neben ihn. Sie sieht nervös aus. Mark und sein Verkaufsteam treffen einige Augenblicke später zusammen mit Amanda ein.

Amanda beginnt das Meeting. »Willkommen, allerseits. Ich denke, wir sind alle schon gespannt darauf, die neueste Software zu sehen.

Das Ziel von Iteration 4 bestand darin, die Buchsuche zu verbessern. Raj, würdest du bitte die Liste der Stories anzeigen?«

Raj öffnet die Wiki-Seite von Iteration 4, auf der die User Stories zu sehen sind. Mit Ausnahme der letzten Story sind alle Stories als »fertig« gekennzeichnet. Diese letzte Story, Empfehlungs-Engine-Spike, zeigt den Status »blockiert«.

»Soll ich kurz zusammenfassen, was wir getan haben?«, fragt Joe. Amanda nickt.

»Unser Hauptanliegen bestand darin, es unseren Kunden zu erleichtern, die gewünschten Bücher zu finden. Wir haben eine Buchsuche nach ISBN implementiert sowie ein Buchkarussell, mit dem die Kunden nach Genre geordnet in den Büchern stöbern können. Außerdem wollten wir untersuchen, wie man eine Empfehlungs-Engine implementieren könnte, allerdings warten wir immer noch auf das neue Interface des RX-Teams. Ich werde euch die ISBN-Suche zeigen, an der ich mit Damian gearbeitet habe. Dann übergebe ich an Rebecca, die das Buchkarussell vorführt.«

Joe startet einen Webbrowser, kopiert die URL des Servers hinein und die Homepage öffnet sich. Er tippt eine ISBN-Nummer ein und die Buchseite wird geladen.

Mark schaut zweifelnd. »Ich sehe den Preis, aber wo ist der Einkaufswagen-Button?«

Amanda schaltet sich ein: »Das hätte den Umfang dieser Iteration gesprengt. Ich werde es für die nächste Iteration vorsehen.«

»Weitere Fragen?«, fragt Joe. »Jetzt zu dir, Rebecca«, sagt er und schiebt die Tastatur über den Tisch.

Rebecca wählt *Reise* aus dem *Genre*-Menü. Das Buchkarussell öffnet sich. Sie blättert es durch.

Mark fragt: »Funktioniert das auch mit dem neuen Chrome-Browser?«

Rebecca wendet sich an Larry. »Hast du es damit getestet?«

»Ja, das funktioniert prima.«

Mark sieht zufrieden aus. Dann zückt er sein neues, abgefahrenes Handy. »Kannst du überprüfen, ob es auch damit funktioniert?«

Damian schaut auf. »Wir werden Stories für Mobiltelefone in unserer nächsten Planungssitzung besprechen.«

»So ...«, sagt Amanda und schaut in die Runde. »Ich glaube, wir können beide Stories, die wir vorgestellt haben, als »fertig« deklarieren. Die Empfehlungs-Engine zählen wir nicht mit, so dass sich für die Velocity des Teams 11 Punkte ergeben.«
Raj nimmt die Tastatur und trägt diesen Wert auf der Wiki-Seite der 4. Iteration ein.

Sorgen Sie nach dem Meeting dafür, dass das Team neue User Stories für die Verbesserungen anlegt, die auf der Demo vorgeschlagen wurden. Es ist noch nicht nötig, sie zu kalkulieren, da sie zuerst in der Iterationsplanung besprochen werden.

Ermutigen Sie das Team nach einer erfolgreich verlaufenen Demo, das Erreichte zu feiern. Falls das Team es nicht gewöhnt ist, dies selbst zu tun, dann geben Sie den Anstoß. Kaufen Sie Kuchen oder laden Sie alle nach der Arbeit auf ein Kaltgetränk ein.

Falls jedoch irgendetwas in der Demo nicht so gelaufen ist, wie Sie sich das vorgestellt haben, dann diskutieren Sie dies mit dem Team in der Retrospektive.

## 12.3 Software Release

Sie finden in der Literatur über agile Methoden eine Menge Material über das Planen iterativer Releases, aber sehr wenig darüber, wie agile Teams Software tatsächlich freigeben. Dass die Iteration beendet ist, muss nicht notwendigerweise bedeuten, dass ein Release erscheinen muss. Es sollte erst entschieden werden, ob die Software für die Freigabe bereit ist. Das Team muss sich mit seinem Kunden zusammensetzen und folgende Punkte überprüfen:

- Wurde die Software adäquat getestet?
- Gibt es irgendwelche schwerwiegenden Fehler?
- Ist es ein guter Zeitpunkt, um den Endanwendern eine neue Version zur Verfügung zu stellen?
- Wurden die relevanten Dokumentationen angefertigt (wie etwa Release-Hinweise)?

- Muss das Team ein Teammitglied ernennen, das die Veröffentlichung begleitet?
- Kann der Release zurückgenommen werden, falls Probleme auftreten?

Um Software freizugeben, könnte menschliches Eingreifen erforderlich sein, allerdings stellt dies auch eine Fehlerquelle dar. Ermutigen Sie das Team, seinen Deployment-Vorgang so weit wie möglich zu automatisieren. Wenn es seine Software auf Server schiebt, die von anderen Teams verwaltet werden, dann sollten Sie darüber nachdenken, eine Reihe von *Deployment-Tests* anzulegen, mit denen überprüft wird, ob die Deployment-Umgebung tatsächlich für die Herausgabe der Software bereit ist.[1] Mit solchen Tests wird überprüft, ob alle Voraussetzungen, die vorhanden sein müssen, damit die Software läuft, wie etwa spezielle Bibliotheken, Verzeichnispfade und Datenbankzugänge, erfüllt sind, *bevor* die Software freigegeben wird. Mithilfe dieser Tests kann das Team darüber hinaus feststellen, ob Probleme, die nach der Veröffentlichung der Software auftreten, durch Änderungen in der Umgebung hervorgerufen wurden oder durch die Software selbst.

## 12.4 Hindernisse

Folgende Hindernisse könnten auftreten.

### Die Software funktioniert in der Demo nicht

Es ist peinlich, wenn die Demo nicht wie geplant verläuft. Üblicherweise hat dies mit einer schlechten Vorbereitung zu tun. Überprüfen Sie vor der Demo, ob die Software im Versammlungsraum funktioniert und ob der dort vorhandene Computer die notwendige Hard- und Software enthält.

Liegt die Ursache darin begründet, dass einer der Entwickler im letzten Augenblick noch Änderungen vorgenommen hat, dann

---

1. Siehe http://www.buildmonkey.com/papers/AgileDeployment.pdf.

empfehlen Sie dem Team, einen speziellen Release-Kandidaten vorzuführen und nicht den allerneuesten Build.

**Es wurden keine Stories abgeschlossen**

Falls das Team eine Demo angesetzt hat und dann Probleme auftreten, die verhindern, dass fertige Stories gezeigt werden, sollte es in Betracht ziehen, die Demo abzusagen. Treffen Sie diese Entscheidung nicht leichtfertig, da dies als ein Signal an das Team und die Geschäftspartner verstanden werden könnte, dass es nicht wichtig ist, am Ende einer Iteration funktionierende Software abzuliefern.

Ermutigen Sie das Team dazu, offen mit dieser Situation umzugehen und bieten Sie an, das Produkt so zu zeigen, wie es ist. Allerdings sollte man wichtige Geschäftspartner vorher warnen, falls diese das Gefühl haben, ihre Zeit zu verschwenden. Der Umgang mit enttäuschten Geschäftspartnern muss das Team wachrütteln, so dass es beim nächsten Mal besser handelt. Erinnern Sie das Team daran, dass es dennoch nützliche Hinweise zur Software erhalten kann, auch wenn diese noch nicht ganz fertig ist.

Die Gründe für den Ausfall sollten in der Retrospektive der Iteration diskutiert werden. Helfen Sie dem Team, die Stories in der nächsten Iteration stärker aufzuteilen und sich dann darauf zu konzentrieren, einige Stories wirklich fertigzumachen, anstatt sehr viele in Bearbeitung zu haben.

Wenn nichts fertig ist, hat das Team ein Problem: Seine Velocity ist Null. Falls das Team übrigens Software demonstriert, die nicht seiner Definition von »fertig« entspricht, könnte dies den Eindruck hinterlassen, dass es für neue Stories bereit ist. Der Kunde muss auf jeden Fall verstehen, dass noch etwas zu tun ist, bevor das Team weitere Stories beginnen kann. Wenn das Team deutlich zurückliegt, dann schlagen Sie vor, den Release-Plan zu korrigieren, um die Auswirkungen auf die Release-Termine deutlicher zu machen. Sollte das Team die richtigen Tests auf die nächste Iteration verschieben, dann läuft es Gefahr, dass die Arbeit lawinenartig zunimmt und die Tester nicht mehr hinterherkommen.

Die Entscheidung, was vorgeführt werden soll, ist vermutlich am schwierigsten, wenn die Software fast funktioniert, es aber noch einige offene Bug Reports gibt. Zeigen diese wirklich ernsthafte Probleme oder bewegen sie sich eher in der Kategorie von Mahnungen, dass Inkonsistenzen gefunden wurden? Überprüfen Sie mit dem gesamten Team, einschließlich den Testern, ob alle einfach weitermachen und eine Story demonstrieren wollen, die offene Bugs hat. Falls das Team fortfahren und eine Software vorführen möchte, die Bugs enthält, dann besteht die Gefahr, dass dies als Signal verstanden wird, dass es in Ordnung ist, Bugs vor der Demo nicht zu beheben. Achten Sie während der Iteration darauf, dass die Entwickler nicht anfangen, das Feedback der Tester zu ignorieren. Falls sie es tun, sollte dies bei der Retrospektive zur Sprache kommen.

**Die Demo greift auf Software von anderen Teams zurück**
Wenn das Team einen Teil eines größeren Produkts herstellt und mit anderen Teams zusammenarbeitet, dann lohnt es sich wahrscheinlich, eine gemeinsame Demonstration durchzuführen, damit alle das Produkt als Gesamtheit sehen. Sollte das nicht möglich sein, dann stellen Sie Software Stubs her, damit das Team seine eigene Sofware mit deren Hilfe vorführen kann.

**Unsere Software hat keine Benutzeroberfläche**
Es ist nicht einfach, Kunden für eine Softwaredemo zu begeistern, wenn sie der Demo gar nicht folgen können, weil es keine Benutzeroberfläche gibt. Regen Sie das Team an, eine Visualisierung der Datenverarbeitung herzustellen, damit überhaupt irgendeine Art von Demo möglich ist. Letztendlich ist dies ein Zeichen, dass die Teams die Arbeit anders abgrenzen müssen; vielleicht sollten sie

dazu übergehen, Funktionen vom Front- zum Back-End zu entwickeln, anstatt komponentenbasiert zu arbeiten.

## 12.5 Checkliste

- Arbeiten Sie mit dem Team an der Planung, um sicherzustellen, dass User Stories demonstriert werden können.
- Sorgen Sie dafür, dass das gesamte Team, einschließlich der Kunden, an der Demo teilnimmt. Ermutigen Sie den Kunden, Geschäftspartner aus dem weiteren Umfeld der Organisation einzuladen. Unterrichten Sie alle Geschäftspartner, für die agiles Arbeiten neu ist, dass das, was sie zu sehen bekommen, nicht das fertige Produkt ist.
- Erinnern Sie das Team am letzten Tag der Iteration daran, zu überprüfen, was für die Demo bereit ist und was nicht. Schlagen Sie vor, an gut erkennbarer Stelle einen Zeitplan aufzuhängen, der zeigt, was das Team für die Demo vorbereiten muss. Das Team entscheidet, wer die einzelnen Stories vorführt – oft wird dies beim täglichen Standup beschlossen.
- Helfen Sie dem Team dabei, zu vermeiden, dass technische Störungen die Demo verderben. Empfehlen Sie, den Raum bereits vorher einzurichten und die Netzwerkverbindungen zu überprüfen. Das Team kann sogar eine Probe durchführen, um die Demo gekonnt rüberzubringen.
- Notieren Sie sich die Reaktionen der Geschäftspartner sowie das Feedback während der Demo. Überprüfen Sie diese Punkte vor dem Ende des Meetings noch einmal, um sicherzugehen, dass Sie nichts vergessen haben, und sorgen Sie dafür, dass das Team dieses Feedback in neue User Stories einfließen lässt und bei der nächsten Planungssitzung berücksichtigt.
- Neben dem Vorstellen der funktionierenden Software in der Iterationsdemo kommt das Team zusammen mit dem Kunden

darin überein, welche Stories als »fertig« anzusehen sind, um die letztendliche Velocity zu berechnen.

- Ermutigen Sie das Team, sowohl das Deployment als auch das Testen des Deployments zu automatisieren, damit die Freigabe und Veröffentlichung der Software ohne Fehler erfolgen kann.
- Feiern Sie den Erfolg des Teams nach der Demo. Falls die Dinge in der Demo nicht so gut gelaufen sind, diskutieren Sie dies in der Retrospektive und erarbeiten Sie mit dem Team einen Plan, um diese Probleme beim nächsten Mal zu vermeiden.

| KAPITEL 13 |

# Änderungen mit Retrospektiven unterstützen

*Nutzen Sie regelmäßige Nachbetrachtungen zur Verbesserung.*
*Führungsprinzip*

Henrik Kniberg, Autor von *Scrum and XP from the Trenches* [Kni07], merkt an: »Ohne Retrospektiven würde das Team den gleichen Fehler immer wieder machen.« Genau wie Bill Murrays Charakter im Film *Und täglich grüßt das Murmeltier* kann das Team den unangenehmen Kreislauf nicht durchbrechen, bis es irgendwann einmal die Zeit bekommt, um zu verstehen, was passiert ist und sein Vorgehen ändert.

Die Retrospektive bietet Ihnen eine Möglichkeit, zusammen mit den Teammitgliedern direkt auf die Probleme zu reagieren, denen sie sich gegenübersehen und damit ihre Arbeitsabläufe zu verbessern. Als Coach wollen Sie das Team in die Lage versetzen, mittels der Retrospektive festzustellen, wo es in den momentanen Vorgängen »knirscht«, damit es irgendwann selbstständig die Probleme beseitigen kann.

Oft begegnen uns agile Teams, die es bereits einmal mit einer Retrospektive versucht, dies dann aber aufgegeben haben. Sie hatten das Gefühl, dass die Retrospektive keine Änderung brachte, so dass es ihnen wie Zeitverschwendung erschienen wäre, damit fortzufahren. Meist liegt das daran, dass diese Teams nicht wissen, wie man Retrospektiven durchführt. In diesem Kapitel erläutern wir einige der Mechanismen des retrospektiven Designs und zeigen einige Techniken für das Durchführen erfolgreicher Retrospektiven.

## 13.1 Eine Retrospektive moderieren

Es erfordert einige Übung, um Retrospektiven wirklich gut zu moderieren. Hilfreich ist, wenn man die zugrunde liegende Struktur versteht, damit man die Diskussionen wirklich auf das Lernen und auf die Verbesserungen konzentrieren kann.

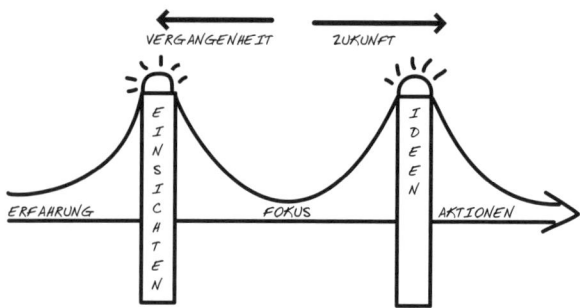

**Abbildung 13.1:** Retrospektiven bilden eine Brücke zwischen den Iterationen

Die Retrospektive einer Iteration soll dem Team helfen, folgende Dinge zu untersuchen:

- Welche Einsichten wurden aus der letzten Iteration gewonnen?
- Welche Bereiche sollen verbessert werden?
- Auf welchen Ideen kann man in der nächsten Iteration aufbauen?

Betrachten Sie die Retrospektive als Brücke zwischen der vergangenen und der künftigen Iteration, wie Abbildung 13.1 verdeutlicht. Nehmen Sie eine Hälfte der Retrospektive, um auf die vergangene Iteration zurückzuschauen, um Erkenntnisse darüber zu gewinnen, was geschehen ist und warum. Schauen Sie anschließend nach vorn und entwickeln Sie Ideen, wie man die Dinge verbessern kann sowie Aktionspläne, um diese Ideen umzusetzen.

Da die Retrospektiven nicht direkt etwas damit zu tun zu haben scheinen, mehr Software herzustellen, entsteht möglicherweise ein gewisser Druck, sie schnell abzuhandeln – damit das Team schnell wieder an die »wirkliche« Arbeit eilen kann. Wenn man jedoch diese Schritte – speziell den letzten – überspringt, wird eine Retrospektive kaum effektiv sein.

**Es braucht Zeit**
*von Rachel*
Ich war einmal in einem Team, das länger als ein Jahr zusammenarbeitete, bevor es seine erste Retrospektive probierte. Wir hatten eine Menge Probleme angehäuft, aber kein Meeting, um sie in unserem XP-Prozess einmal darzulegen. Als wir schließlich unsere erste Retrospektive abhielten, bedeckten wir den Tisch über und über mit den Karteikarten, auf denen die Probleme standen, die gelöst werden mussten! Es war großartig, sie einmal offen auszusprechen, zog aber auch eine Menge Arbeit nach sich.

Es waren zu viele Probleme, um sie in einer einzigen Iteration zu lösen; daher griffen wir auf unsere agilen Planungstechniken zurück: Wir gruppierten die Probleme und vergaben Prioritäten, um die schlimmsten Kandidaten zu ermitteln. Unsere Deployment- und Kunden-Support-Prozesse standen auf der Liste ganz oben, so dass wir mit diesen begannen. Wir arbeiteten immer weiter an den Problemen und überprüften stets den Fortgang der Arbeit, bis wir sie irgendwann erledigt hatten (oder sie verschwunden waren).

Diese Erfahrung lehrte mich, dass eine Verbesserung der Arbeitsabläufe mittels Retrospektiven iterativ verläuft und eine lange Zeit in Anspruch nehmen kann. Erwarten Sie von Retrospektiven nicht, dass sie alle Ihre Probleme auf magische Weise sofort lösen.

In seinem Buch *Project Retrospectives* [Ker01] ermutigt Norm Kerth uns, *die Story herauszulassen* und dann *nach Gold zu suchen* – das

Gold ist das, was wir gelernt haben, indem wir darüber nachdachten, was geschehen ist.

**Zurückschauen**
Es sind Beiträge vom Team erforderlich, damit die Änderungen hängen bleiben. Bauen Sie Unterstützung für Verbesserungen auf, indem Sie die Retrospektive mit einer Rückschau darauf beginnen, was in der letzten Iteration gelernt wurde – um die Story herauszuholen.

Alle Leute im Team haben eine andere Sicht auf die vergangenen Ereignisse. Um zu verstehen, was tatsächlich passiert ist, müssen die Teammitglieder ihre jeweiligen Geschichten mitteilen und zusammentragen. Die Leute werden nicht das Gefühl haben, dass sie wirklich teilnehmen, wenn ihnen niemand zuhört, sorgen Sie deshalb dafür, dass dieser Teil der Retrospektive nicht übereilt abgehakt wird. Nehmen Sie sich die Zeit, zuzuhören, was der Einzelne zu sagen hat.

Wir gehen am liebsten so vor, dass wir mithilfe von Klebezetteln einen Zeitstrahl erstellen, wie Abbildung 13.2 zeigt. Dies hilft dem Team, ein vollständiges Bild der Ereignisse aufzubauen. Sie erkennen darüber hinaus, wie ihre Aktionen von anderen Dingen beeinflusst wurden, die zur gleichen Zeit stattfanden. Während dem Zeitstrahl Ereignisse hinzugefügt werden, erinnert sich das Team an weitere Ereignisse und füllt die Lücken. Der Zeitstrahl ist nur ein temporäres Hilfsmittel, Sie müssen ihn nicht länger aufheben.

Beim Zurückschauen werden Sie möglicherweise eine Möglichkeit schaffen wollen, mit der das Team signalisieren kann, wie es sich in Bezug auf die Ereignisse gefühlt hat. Hier einige Vorschläge:

**Farbiger Zeitstrahl.** Verwenden Sie ein Schema unterschiedlich gefärbter Klebezettel, um Gefühle auszudrücken. Nehmen Sie grüne Zettel für erfreuliche, rosafarbene für stressige und gelbe für neutrale Ereignisse. Versehen Sie den Zeitstrahl mit einer

Legende, damit klar ist, was die Farben bedeuten. Überprüfen Sie, ob alle Mitglieder der Gruppe die Farben auseinanderhalten können, bevor Sie diese Methode einsetzen.

**Schlechte Anzeichen**

Hier einige Anzeichen dafür, dass die Retrospektive nicht funktioniert:

**Ideenorgie** Die Teammitglieder werden aufgefordert, Ideen in die Runde zu geben, ohne dass diskutiert wird, was in der letzten Iteration passiert ist. Das funktioniert nicht, weil die Probleme vertuscht werden. Aktionen sind nicht damit verbunden, Probleme zu lösen und drehen sich eher darum, coolen Kram auszuprobieren, anstatt das zu verbessern, was nicht funktioniert.

**Geschichtsstunde** Diese Retrospektive verläuft eher wie eine archäologische Ausgrabung, die nur Listen von »Was gut gelaufen ist« und »Was Verbesserungen erfordert« ergibt, aber keine Aktionen. Das kann die Kommunikation verbessern, weil das Team nach und nach versteht, was geschieht. Da es aber keine Diskussion darüber gibt, wie man etwas verbessert, wird die Änderung Einzelpersonen überlassen und nicht für die nächste Iteration eingeplant.

**Die Welt ändern** Das Team verpflichtet sich zu einer ambitionierten Liste von Aktionen, ohne darüber nachzudenken, ob es Zeit hat, diese in der nächsten Iteration abzuarbeiten. Das führt zu Enttäuschung, weil die Aktionen nicht fertig werden und das Team bei jeder Retrospektive weitere Aktionen auf die Liste setzt.

**Wunschdenken** Die diskutierten Aktionen sind eher vage und werden keiner bestimmten Person zugeordnet, wie etwa »Kommunikation verbessern« oder »Mehr Refactoring«. Das sind keine Aktionen, das sind Probleme, an denen gearbeitet werden muss. Ohne weitere Diskussionen weiß das Team nicht, wie es diese Pseudoaktionen umsetzen soll.

**Keine Zeit für Verbesserung** Das Team nimmt sich fünf oder zehn Minuten Zeit nach jeder Iteration, um mal schnell darüber zu reden, wie die Dinge gelaufen sind, und nennt das Retrospektive. Das zeigt, dass das Team keinen Sinn in den Retrospektiven sieht. Wenn irgendjemand Ideen zur Verbesserung hat, dann muss er darum kämpfen sie umzusetzen, ohne dass er eine Plattform hat, auf der er um Unterstützung durch das Team werben kann.

**Heiße Luft** Das Team bringt die Retrospektive damit zu herumzumurmeln, wie schlimm alles ist, ohne sich dafür verantwortlich zu fühlen, die Lage zu verbessern. Das mag befreiend sein und die Spannung im Team lösen, kann aber auch leicht zu gegenseitigen Schuldzuweisungen führen. Retrospektiven haben etwas mit Änderungen zum Besseren zu tun, und das kann nicht ohne eine Diskussion darüber geschehen, was das Team tun *kann*.

**Gefühlsseismograph.** Bitten Sie das Team, Linien zu zeichnen, die seine Stimmung im Laufe der Iteration widerspiegeln – ein Beispiel sehen Sie in Abbildung 13.3. Hier können Sie Muster erkennen, die zeigen, wann das ganze Team voller Energie war – oder sich mutlos fühlte.

**Kunstgalerie.** Fordern Sie die Teammitglieder auf, ein Bild zu zeichnen, mit dem ausgedrückt wird, wie sich das Projekt für sie angefühlt hat und hängen Sie diese Bilder an die Wand im Versammlungsraum. Geben Sie dann jeder Person die Gelegenheit, ihre Zeichnung zu erläutern.[1]

---

1. Patrick Kua hat eine hübsche Variante namens »Mr. Squiggle«. Siehe http://www.thekua.com/atwork/2008/04/retrospective-exercise-mr-squiggle/.

13.1 – Eine Retrospektive moderieren

**Abbildung 13.2:** Beispiel für einen Zeitstrahl, der aus Klebezetteln hergestellt wurde

Bilder zu malen klingt sicher komisch, trotzdem kann diese Übung dazu dienen, ernsthafte Themen an die Oberfläche zu holen. Die Leute sind meist ganz gut darin, Metaphern für Dinge zu finden, die sich nur schwer in Worten ausdrücken lassen. Z.B. zeichnete ein Teammitglied ein Strichmännchen in einem Kasten. Als wir ihn dazu befragten, erklärte er seinen Kollegen, dass er zu lange allein gearbeitet hätte und nicht mehr das Gefühl habe, zum Team zu gehören.

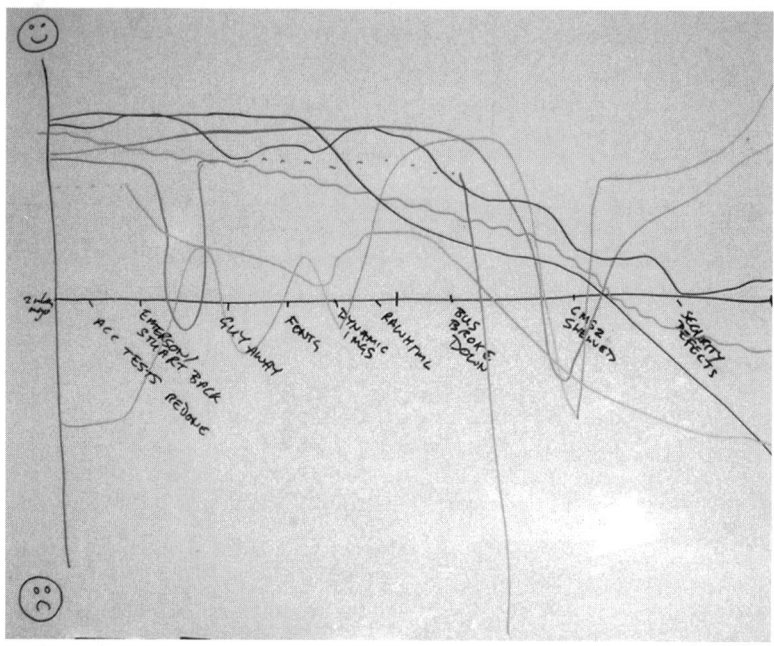

**Abbildung 13.3:** Ein Gefühlsseismograph auf einem Whiteboard

**Nach Gold suchen**

Jetzt müssen wir irgendwelche Einsichten aus den Erfahrungen ziehen, die wir in der letzten Iteration gesammelt haben. Untersuchen Sie dazu zuerst den Zeitstrahl, um eine Stelle zu finden, an der Sie graben müssen. Um reiche Lagerstätten zu identifizieren, gehen Sie den Zeitstrahl entlang und lesen jeden Zettel laut vor. Falls Ihnen eine Notiz seltsam vorkommt, klären Sie diesen Punkt mit dem Team. Verlangen Sie aber nicht von der Person, die den Zettel geschrieben hat, ihn zu erklären. Versuchen Sie, auf die Ursachen zu stoßen, die der Notiz zugrunde liegen – welche Faktoren haben dafür gesorgt, dass eine Aufgabe in der Iteration wirklich gut erledigt wurde? Falls Sie allgemeine Aussagen finden wie »Testumgebung abgestürzt« oder »Kunde zu beschäftigt«, dann fragen Sie nach Beispielen, um das Problem zu verdeutlichen, damit das Team den Kritikpunkt besser verstehen kann.

Falls Sie farbige Zettel verwenden, um die Gefühle zu illustrieren, die im Team geherrscht haben, dann werden Sie sicher auch Muster erkennen, wo sich gleiche Farben um Schlüsselereignisse häufen. Gleiches gilt für die Hochs und Tiefs in einem *Gefühlsseismographen*. Diese können zeigen, wie unterschiedlich die Iteration von den verschiedenen Rollen wahrgenommen wurde. Z.B. könnten Sie sehen, dass alle Entwickler zum Ende der Iteration hin positive Linien zeichnen, weil sie ihre Aufgaben abgeschlossen haben, während ein Tester eher negative Linien zeichnet, da am letzten Tag der Iteration alle Tests auf ihn abgeladen wurden. Richten Sie die Aufmerksamkeit des Teams auf die auseinanderdriftenden Linien, um eine Diskussion darüber anzustoßen, was hier geschehen ist.

Nachdem Sie den Zeitstrahl durchgegangen sind, muss das Team die wichtigsten Themen auswählen. Kürzen Sie diese Liste mithilfe einer Punktabstimmung auf die wesentlichen zwei oder drei Themen zusammen. Jedes Teammitglied erhält drei Stimmen, die es abgeben kann, indem es Punkte neben die Themen zeichnet, die es am dringendsten diskutieren möchte. Die Leute können ihre Punkte auf die Themen verteilen oder mehr als einen Punkt für ein Thema vergeben, falls sie ein Thema für wichtiger als die anderen halten. Zählen Sie die Punkte zusammen und ermitteln Sie auf diese Weise die Themen, die in die Aktionsplanung aufgenommen werden müssen.

Nachdem Sie die Themen ermittelt haben, auf die sich das Team konzentrieren möchte, schauen Sie nach vorn auf die Verbesserungen, die das Team in der nächsten Iteration an seinen Arbeitsabläufen vornehmen kann.

> **Rachel sagt ...**
>
> **Stellen Sie den Elefanten im Raum vor**
>
> Professor Randy Pausch begann seine letzte Vorlesung[a] mit den Worten: »Mein Vater sagte immer, wenn es einen Elefanten im Zimmer gibt, dann stell ihn vor!« Er erklärte, dass er nur noch wenige Monate zu leben hätte. Und obwohl wir die Karten, die uns zugeteilt worden sind, nicht ändern könnten, müssten wir doch entscheiden, wie wir darauf reagieren und wie wir die Hand ausspielen.
>
> Falls Sie das Gefühl haben, dass sich das Team in der Retrospektive um ein Thema drückt, dann scheuen Sie sich nicht, es anzusprechen. Schaffen Sie eine Gelegenheit, um darüber zu reden, aber lassen Sie es fallen, wenn die Teammitglieder nicht dazu bereit sind.

a. Siehe http://www.cmu.edu/randyslecture/

**Nach vorn schauen**

Die zweite Hälfte der Retrospektive widmet sich der nächsten Iteration. Hier legt das Team fest, was es an seinem Arbeitsablauf ändern möchte. Sie benötigen aber mehr als eine Übereinkunft, dass sich etwas ändern muss; das Team muss Aktionen erarbeiten, um diese Änderungen zu implementieren. Und diese Aktionen müssen in die Tat umgesetzt werden!

Bevor Sie damit anfangen, in der Retrospektive neue Aktionen zu schaffen, nehmen Sie sich die Zeit, auszuwerten, was mit den Aktionen aus der letzten Retrospektive geworden ist. Falls diese Aktionen nicht abgeschlossen wurden, muss das Team sich darüber klar werden, woran das liegt, bevor es neue Aktionen anhäuft. Häufig wurden Aktionen deshalb nicht abgeschlossen, weil sie schlecht definiert waren oder sich niemand dafür verantwortlich fühlte. Oft

## 13.1 – Eine Retrospektive moderieren

jedoch werden die Aktionen nicht ausgeführt, weil das Team schlicht und ergreifend keine Zeit dafür hatte.

Nehmen Sie sich ausreichend Zeit in der Retrospektive, um einen realistischen Aktionsplan auszuarbeiten, der allen klar ist. Damit die Aktionen fertig werden, braucht das Team Zeit. Legen Sie deshalb gleich zu Anfang gemeinsam mit dem Team fest, wie viel Zeit seiner nächsten Iteration es den Prozessverbesserungen widmen kann, während es die Software entwickelt.

---

**Aktionsschuhe**

Es gibt ein ziemlich sonderbares Buch von Edward De Bono mit dem Titel *Action Shoes* [Bon93], das uns gefällt, weil es verdeutlicht, dass es verschiedene Arten von Aktionen gibt, indem er sie mit unterschiedlichen Arten von Schuhen vergleicht. Und zwar sind es Folgende:

- Orange Gummischuhe für schnelle Reparaturen in einem unmittelbaren Notfall
- Braune Budapester für praktische Aktionen
- Graue Turnschuhe zum Sammeln weiterer Daten über ein Problem
- Blaue Anzugschuhe für Aktionen, die einem Standardablauf folgen
- Lila Stiefel für Aktionen, die Autorität erfordern
- Rosa, weiche Slipper für Situationen, in denen man sich um die Gefühle der Leute kümmern muss

---

**Winzige Schritte gehen**

Wie kommen Sie also zu neuen Aktionen, die auch wirklich erreichbar sind? Nun, wenn Sie ein Problem oder ein erstrebenswertes Ziel identifizieren können, dann fragen Sie das Team einfach, mit welchen winzigen Schritten man dorthin gelangen könnte. Je kleiner diese Aktionsschritte sind, umso wahrscheinlicher ist es, dass das Team sie tun kann. Überprüfen Sie bei jedem vorgeschlagenen Aktionsschritt, ob irgendetwas anderes passieren muss, bevor der Schritt erfolgen kann. Wenn es eine andere Aktivität gibt, dann muss diese ebenfalls zu einer Aktion werden.

Aktionen drehen sich nicht immer um das Lösen von Problemen (im Kasten finden Sie Ideen für die verschiedenen Arten von Aktionen). Sie müssen ein Problem verstehen, bevor Sie es lösen können. Das Team muss deshalb möglicherweise mit Aktionen beginnen, in denen das Problem untersucht wird und Daten gesammelt werden. Falls sich das Team z.B. Sorgen um die Zeit macht, die bei Unterbrechungen verloren geht, dann kann es zunächst einmal untersuchen, wie oft es zu Unterbrechungen kommt und wo deren Ursachen liegen. Oder wenn der Build sehr langsam verläuft, dann kann es eine Aktion anlegen, in welcher der Code derart geändert wird, dass er einige Zeitmarken ausgibt, anhand derer man das Problem ermitteln kann. Wenn Sie mehr Daten haben, können Sie Aktionen erarbeiten, die das Problem direkt angehen. Vielleicht brauchen Sie auch Aktionen, mit denen Sie feststellen, ob die Änderungen das Problem gelöst haben. Und nachdem Sie eine Lösung gefunden haben, die gut funktioniert, könnten Sie andere Teams davon in Kenntnis setzen und Aktionen anlegen, die das Erlernte schulen und weitervermitteln.

Um Aktionen zu erzeugen, die wirklich dauerhaft sind, reicht es nicht, zu identifizieren, *was* geschehen muss; das Team muss auch darüber übereinkommen, *wie* die Änderungen umgesetzt werden sollen. Rachel hat einige Retrospektiven mit Bas Vodde durchgeführt, der eine spezielle Technik für die Aktionsplanung einsetzt[1]. Das ist besonders in solchen Gruppen effektiv, die eine passive Hal-

---

[1]. Lesen Sie »Plan of Action« von Bas Vodde, online unter http://www.scrumalliance.org/articles/61-plan-of-action.

tung zu Retrospektiven einnehmen, weil sie es gewohnt sind, dass die Manager über ihre Aktionen entscheiden.

Hier das grundlegende Vorgehen:

1. Bitten Sie die einzelnen Teammitglieder, für sich eine Liste auszuarbeiten, auf der alle Aktionen stehen, die das Team ihrer Meinung nach unternehmen sollte.
2. Als Nächstes arbeiten die Leute in Paaren zusammen, um ihre jeweiligen Listen zu einer gemeinsamen Liste zusammenzufassen.
3. Dann tun sich die Paare mit anderen Paaren zusammen, um ihre Listen weiter zu kürzen.
4. Schließlich hat das Team eine kompakte Liste der Aktionen, die von der gesamten Gruppe zusammengetragen wurden.

Nachdem Sie eine Liste mit Aktionen haben, denen das gesamte Team zustimmt, können Sie das Meeting abschließen. Vergessen Sie jedoch nicht, dass diese Aktionen nach der Retrospektive in die Planung der nächsten Iteration einbezogen werden müssen. Veröffentlichen Sie die Aktionen am Teamboard, damit sie nicht in Vergessenheit geraten.

> **Aus den Augen, aus dem Sinn**
> *von Rachel*
> Als Rachel vor Kurzem mit einem Team eine Retrospektive durchführte, bat sie es um eine Liste der vergangenen Aktionen. Der Teamleiter musste den Versammlungsraum verlassen, um die Liste aus seiner Schreibtischschublade zu holen. Unnötig zu erwähnen, dass keine der Aktionen angefangen wurde. Wir stellen immer wieder fest, dass Teams, die ihre Aktionen am Teamboard veröffentlichen, sie auch eher fertigstellen!

## 13.2 Eine Retrospektive gestalten

Die Hinweise zum Durchführen effektiver Meetings (siehe Abschnitt 3.4) gelten auch für Retrospektiven. Sie müssen einige einfache Vorbereitungen treffen, etwa einen Raum reservieren und ausreichend Marker und Klebezettel besorgen. Am schwierigsten ist es normalerweise, das Programm auszuarbeiten.

Zur Unterstützung könnten Sie dem Team verschiedene Aktivitäten vorschlagen:

- Einsichten gewinnen
- Auf einen Schwerpunkt für die Prozessverbesserung einigen
- Kreative Problemlösungen ermöglichen

Entscheiden Sie anhand der Iterationslänge, der Anzahl der Teammitglieder und der eventuellen Teilnahme externer Teammitglieder, wie lange Sie für die Retrospektive brauchen. Neue Teams brauchen normalerweise etwas mehr Zeit. Falls z.B. die Iterationen zwei Wochen dauern, empfehlen wir eine Länge von 90 Minuten für bis zu zehn Teammitglieder (die alle persönlich teilnehmen können). Natürlich müssen Sie diese Zeit nicht voll ausschöpfen; es ist in Ordnung, früher fertig zu sein!

Hier ein Beispiel dafür, wie man die Zeit einteilen könnte:

- Das Ziel des Treffens vorstellen und das Team an die Grundregeln erinnern (5 Minuten).
- Einen Zeitstrahl aufstellen (15 Minuten).
- Den Zeitstrahl auf nähere Erkenntnisse untersuchen (15 Minuten).
- Themen auswählen, auf die man sich konzentrieren will (10 Minuten).
- Den Fortschritt bei vorangegangenen Aktionen auswerten (5 Minuten).
- Ideen für Verbesserungen suchen (15 Minuten).
- Aktionsplanung (15 Minuten).

Das ist für den Anfang ein gutes Format, allerdings wird es für das Team irgendwann langweilig, wenn man es jedes Mal verwendet. Variieren Sie es deshalb. Esther Derby und Diana Larsen beschreiben in *Agile Retrospectives* [DL06] eine ausgezeichnete Auswahl an Alternativen.

**Die Hauptdirektive**

Wie bei jedem Meeting braucht man einige Grundregeln, wie etwa: keine Laptops, Telefone ausschalten, aufpassen, wenn jemand spricht. Es gibt jedoch eine Grundregel, die allen Retrospektiven zugrunde liegt, nämlich die so genannte Hauptdirektive (oder Prime Directive; aus *Project Retrospectives* [Ker01]). Diese besagt: »Ungeachtet dessen, was wir entdecken, verstehen und glauben wir wahrhaftig, dass jedermann angesichts seiner zu diesem Zeitpunkt vorhandenen Kenntnisse und Fähigkeiten, der verfügbaren Ressourcen und der damaligen Situation so gut wie möglich gearbeitet hat.«

Man lernt am besten aus echten Situationen, in denen man Fehler macht, als durch das Studieren der »Best Practices«. Indem man die Hauptdirektive zu einer Grundregel macht, kann man sicher untersuchen, was schiefgegangen ist, weil damit auf die situationsbedingten Ursachen einer Aktion verwiesen wird und Schuldzuweisungen an die beteiligten Personen unterbleiben.

Das mag vielleicht naiv klingen. Sicher kommt es vor, dass Leute Fehler begehen, oder? Die Hauptdirektive scheint, zu leugnen, dass manche Probleme von Einzelpersonen verursacht werden. Im Prinzip soll sie klarmachen, dass die Retrospektiven nicht der beste Ort sind, um die Leistungsdefizite einzelner Personen zu diskutieren. Wenn Sie dieser Direktive folgen, dann steuern Sie die Diskussion weg von Tadel und destruktiver Kritik, die die Arbeit des Teams beschädigen können. Retrospektiven sollen sich stattdessen darauf konzentrieren, wie man die Teamarbeit verbessern kann; kommt die Rede auf Einzelleistungen, dann lenken Sie das Gespräch wieder auf die Teamaktionen.

Die Hauptdirektive hilft darüber hinaus dabei, dem Grundirrtum der Attribution entgegenzutreten, also der menschlichen Tendenz, die Aktionen anderer Leute als bewusste Wahl zu erklären und die situationsbedingten Faktoren herunterzuspielen. So könnte sich z.B. ein Entwickler beschweren, dass ein Tester dem QA-Manager eine E-Mail kopiert hat, weil er »das Team in Schwierigkeiten bringen wollte«, anstatt zu verstehen, dass da noch andere Faktoren am Werk waren. Stattdessen war der Tester von seinem direkten Vorgesetzten gebeten worden, ihm ebenfalls alle E-Mails zukommen zu lassen und erledigte dies nun routinemäßig und nicht aus Rache.

Menschen wünschen sich außerdem Konsistenz in Bezug auf ihre früheren Aktionen. Indem man vergangene Aktionen und Entscheidungen als zu der damaligen Zeit (angesichts der Situation) vernünftig bezeichnet, erlaubt die Hauptdirektive eine freie Diskussion darüber, dass man die Dinge beim nächsten Mal anders machen könnte. Mit anderen Worten: Es wäre nicht inkonsistent, sich anders zu benehmen, weil die Situation ja anders wäre.

Wir empfehlen Ihnen, die Hauptdirektive bei der ersten Retrospektive an die Wand zu hängen und dem Team zu erläutern. Wenn die Gespräche zu negativ zu werden drohen, können Sie das Team daran erinnern, an die situationsbedingten Zwänge zu denken, anstatt Einzelpersonen zu beschuldigen.

## 13.3 Breiter gefasste Retrospektiven

Während sich die Iterationsretrospektiven auf die unmittelbaren Probleme konzentrieren, die das Team betreffen, gibt es Probleme außerhalb des Teams, die nicht in den Teamretrospektiven gelöst werden können. In diesem Fall müssen Sie eine Retrospektive mit einem breiter gefassten Fokus durchführen, die einen größeren Rahmen betrachtet. Diese breiteren Retrospektiven schauen über mehrere Iterationen mit einer größeren Gruppe zurück. Ein solches Treffen umfasst Leute, die mit dem Team zusammenarbeiten, wie etwa den Verkauf, das Marketing, den Kundensupport, den betriebsinternen Support und die Systemadministratoren. Ein guter

## 13.3 – Breiter gefasste Retrospektiven

Zeitpunkt für solche Retrospektiven ist direkt nach einem größeren Release. Aus diesem Grund bezeichnet man solche Meetings oft auch als *Release-Retrospektiven*.

Größere Retrospektiven beziehen oft das Management mit ein sowie solche Leute, die nicht täglich miteinander zu tun haben, so dass die Gespräche möglicherweise weniger frei fließen, was es schwieriger macht, sie zu leiten. Konzentrieren Sie sich darauf, Iterationsretrospektiven gut durchzuführen, bevor Sie sich an Retrospektiven mit einer größeren Gruppe wagen. Falls Sie es sich nicht zutrauen, eine so große oder facettenreiche Gruppe zu leiten, dann sollten Sie eventuell einen unabhängigen Moderator an Bord holen.

Die meisten der Techniken, die bei Retrospektiven mit dem Team genutzt werden, wie etwa der Zeitstrahl, können auch bei größeren Retrospektiven zum Einsatz kommen. Der große Unterschied besteht darin, dass Sie mit einer größeren Gruppe arbeiten, die es vielleicht nicht so gewohnt ist, über Probleme zu reden, wie es Ihr Team ist. Möglicherweise müssen Sie einen *Sicherheitstest* durchführen, also eine anonyme Abstimmung, die zeigen soll, wie wohl sich die Gruppe damit fühlt, über Probleme zu reden, die aus vergangenen Arbeitsperioden erwachsen. Es kann auch produktiver sein, wenn man kleinere Teilgruppen bildet, um Themen zu diskutieren, und die Ergebnisse dann später der ganzen Gruppe präsentiert.

Ein weiterer Unterschied ist, dass Sie über einen längeren Zeitraum zurückschauen. Für eine Retrospektive, die viele Monate zurückblickt, ist einige Vorarbeit erforderlich – Sie müssen Nachforschungen anstellen, um das Team daran erinnern zu können, was tatsächlich passiert ist. Bringen Sie zur Retrospektive Hinweise zu den Stories mit, an denen gearbeitet wurde, Ausdrucke von Projekthilfsmitteln, wie etwa Release Burn Charts oder Wiki-Seiten. Bei größeren Gruppen könnte es auch sinnvoll sein, per E-Mail die Aufforderung herumzuschicken, die Probleme zu erfragen, die besprochen werden sollen (siehe Kasten).

## 13.4 Hindernisse

Folgende Hindernisse könnten Ihnen begegnen.

**Es kommen immer wieder die gleichen Aktionen auf**

Oft werden immer wieder die gleichen Aktionen auf den Plan gebracht. Das liegt normalerweise daran, dass die Aktionen nicht in Aufgaben aufgeteilt wurden, die in einer einzigen Iteration fertiggestellt werden können. Es hilft, ein langfristiges Ziel zu setzen und dann eine Liste mit kurzfristigen Schritten aufzustellen, mit denen man dieses Ziel erreichen kann. Falls das Ziel z.B. »Continuous Integration« heißt, dann könnten die einzelnen Aktionen darin bestehen, die Werkzeuge zu installieren und zu konfigurieren sowie die Test-Suites vorzubereiten.

---

**Die Vorarbeiten für die Retrospektive**

Hier ein Beispiel für eine Befragung, die wir vor der Retrospektive an die Teilnehmer geschickt haben, um die Punkte zu erfassen, die diese diskutieren wollen:

*Um mir dabei zu helfen, das beste Format für die Retrospektive zu finden, schicken Sie mir bitte eine E-Mail, in der Sie die folgenden Fragen beantworten. Vielen Dank!*

- *Welches sind für Sie die drei wichtigsten Themen, die diskutiert werden müssen?*
- *Gibt es im Rückblick für Sie irgendwelche Punkte, die besonders hervorstechen?*
- *Gab es besondere Ereignisse, die Ihnen immer noch ein Rätsel sind?*
- *Haben Sie Vorbehalte oder Bedenken hinsichtlich dieser Retrospektive?*
- *Welche Hoffnungen verbinden Sie mit dieser Retrospektive?*

*Ihre Antworten werden streng vertraulich behandelt. Ich werde alle Kommentare auswerten und gemeinsame Themen ermitteln, der Gruppe werden aber keine Einzelantworten mitgeteilt.*

## 13.4 – Hindernisse

Wenn selbst kleine Aktionen nicht fertig werden, muss das Team diskutieren, woran das liegt. Es muss in jeder Iteration Kapazitäten geben, um sie zu bearbeiten; ansonsten ist es ziemlich sinnlos, Retrospektiven durchzuführen!

**Stille Teammitglieder**

Ihnen werden Teammitglieder begegnen, die still bleiben, weil es ihnen unangenehm ist, vor einer Gruppe zu sprechen. Viele Programmierer sind eher introvertiert. Planen Sie Schreibaktivitäten in die Retrospektive ein, um diese Mitglieder zu Beiträgen zu ermutigen. Sie könnten es auch mit einer umlaufenden Diskussion probieren, bei der nacheinander alle Teammitglieder ihre Meinung sagen. Stellen Sie jedoch klar, dass es in Ordnung ist, zu passen und nichts zu sagen.

**Das Team jammert ständig**

Manchmal wird eine Retrospektive zu einer »Jammersitzung«. Das Team konzentriert sich verstärkt darauf, zu meckern, anstatt konstruktiv zu diskutieren. Normalerweise geht es dabei um Probleme, die das Team als außerhalb seines Einflusses empfindet. Sollten sich die Beschwerden auf einen bestimmten Vorfall richten, der die Leute beeinflusst hat, etwa auf Server, die nicht zur Verfügung stehen, dann könnte es helfen, wenn sie ihrem Unmut einmal Luft machen. Versuchen Sie allerdings, das Team wieder in den Lernmodus zurückzuführen, indem Sie fragen: »Wie sollten wir reagieren, wenn diese Situation noch einmal auftritt?« Vielleicht gibt es zusätzliche Tests, die das Team durchführen kann, bevor es mit einer Arbeit beginnt. Oder möglicherweise lässt sich ermitteln, wie viel Zeit verloren geht, was man dann dem Management mitteilen kann.

**Neutral bleiben**

Wenn Sie in einem Team gearbeitet haben, wollen Sie wahrscheinlich Ihre eigenen Eindrücke über die vergangenen Ereignisse wiedergeben und sich an den Aktionen zur Ideenfindung beteiligen. Das ist schwierig, wenn Sie eigentlich das Meeting leiten sollen. Sie müssen außerdem sorgfältig darauf achten, dass Sie nicht »Partei ergreifen«, »Favoriten bevorzugen« oder Ihre Position als Moderator missbrauchen, um mehr Zeit für Ihre Lieblingsthemen herauszuschlagen. Falls es weitere agile Teams gibt, dann schlagen Sie vor, mit dem Moderator eines anderen Teams zu tauschen, damit Sie an der Retrospektive Ihres eigenen Teams als Teilnehmer mitwirken können. Ansonsten könnten Sie auch die Moderatorenrolle innerhalb des Teams wechseln lassen.

## 13.5 Checkliste

- Beginnen Sie die Retrospektive mit einem Rückblick, um zu verstehen, was warum passiert ist. Lassen Sie dem Team genügend Zeit, um die ganze Geschichte zu erzählen.
- Bringen Sie die zweite Hälfte der Retrospektive damit zu, nach vorn zu blicken und über einen Aktionsplan zu entscheiden.
- Achten Sie auf Anzeichen, die die Effektivität der Retrospektive behindern. Falls die Retrospektiven die Prozessverbesserungen nicht unterstützen, dann denken Sie darüber nach, wie man sie besser machen kann.
- Stellen Sie fest, welche Probleme das Team am dringendsten beheben will. Eine Punktabstimmung hilft Ihnen dabei, zu ermitteln, woran das Team wirklich arbeiten will.
- Legen Sie sich nicht auf mehr Aktionen fest, als vor der nächsten Retrospektive abgeschlossen werden können. Selbst zwei oder drei Aktionen, die in jeder Iteration beendet werden, können über mehrere Monate nachwirken.
- Wenn die Aktionen aus der letzten Retrospektive nicht abgeschlossen wurden, stellen Sie fest, woran das lag, bevor Sie weitere Aktionen hinzufügen.

| Kapitel 14 |

# Entwickeln Sie sich

*Investieren Sie in sich selbst. Führungsprinzip*

Wir haben im größten Teil des Buches darüber gesprochen, wie Sie Ihrem Team helfen können. Jetzt wollen wir über Sie reden. Es ist außerordentlich wichtig, dass Sie in sich selbst und in Ihr Lernen investieren, damit Sie sich als Person weiterentwickeln können und stets frische Ideen haben. Darüber hinaus müssen Sie auf sich achten, um mit den täglichen Anforderungen als agiler Coach Schritt zu halten.

Als Coach gehen Sie ständig irgendwelchen Änderungen voran, so dass es wichtig ist, dass Sie selbst offen für Änderungen bleiben. Nehmen Sie sich die Zeit, Ihre eigenen Leistungen und Erfahrungen auszuwerten und lernen Sie daraus, anstatt die gleichen Fehler zu wiederholen. Machen Sie sich neue Ideen zu eigen. Suchen Sie nach Wegen, um sich zu entwickeln und zu wachsen.

## 14.1 Möglichkeiten, Ihr Wissen zu erweitern

Sie können lernen, indem Sie Bücher, Artikel, Zeitschriften oder Websites lesen. Sie können sich Podcasts anhören, mit den Leuten reden oder lernen, indem Sie selbst etwas tun. Es gibt viele online verfügbare Diskussionen, Newsgroups und Webseminare, an denen Sie teilnehmen können.

Stellen Sie fest, wie Sie am besten lernen, und nehmen Sie sich Zeit dafür. Hier einige Vorschläge für den Anfang:

- Richten Sie es so ein, dass Sie ein technisches Buch pro Monat lesen.
- Beginnen Sie Ihren eigenen Blog.
- Tragen Sie zu einem Open-Source-Projekt bei.
- Schreiben Sie einmal am Tag an eine Community-Mailingliste.
- Hören Sie sich auf dem Weg zur Arbeit einen Podcast an.
- Nehmen Sie sich einen Abend pro Monat, um eine Interessensgruppe zu besuchen.

Vielleicht möchten Sie sich näher mit einem Thema befassen und lesen mehrere Bücher dazu. Oder möglicherweise stehen Sie mehr auf breiteres Wissen und behandeln mehrere Themen in einer Woche, indem Sie die Zeit für das Lernen entsprechend einteilen. Sie werden überrascht sein, wie viel Sie in einer Stunde lernen können.

Je vielfältiger das Material ist, das Sie sich zu Gemüte führen, umso mehr werden Sie lernen. Die Steigerung der Leistung eines Teams ist nicht nur in der Softwareentwicklung gefragt. Erweitern Sie Ihr Repertoire, indem Sie sich anschauen, wie vergleichbare Probleme in anderen Bereichen gelöst werden. Beziehen Sie Ihre Lektüre aus verschiedenen Wissensgebieten, darunter Coaching, Management und Psychologie.

**Geben Sie weiter, was Sie gelernt haben**

Geben Sie das Gelernte an andere Personen weiter, um Ihr Wissen zu festigen. Suchen Sie nach einer Gelegenheit, um Ihr Thema entweder an Ihrer Arbeitsstelle oder in einer speziellen Interessensgruppe zu präsentieren. Sie werden merken, dass sich Ihre Kenntnisse durch die Vorbereitungen verstärken. Wenn Sie dann den

Vortrag halten, werden Sie sich überzeugen können, dass Sie wirklich etwas gelernt haben.

Es ist in Ordnung, wenn Sie Ihre Präsentation damit einleiten, dass Sie kein Experte zu diesem Thema sind und Vorschläge vom Publikum begrüßen, falls dieses etwas beizutragen hat. Nach dem Vortrag beantworten Sie eventuelle Fragen und können auch damit Ihr Wissen erweitern.

**Machen Sie eine Schulung**

Es gibt einige ausgezeichnete Trainingskurse über Coaching, Moderation, Leitung und Sozialkompetenz. Trainingskurse bieten die Chance für Rollenspiele und zum Ausprobieren neuer Fähigkeiten in einer sicheren Umgebung, wo es kein Problem darstellt, einen Fehler zu machen und wo Sie keinen Schaden anrichten können.

Darüber hinaus gibt es Zertifikate, die Sie für Coaching und Moderation erwerben können, wie etwa den Certified Professional Facilitator der International Association of Facilitators (IAF). Die Zertifizierung erfordert ein umfassendes Wissen über ein Thema und kann Ihnen die Bestätigung geben, dass Sie die Dinge richtig anpacken.

> **Sprechen Sie mit Leichtigkeit**
> *von Liz*
> Vor einigen Jahren hatte ich eine Weile ziemliches Pech. Ich hatte eine Arbeitsstelle aufgegeben, die schlecht ausgegangen war, und es hatte eine ganze Zeit – und viele Vorstellungsgespräche – gedauert, eine neue Stelle zu finden. Ich hatte nur wenig Vertrauen in meine Arbeit. Es behagte mir nicht mehr, frei vor Leuten zu reden, die mir vorgesetzt waren.
>
> Aus einer Laune heraus entschloss ich mich, bei Toastmasters[1] mitzumachen. Jede Woche marschierte ich in eine Kneipe, wo wir vorbereitete Reden hielten und einander kritisierten.

---

1. Siehe http://www.toastmasters.org/

Ich war vor meiner ersten Rede sehr nervös. Mir wurde empfohlen, über mich selbst zu sprechen, also erzählte ich eine persönliche Geschichte. Die Rede kam recht gut an und ich erhielt viele positive Rückmeldungen. Mein Selbstvertrauen wuchs.

Im Laufe der nächsten zwei Jahre ging ich regelmäßig zu Toastmasters. Ich lernte, dass eine Rede Eindruck auf andere macht, wenn sie von Herzen kommt. Ich lernte, dass man mit Leidenschaft reden muss, um die Menschen zu gewinnen. Ich lernte außerdem, wie man andere konstruktiv kritisiert, wie man gute und auch schlechte Argumente in der Rede einer anderen Person findet und wie man dem anderen diese Information präsentiert.

Es war großartig, dies dort in einer sicheren Umgebung zu üben und mein Selbstvertrauen gedieh prächtig. Bald fühlte ich mich so wohl dabei, vor Publikum zu sprechen, dass ich begann, mich als Rednerin auf Konferenzen zu bewerben.

Ich würde Toastmasters jedem empfehlen, weil es von unschätzbarem Wert ist, wenn man die Art verbessert, wie man spricht, lernt, wie man Feedback gibt und empfängt, und außerdem lernt, wie man andere Leute von seiner eigenen Sicht überzeugt. Darüber hinaus gewinnt man gute Freunde und hat eine Menge Spaß.

## Rachel sagt ...

**Merken Sie sich, was Sie gelesen haben**

Ich lese viele technische Bücher und möchte mir immer die wichtigsten Punkte merken. Dafür gibt es einige hilfreiche Techniken.

Eine Technik, die mir von Linda Rising empfohlen wurde, besteht darin, hinten in das Buch eine Karte zu legen, auf der Sie beim Lesen interessante Zitate und Ideen notieren – zusammen mit den Seitenzahlen. Nachdem Sie das Buch fertiggelesen haben, rekapitulieren Sie es noch einmal, indem Sie eine Zusammenfassung dessen schreiben, was Sie aus dem Buch gelernt haben. Später können Sie das Buch aufschlagen, die Zusammenfassung zur Hand nehmen und schnell die Teile finden, auf die Sie zurückkommen wollen.

Eine andere Technik wird von Tony Buzan in *Use Your Head* [Buz03] beschrieben. Anstatt das Buch vorn zu beginnen und sich bis zum Ende durchzuarbeiten, fangen Sie das Buch so an wie ein Puzzle. Untersuchen Sie die Teile, sortieren Sie sie zu ähnlichen Stapeln, suchen Sie die Ecken und bauen Sie die Kanten zusammen. Setzen Sie zuerst die einfachen Teile zusammen und heben Sie sich die schwierigen Teile bis zum Schluss auf, wobei Sie immer wieder auf das große Bild auf dem Karton schauen.

Bevor Sie beginnen, das Buch zu lesen, legen Sie sich eine Mindmap dessen an, was Sie bereits über das Thema wissen. Werden Sie sich über Ihre Ziele und Fragen klar, die mit diesem Buch beantwortet werden sollen. Gehen Sie nun folgendermaßen vor:

- *Überblick:* Blättern Sie das Buch durch, um eine Vorstellung von dessen Struktur zu erhalten, indem Sie sich alles anschauen, was nicht zum eigentlichen Text gehört, also Abbildungen, Glossar usw.
- *Vorschau:* Lesen Sie nur die Einführungen und Zusammenfassungen der einzelnen Kapitel, um ein Verständnis für die wesentlichen Punkte des Buches zu entwickeln.
- *Einblick:* Lesen Sie den Inhalt, um Ihr Verständnis zu erweitern und überspringen Sie alle schwierigen Abschnitte.
- *Klärung:* Arbeiten Sie sich durch den Rest des Buches.

Erweitern Sie während der Lektüre Ihre Mindmap. Wenn Sie das Buch Monate oder Jahre später wieder einmal in die Hand nehmen, dann wird Ihnen diese Mindmap helfen, sich wieder an das zu erinnern, was Sie gelesen haben.

## 14.2 Einen Plan machen

Wir empfehlen Ihnen, einen persönlichen Entwicklungsplan aufzustellen. Denken Sie genau darüber nach, was Ihnen an Ihrem Job gefällt und wo Ihre Interessen liegen. Setzen Sie sich persönliche Ziele und Vorgaben, die Sie auf Ihrem Entwicklungsweg erreichen wollen. Sie müssen außerdem darüber nachdenken, wie viel Zeit und Geld Sie aufwenden können und wollen, um Ihren Plan umzusetzen.

Oft sind wir von der Einstellung der Angestellten zur beruflichen Weiterentwicklung überrascht. Wenn wir ihnen vorschlagen, ein Buch zu lesen oder ein Seminar zu besuchen, lautet die übliche Antwort: »Ich tue es, wenn ich meinen Arbeitgeber davon überzeugen kann, es zu bezahlen.« Rückt der Arbeitgeber dann kein Geld heraus, scheint es völlig außer Frage zu stehen. Wir empfehlen Ihnen, diese Haltung zu hinterfragen. In der Softwareindustrie hat man seinen Job selten ein ganzes Leben lang. Wie können Sie erwarten, dass Ihr Arbeitgeber in Ihre Entwicklung investiert, wenn Sie selbst nicht bereit sind, dies ebenfalls zu tun? Wollen Sie die Karriereleiter wirklich absteigen, anstatt sich selbst dafür verantwortlich zu fühlen, die Erfahrungen zu sammeln, die Sie brauchen, um auf dem gewählten Weg voranzukommen?

Übertreiben Sie es nicht. Denken Sie an Ihre anderen Verpflichtungen; Ihr Plan muss auch ausführbar sein. Falls Sie selbstständig arbeiten, ist es relativ einfach, ein Budget für den Erwerb von Büchern, die Teilnahme an Konferenzen und Schulungen einzuplanen. Als Angestellter sollten Sie Ihre Pläne mit Ihrem Vorgesetzten besprechen. Wenn Sie zeigen, dass Sie bereit sind, selbst Zeit und Geld einzusetzen, überzeugen Sie Ihren Manager vielleicht, Sie ebenfalls zu unterstützen. Wir sind sicher, dass Sie es nicht bereuen werden, auch wenn Sie keine finanzielle Unterstützung erhalten – zu lernen, lohnt sich immer.

## 14.3 Ihr Netzwerk ausbauen

Treffen mit anderen Leuten, die sich für agile Methoden und für Software interessieren, erlauben es Ihnen, sich neu auszurichten. Es erleichtert ungemein, wenn man anderen seinen Frust erklärt, hilft aber auch, seine Sicht auf die Dinge zu relativieren. Andere Leute haben andere Ideen, Erfahrungen und Standpunkte, die Ihr Denken herausfordern können.

Oft ist man in seinem eigenen Unternehmen so stark eingespannt, dass man den Wald vor lauter Bäumen nicht sieht, aber wenn man anderen zuhört, wird vieles auf einmal klarer. Sie werden außerdem feststellen, dass es eine gute Übung für das Coaching ist, wenn man sich selbst den Frust anderer Leute anhört und Vorschläge zu dessen Auflösung macht.

Beschränken Sie sich nicht nur auf die Software Community für agile Methoden. Suchen Sie Coaches und Moderatoren aus anderen Industrien, die Ihnen helfen können, die gewünschten Fähigkeiten zu entwickeln und die einen Blick auf Ihre aktuelle Situation gewinnen.

**Konferenzen**

Es gibt viele – große und kleine – Konferenzen, die sich der agilen Softwareentwicklung widmen.

Um neue Ideen und Einsichten zu gewinnen, sollte man wenigstens einmal im Jahr an einer Konferenz teilnehmen. Das ist außerdem eine Gelegenheit, sich der größeren agilen Community anzuschließen.

Die meisten Leute stellen fest, dass es ganz günstig ist, wenn man sich auch außerhalb der regulären Sitzungen mit den anderen Teilnehmern zusammensetzt, etwa in den Pausen oder später in einer Kneipe. Es gibt »agile Unkonferenzen«[1], die die Teilnehmer ermutigen, ihren eigenen Konferenzplan aufzustellen; Sie dürfen gern eine Sitzung zu einem Thema vorschlagen, das Sie interessiert.

Die Erfahrung wird für Sie vermutlich sogar noch wertvoller, wenn Sie auf einer Konferenz einen Workshop oder einen Erfahrungsbericht anbieten. Bei der Vorbereitung lernen Sie noch mehr über Ihr gewähltes Thema. Bei der Vorstellung treffen Sie dann mit Sicherheit auf Leute, die dies ebenfalls interessiert. Als Vortragender wird

---

1. Siehe http://www.agileopen.net/

die Konferenz für Sie außerdem preiswerter, weil die Registrierungsgebühr für Vortragende oft bezuschusst oder ganz erlassen wird.

**Konferenz-Junkie**
*von Rachel*
Ich gehe unwahrscheinlich gern zu Konferenzen und treffe mich mit Experten und Leuten vom Fach, um deren neueste Ideen kennenzulernen. Außerdem habe ich entdeckt, dass ich gern Konferenzen organisiere. Das fing mit dem XPDay im Jahre 2001 an. Im vorletzten Jahr habe ich die Agile-2008-Konferenz in Toronto mit 400 Sessions und 1.600 Teilnehmern geleitet. Dadurch habe ich eine Menge über die Leitung verteilter Teams gelernt.

Sie müssen ja nicht so weit gehen und agile Konferenzen durchführen; selbst als Gutachter macht man schon außergewöhnliche Erfahrungen. Sie lernen, wie Entscheidungen über den Inhalt des Programms getroffen werden. Das hilft Ihnen dann bei der Vorbereitung Ihrer eigenen Sitzungen.

## Benutzergruppen

Eine weitere großartige Möglichkeit, Ideen auszutauschen und Unterstützung zu erhalten, bieten lokale agile Interessensgruppen. Diese Gruppen treffen sich normalerweise wöchentlich oder monatlich in Kneipen oder im Büro. Bei einigen Gruppen werden Vorträge gehalten, andere sind eher informell.

Benutzergruppen gibt es auf der ganzen Welt[1]. Da sie meist irgendwo in der Nähe angesiedelt sind, treffen Sie dort Leute, die zu Freunden oder Mentoren werden und Ihnen regelmäßig helfen können.

Auch Mailinglisten und Onlineforen bieten sich an. Aktive agile Gruppen gibt es unter anderem bei Yahoo!, Google und LinkedIn. Diese Online-Communities haben einen viel größeren Wert für Sie,

---

1. Siehe http://www.agilealliance.org/usergroups

wenn Sie sich aktiv beteiligen und nicht nur heimlich mitlesen. Sie können etwas lernen, indem Sie die Gespräche nachlesen. Wenn Sie auf Fragen antworten wollen, sind Sie gezwungen, selbst stärker über das Problem nachzudenken. Indem Sie Ihre Antwort konstruktiv formulieren, üben Sie das Trainieren von Leuten in unterschiedlichen Situationen.

## 14.4 Persönliche Reflexionen

Denken Sie über die Erfahrungen nach, die Sie gemacht haben und fragen Sie sich, wie die aktuellen mit früheren Erfahrungen verknüpft sind und was Sie daraus lernen können. Falls etwas funktioniert hat, das Sie getan haben, was war es? Wieso hat es funktioniert? Würde es das wieder tun? Was ist schiefgegangen, wenn Ihre Aktionen nicht die gewünschte Wirkung hatten? Wie würden Sie sich künftig in einer ähnlichen Situation verhalten?

### Führen Sie ein Tagebuch

Erwägen Sie, täglich oder wöchentlich etwas in ein Tagebuch zu schreiben. Das ist eine ziemlich gute Methode, um über die eigene Leistung nachzudenken und sie zu verbessern.

#### Mein Tagebuch
*von Liz*

Ich verbringe gern die erste halbe Stunde meines Arbeitstages in meinem verschlossenen Büro, wo ich dann etwas in mein Tagebuch schreibe und die Einträge des vergangenen Tages lese. An einem Schreibtisch mitten in einem Großraumbüro kann ich einfach nicht nachdenken und in das Tagebuch schreiben, weil es nicht privat ist und weil das Tagebuchschreiben eine Menge In-die-Luft-starren und Am-Stift-kauen erfordert.

Das Niederschreiben Ihrer Gedanken hilft Ihnen dabei, über die aktuelle Lage und über Ihr Handeln nachzudenken. Während Sie Ihr Verhalten untersuchen, überlegen Sie sich alternative Wege, die

Sie hätten gehen können. Zwingen Sie sich, wenigstens drei Seiten zu schreiben, weil Sie mehr als nur das Offensichtliche schreiben und tiefer liegende Reaktionen ans Tageslicht holen müssen, damit das Tagebuch überhaupt einen Sinn hat. Das Schreiben eines Tagebuchs ist nicht einfach. Manchmal ist es mühsam, zu artikulieren, was man fühlt, und es ist fast schmerzhaft, ehrlich zu sein und sich einzugestehen, woher die Probleme stammen.

Lesen Sie regelmäßig in Ihrem Tagebuch. Sie werden überrascht sein, wie weit Sie gekommen sind. Möglicherweise zeigen sich nun Muster, die Ihnen vorher gar nicht bewusst waren. Im Nachhinein werden Sie von Ihren anfänglichen Reaktionen und Gedanken überrascht sein. Sie sind vielleicht freundlicher zu Ihrem vergangenen Selbst und merken, dass nicht alles Ihr Fehler war – sondern dass auch andere Faktoren im Spiel waren.

**Erfolgstagebuch**

Eine sinnvolle Variante eines Tagebuchs ist ein Erfolgstagebuch, in dem Sie nur über die Dinge schreiben, die Sie gut gemacht haben. Denken Sie über all die guten Dinge nach, die Sie getan haben, anstatt sich nur selbst zu kritisieren. Mit der Zeit kann dies zu einem ausgesprochen erfolgreichen Werkzeug werden, weil Ihre Zuversicht wächst und Sie merken, dass Sie doch ziemlich viele Dinge richtig machen. Denken Sie daran, dass *Sie bekommen, worauf Sie sich konzentrieren.*

Erfolg zieht Erfolg nach sich, Probleme brüten weitere Probleme aus.

Dieses Vorgehen gehört zu einem Ansatz namens *Appreciative Inquiry* (etwa: wertschätzende Befragung), der in vielen Situationen angewandt werden kann. Die zugrunde liegende Idee besteht darin, Organisationen um das herum aufzubauen, was funktioniert, anstatt das zu reparieren, was nicht funktioniert. Sie könnten z.B. eine Retrospektive durchführen, in der das Team nur das diskutiert, was gut funktioniert.

## 14.4 – Persönliche Reflexionen

Natürlich gilt auch der folgende Ratschlag: »Falls Sie das tun, was Sie immer getan haben, werden Sie das bekommen, was Sie immer bekommen haben.«[1] Versuchen Sie das Gleichgewicht zwischen der Konzentration auf Ihre Stärken (und wie Sie sie stärker ausnutzen können) und der Suche nach dem, was verbessert werden muss, zu halten. Denken Sie immer daran, dass sehr erfolgreiche Leute den größten Teil ihrer Zeit damit verbringen, das zu tun, was sie gut können.

### Nehmen Sie sich einen Coach

Wenn man mit jemandem spricht, ist man anschließend oft in der Lage, seine Probleme zu lösen. Der andere sieht möglicherweise viel schneller als Sie, wie Sie sich in eine bestimmte Lage gebracht haben. Und wenn er Sie erfahren und taktvoll auf Ihre vergangenen Fehler aufmerksam macht, werden Sie wahrscheinlich auch etwas lernen.

Es ist auch ganz gut, wenn man den Spieß einmal umdreht und merkt, wie es ist, wenn man *trainiert wird*. Sie lernen nicht nur Tipps und Techniken für Ihre eigene Arbeit als Coach kennen, sondern können sich hinterher in die Lage Ihrer Schützlinge versetzen. Wenn es richtig gemacht wird, belebt und stärkt es Sie; ist das Training dagegen schlecht, fühlen sie sich unbehaglich und setzen ihm Widerstand entgegen.

Gibt es an Ihrer Arbeitsstelle keinen passenden Trainer für Sie, dann könnten Sie jemanden aus Ihrer lokalen Benutzergruppe oder von einer Konferenz fragen. Der Trainer kann auch telefonisch und per E-Mail mit Ihnen zusammenarbeiten, besser ist es aber, wenn Sie sich einmal im Monat zum Essen oder auf einen Kaffee treffen. Diskutieren Sie, was im Laufe des letzten Monats geschehen ist, welche Höhepunkte es gab und über welche Fehler Sie sich Sorgen machen, was Sie gelernt haben und was Sie noch lernen wollen.

---

[1]. Zitat von Anthony Robbins

Setzen Sie sich Ziele für den nächsten Monat, und zwar bevorzugt SMART[1]-Ziele, die innerhalb eines Monats erreicht werden können. Ein persönlicher Trainer kann Sie weiter bringen als Sie sich selbst, und zwar, indem er Sie herausfordert.

**Eine Pause einlegen**
Nehmen Sie sich während Ihres Tages Zeit, um nachzudenken. Ein Spaziergang bietet eine ausgezeichnete Gelegenheit, um nachzusinnen, wie die Dinge laufen und um die Zukunft zu planen. Schwimmen, Gehen, Laufen, Yoga oder sogar ein heißes Bad eignen sich ausgezeichnet, um zu reflektieren und sich zu entspannen. Wichtig ist, dass Sie nicht unterbrochen werden, damit Sie loslassen und die Gedanken treiben lassen können. Von der Zukunft zu träumen, ist ein bedeutender Schritt, um sie wahr werden zu lassen. Die Gedanken brauchen Zeit, um vom Unbewussten in Ihr Bewusstsein zu wandern. Sie brauchen Zeit, um mit sich selbst zu reden.

Falls Sie sich nicht die Zeit nehmen, sich zu entspannen, werden Sie nicht in der Lage sein, Ereignisse in einen bestimmten Kontext einzuordnen. Wenn Sie unter Stress stehen, scheint alles viel größer, schlimmer und wichtiger zu sein, als es tatsächlich ist.

Versuchen Sie, die Dinge zu relativieren. Wovon sind Sie genervt? Wird es immer noch so wichtig wirken, wenn Sie in einem Jahr auf die heutigen Ereignisse zurückschauen? Müssen Sie sich wirklich solche Sorgen machen, falls das nicht so ist?

Uns gefällt dieses Zitat von Edith Seashore: »Eines Tages werden wir darauf zurückschauen und lachen. Wieso nicht jetzt?«[2]

---

1. Specific, Measurable, Achievable, Realistic, Timely, also spezielle, messbare, erreichbare, realistische, zeitgerechte
2. Persönliche Kommunikation von Gerald M. Weinberg

## 14.5 Sich einrichten

Als agiler Coach müssen Sie ein dickes Fell entwickeln; Sie dürfen sich nicht aufregen, wenn die Leute nicht Ihren Ratschlägen folgen. Nicht jeder wird gern herausgefordert und möglicherweise lässt man dies dann an Ihnen aus.

**Seien Sie freundlich**

Seien Sie nicht nur zu sich selbst freundlich, sondern auch zu anderen. Gehen Sie immer davon aus, dass alle ihr Bestes geben und für alle Aktionen einen Grund haben. Das Beste mag aus irgendwelchen Gründen nicht besonders toll sein und vielleicht verstehen Sie auch die Motivation nicht, aus der heraus jemand auf eine bestimmte Weise handelt, aber Sie sollten dennoch versuchen, es zu verstehen. Auf keinen Fall dürfen Sie im Nebel stochern und anschließend den anderen verurteilen und über ihn tratschen. Reden Sie mit den Leuten – Sie werden vielleicht überrascht sein.

Verurteilen Sie niemanden, versuchen Sie lieber, sich in seine Lage zu versetzen. Es kann alle möglichen Ursachen haben, dass die Leistung der Leute bei der Arbeit nachlässt. Ihr Privatleben ist vielleicht durcheinander oder möglicherweise machen sie sich Sorgen um ihren Job. Sie könnten das Gefühl haben, dass sie ihre Werte verraten oder sie fühlen sich einfach unbehaglich. Wenn Sie noch nie schlecht gearbeitet haben, dann können Sie sich glücklich schätzen. Vermutlich waren Sie dann noch nie einer wirklich stressigen Situation ausgesetzt.

**Der Weg nach vorn**

Lassen Sie Ihren Job nicht langweilig werden. Falls Sie das Gefühl haben, Ihrer momentanen Rolle entwachsen zu sein, dann gibt es ja vielleicht in Ihrem Unternehmen noch andere Möglichkeiten.

- Können Sie in ein neues Team, ein neues Projekt oder eine andere Abteilung wechseln?

- Können Sie mehr Leute trainieren als zuvor?
- Können Sie andere Jobrollen trainieren als bisher?
- Können Sie jemand anderem als Mentor dienen?

### Liz sagt ...

**Seien Sie freundlich zu sich selbst**

Ich war einmal bei einer Konferenz und beschwerte mich bei jemandem, den ich sehr schätzte, über all die Fehler, die ich bei der Arbeit machte, und wie schwer es sei, ein Team zu trainieren. Sie schaute mich an und sagte:

»Glaubst du etwa, dass andere Leute keine Fehler machen?«

»Nun ja, nein. Ich schätze, jeder macht mal einen Fehler.«

»Wieso bist du dann so streng zu dir selbst?«

»Weil ...« Mir gingen hundert Gründe durch den Kopf, wie etwa: Man erwartet, dass ich gut bin, es ist peinlich, so offensichtliche Fehler zu machen, ich möchte besser sein.

»Sei freundlich zu dir selbst«, sagte sie.

Das traf mich wirklich. Wie die meisten Leute bin ich zu mir selbst sehr streng. Ich erwarte von mir, keine Fehler zu machen, besser zu sein, immer kompetent zu sein. Wieso nicht einmal freundlich zu mir selbst sein? Wenn mein Sohn einen Fehler macht, nehme ich ihn in den Arm, sage ihm, dass er sich keine Sorgen machen muss und erzähle ihm, dass beim nächsten Mal alles besser wird. Wieso mache ich das nicht auch bei mir?

Wir hoffen, dass dieses Buch Ihnen ein nützlicher Ratgeber auf Ihrem Weg zum agilen Coach war und Sie zu interessanten Orten geführt hat. Nehmen Sie zum Schluss folgende Abschiedsworte von uns mit auf Ihre Reise: Achten Sie auf die vor Ihnen liegende Straße, damit Ihre Karriere den Weg nimmt, den Sie sich wünschen. Sorgen Sie dafür, dass Ihre Arbeit immer eine Herausforderung für Sie bleibt – am besten immer etwas schwieriger als nötig, damit Sie wirklich am Ball bleiben.

## 14.6 Checkliste

- Nehmen Sie sich Zeit zum Lernen. Planen Sie jeden Monat, was und wie Sie lernen wollen.
- Nehmen Sie sich Zeit zum Zurückschauen. Die besten Lektionen erhalten Sie nicht aus einem Buch, sondern aus Ihren eigenen Fehlern – ob klein oder groß.
- Nehmen Sie sich Zeit zum Stressabbau. Die Arbeit kann ziemlich wichtig aussehen und man lässt sich leicht davon auffressen. Bewahren Sie eine vernünftige Sicht auf die Dinge, indem Sie sich jeden Tag Zeit für sich selbst nehmen.
- Treffen Sie sich mit anderen Leuten, die sich für die gleichen Dinge interessieren wie Sie. Lokale Interessengruppen und Konferenzen eignen sich hervorragend, um Leute zu treffen, die Ihnen helfen, Ihre Leidenschaft für agile Methoden lebendig zu erhalten.
- Seien Sie freundlich zu sich selbst. Verzeihen Sie sich Ihre Fehler. Lernen Sie aus ihnen, berichtigen Sie sich und machen Sie dann weiter.
- Seien Sie freundlich zu anderen. Vermuten Sie bei anderen keine bösen Absichten. Finden Sie stattdessen heraus, weshalb sie so handeln, wie sie es tun. Differenzen in Meinungen und Stil sind gut für ein Team.
- Lassen Sie Ihre Arbeit nie langweilig werden. Halten Sie sich stets zur Arbeit an, ansonsten macht es irgendwann keinen Spaß mehr.

| ANHANG |

# Bibliografie

[Bec00]  Kent Beck. Extreme leadership: Celebrate accomplishment. Datei auf Extreme-Programming-Diskussionsliste, 2000.
[Bec07]  Kent Beck. Implementation Patterns. Addison-Wesley, Reading, MA, 2007.
[Bel05]  Arlo Belshee. Promiscuous pairing and beginner's mind: Embrace inexperience. Proceedings der Agile-2005-Konferenz, Seiten 125-131, Juli 2005.
[Bon93]  Edward De Bono. Six Action Shoes. HarperCollins Publishers Ltd, London, 1993.
[Buz03]  Tony Buzan. Use Your Head. BBC Active, London, UK, 2003.
[Coh06]  Mike Cohn. Agile Estimating and Planning. Prentice Hall, Englewood Cliffs, NJ, 2006.
[DL06]  Esther Derby und Diana Larsen. Agile Retrospectives: Making Good Teams Great. The Pragmatic Programmers, LLC, Raleigh, NC, und Dallas, TX, 2006.
[Eme01]  Dale H. Emery. Resistance as a resource. Datei auf Website, 2001.
[Fea04]  Michael Feathers. Working Effectively with Legacy Code. Prentice Hall, Englewood Cliffs, NJ, 2004.

Deutsch: Effektives Arbeiten mit Legay Code. mitp-Verlag, 2010.

[Gre] James Grenning. Planning poker or how to avoid analysis paralysis while release planning. http://www.renaissancesoftware.net/files/articles/PlanningPoker-vi.1.pdf.

[Her93] Frederick Herzberg. The Motivation to Work. Transaction Publishers, Piscataway, New Jersey, 1993.

[Hil] Linda A Hill. Becoming a Manager. Harvard Business School Press, Boston.

[HMMP] Julian Higman, Tim Mackinnon, Ivan Moore und Duncan Pierce. Innovation and sustainability with gold cards. http://www.agilealliance.com/system/article/file/999/file.pdf.

[HT00] Andrew Hunt und David Thomas. The Pragmatic Programmer: From Journeyman to Master. Addison-Wesley, Reading, MA, 2000.

[Hun08] Andy Hunt. Pragmatic Thinking & Learning: Refactor Your Wetware. The Pragmatic Programmers, LLC, Raleigh, NC, und Dallas, TX, 2008.

[Jan82] Irving L. Janis. Group Think. Houghton Mifflin, Boston, Massachusetts, 1982.

[Jef] Ron Jeffries. Essential XP: Card, conversation, confirmation. http://www.xprogramming.com/xpmag/expCardConversationConfirmation.htm.

[Ker01] Norman L. Kerth. Project Retrospectives: A Handbook for Team Reviews. Dorset House, New York, 2001.

[KLT+96] Sam Kaner, Lenny Lind, Catherine Toldi, Sarah Fisk und Duane Berger. The Facilitator's Guide to Participatory Decision-Making. New Society Publishers, Gabriola Island, BC, 1996.

[Kni07] Henrik Kniberg. Scrum and XP from the Trenches. InfoQ, Toronto, 2007.

[Koh93]  Alfie Kohn. Punished by Rewards: The Trouble with Gold Stars, Incentive Plans, A's, Praise, and Other Bribes. Houghton Mifflin Company, Boston, 1993.

[Len05]  Patrick Lencioni. Overcoming the Five Dysfunctions of a Team: A Field Guide. Jossey-Bass, A Wiley Company, San Francisco, 2005.

[Lit03]  Jim Little. Change your organization (for peons). Proceedings der 2003 Agile Development Conference, Seiten 54-59, Juni 2003.

[LV09]  Craig Larman und Bas Vodde. Scaling Lean and Agile Development. Addison-Wesley, Reading, MA, 2009.

[Mar08]  Robert C. Martin. Clean Code: A Handbook of Agile Software Craftsmanship. Prentice Hall, Englewood Cliffs, NJ, 2008.
Deutsch: Clean Code. mitp-Verlag, 2009.

[MR04]  Mary Lynn Manns und Linda Rising. Fearless Change: Patterns for Introducing New Ideas. Addison-Wesley, Reading, MA, 2004.

[Nor06]  Dan North. Behavior modification. Better Software, März 2006.

[Ohn88]  Taiichi Ohno. Toyota Production System: Beyond Large Scale Production. Productivity Press, New York, 1988.

[PP06]  Mary Poppendieck und Tom Poppendieck. Implementing Lean Software Development: From Concept to Cash. Addison-Wesley, Reading, MA, 2006.

[Roc06]  David Rock. Quiet Leadership. Harpercollins, New York, 2006.

[Ros03]  Marshall Rosenberg. Nonviolent Communication: a Language of Life. Puddle Dancer Press, Encinitas, CA, 2003.

[Wak04]  William C. Wake. Refactoring Workbook. Addison-Wesley, Reading, MA, 2004.

[Wei85]  Gerald M. Weinberg. The Secrets of Consulting. Dorset House, New York, 1985.

# Index

**A**

Action Shoes 271
Agile
    als Religion 60, 62, 102, 127, 142, 144, 173
Agile Estimating and Planning 147
Agile Planungssoftware 168, 192
Agile Retrospectives 275
Agile Toolkit 28
agiles Coaching 21
    Angewohnheiten 24
    Ausbilden 23
    Checkliste 42
    Einstieg 28
    Feedback 23
    Hindernisse 40
    Mindmap für 23
    Moderieren 23
    Tempo 35
    Tempo und 25
    Unterstützen 23
    Verantwortung 21
    Vorbereitung 28
Aktionen 271
    Lösen von Problemen 272
Aktionsplan 271
Akzeptanztests 214
Analysestarre 222
Angewohnheiten 24
Appreciative Inquiry 290
Arbeitsbereich 85
    aufräumen 173
Artikel 281

**B**

Backlog 189
Beck, Kent 65, 225
Becoming a Manager 38
Beginner's Mind 236
Belbin-Test 86
Belshee, Arlo 236
Benutzergruppe 28
Benutzergruppen 288
Beobachten, in agilem Coaching 23
berufliche Weiterentwicklung 286
Blogs 282
Bücher 281
Bug Reports 188
Bug Tracker 195
Bugs 185
    als Story Test 185
    Bug Tracker 188
Bug-Tracker
    Trac 190
Build Token 210
Build-o-matic 212
Burndown Chart 170
Burndown-Chart
    Aktualisierung 171
Burnup Chart 170
Buzan, Tony 285

**C**

Card, Conversation, Confirmation 125
Certified Professional Facilitator 283
Change Your Organization (For Peons) 36
Cirillo, Francesco 241
Clean Code 231
Coach 113
Coaching-Einstellung 23
Code
    Checkliste 242
    Design 222
    einchecken 208
    gemeinsamer Codebesitz 229
    Hindernisse 238

inkrementelles Design 221
integrieren 209
Kommentare 227, 228
lesbarer 225
Pair Programming 235
Programmierstil 229
sauberer 221
Verantwortung für 233
Code-Kata 205
Coding-Dojo 205, 207, 212, 226, 229, 239, 241, 265, 271, 278
Cohn, Mike 147
Comic-Charaktere 212
Continuous Integration (CI) 206, 207

**D**
De Bono, Edward 271
Demo
    Ablaufreihenfolge 247
    Checkliste 259
    Hindernisse 256
    technische Voraussetzungen 250
    Teilnehmer 246
    vorbereiten 246
Demo-Meeting 245
Deployment-Tests 256
Derby, Esther 274
Design 222
    Zeit für 223
Diagramme 169
Dinwiddie, George 82
Dokumentation 136
Drei-Fragen-Format 105

**E**
Edison, Thomas 89
Elefanten im Raum 270
elektronische Tafeln 168
Emery, Dale 63
Erfolg
    feiern 255
Erfolg feiern 92
Erfolgstagebuch 290
Ergebnisse
    demonstrieren 245
externe Tester 195
Externer Trainer 29
Extreme Leadership 65
Extreme Tuesday Club 37

**F**
Facilitator's Guide to Participatory Decision-Making 54
Fassung bewahren 25

Fearless Change
    Patterns for Introducing New Ideas 73
Feathers, Michael 207
Feedback 23, 48, 252
    Build-Status 211
    Checkliste 58
    des Kunden 245
    frühes 191
    geben und empfangen 284
    Hindernisse 56
    Kommunikation 48
    positive Rückmeldung 50
Fertig werden 179
    Checkliste 196
    Hindernisse 194
    Velocity 194
»fertig«
    Checkliste 182
    Definition 181, 224
    Story Tests 181
FIT 136
Fragen 65
    Denkfragen 68
    Fünfmal Wieso 69
    keine stellen 70
    reflektierende 68
Führen, durch Beispiel 24
Fünfmal 69

**G**
Geduld 25
Gefühlsseismograph 266, 269
gemeinsamer Codebesitz 229
gewaltfreie Kommunikation 53, 63, 73, 84, 86, 149, 153, 189, 201, 205, 207, 212, 226, 239, 241, 265, 271, 278
Gold Cards 91
Gradients of Agreement 54, 204, 230
Grenning, James 149
Grundirrtum der Attribution 275

**H**
Hauptdirektive 275
Herzberg, Frederick 93
Hilfe, bitten um 67
Hill, Linda 37
Hit Rate 154
Hofstede, Geert 58
Hunt, Andy 57, 233
Hygienefaktoren 93

**I**
im Hintergrund zuhören 47

# Index

Implementation Patterns 225
Implementing Lean Software Development 196
Informationsverteiler 104
inkrementelles Design 221
Innovation 90
Innovation and Sustainability with Gold Cards 91
International Association of Facilitators 283
Interner Trainer 31
Iterationen anlegen 150
Iterationsplan 147
Iterationsretrospektiven 276

## J
Jeffries, Ron 124

## K
Kanban 153
»Kaputte Fenster«-Theorie 233
Karteikarten 126
Karten 126
Kerth, Norm 263
Klebezettel 126, 264
Kniberg, Henrik 261
Kohn, Alfie 93
Kommentare 228
Kommunikation
    Feedback 48
    Sprache 26
Konferenzen 287
    reden auf 284
Konflikte lösen 51
Körpersprache 46
Koskela, Lasse 155
Kultur 57
Kunden 226

## L
Larsen, Diana 274
Lebenszyklus einer User-Story 124
Lencioni, Patrick 84
Lernen 23, 27
    auf Konferenzen 74
    ermutigen zum 72
    Gelegenheiten schaffen zum 72
    Lösen von Problemen 272

## M
Mailinglisten 288
Marcano, Antony 189
Martin, Bob 231
Meetings

Essen 252, 294
Feedback 252
Konflikte 157
moderieren 75
nicht die Sekretärin spielen 145
Moderieren 23
Moore, Ivan 212
Motivation 89
Murray, Bill 261
Myers-Briggs-Typindikator (MBTI) 86

## N
Netzwerk
    ausbauen 286
Newsgroups 282
Nonviolent Communication 53
North, Dan 131
Notizen 49, 252

## O
Ohno, Taiichi 69
Online-Diskussionen 281
Onlineforen 288
Overcoming the Five Disfunctions of a Team 84

## P
Paarmatrix 169
Pair Programming 202, 227, 235
    Driver 235
    Navigator 235
    Pingpong-Programmierung 239, 241, 265, 271, 278
Pausch, Randy 270
Performancetests 181
persönliche Reflexionen 289
persönlicher Entwicklungsplan 285
Planen 139
    Prioritäten 141
    vorbereiten 140
Planungspoker 149
Podcasts 281
Pomodoro-Technik 241, 265
Poppendieck, Mary 196
Pragmatic Thinking and Learning
Refactor Your Wetware 57
Probleme 110
Programmierstil 229
Project Retrospectives 263, 275
Promiscuous Pairing and Beginner's Mind 236
PrOpER-Zyklus 33, 61, 200, 234
Punished by Rewards 93

## Q
Quiet Leadership
  Six Steps to Transforming Performance at Work 68

## R
Real Programmers Use Sign Language 236
Refactoring 225
  Werkzeuge 228
Refactoring Workbook 225
Regeln 111
Release Burnup Chart 172
Release-Pläne 154
Release-Retrospektiven 277
Resistance as a Resource 63
Retrospektiven 261
  Aktionsplan 271
  breiter gefasste 276
  Checkliste 280
  Diskussion 269
  gestalten 273
  Grundregeln 275
  Hindernisse 278
  moderieren 262
  nächste Iteration 270
  Vorbereitungen 274
Rising, Linda 52, 284
Rock, David 68
Rollen
  Entwickler 87
  Kunde 87
  User Stories 88
Rosenberg, Marshall 53

## S
Scaling Lean and Agile Development 95
Scotland, Karl 153
Scrum and XP from the Trenches 261
Scrum of Scrums 117
Scrum-Methode 111
Shore, James 36, 209
Sicherheitstest 277
Sichtbarkeit 161
  bestehende Tests 216
  Comic-Charaktere 165
  Diagramme 169
  Retrospektive 171
  Teamboard 162
SMART Ziele 292
Software veröffentlichen 255
Source Control 182
South Park Studio 212
»Spieler-Trainer« 38
Spike 146
Sprache 26
Sprech-Token 107
Standup 101
Standup Chekov 105
Story Tests 130, 181
Story-Kartenmatrix 147
Story-Punkte 154
Story-Tests
  ausarbeiten 132
  Vorausgesetzt-Wenn-Dann 131
Studiengruppe 73, 84, 86, 149, 153, 189, 201, 205, 207, 212, 226, 239, 241, 265, 271, 278

## T
Tagebuch 289
Tägliches Standup-Meeting 101
  Ablauf 106
  Checkliste 120
  Dauer 116
  Drei-Fragen-Format 105
  Eingreifen als Coach 113
  Hindernisse 114
  Probleme 110
  Regeln 111
  Schwerpunkt für das Team festlegen 106
  Stehen oder Sitzen? 103
  Teilnehmer 109
  Zeit 112
  Zweck 104
  zweiteiliges 109
Team 28
  Vorstellung 28
Team Workshop 223
Teamboard 104, 154, 162, 193
  aufräumen 173
  Checkliste 176
  Hindernisse 174
  Karten 166
  Materialien 165
  pflegen 173
Teams 81
  Arbeitsbereich 85
  aufbauen 81
  Checkliste 97
  Hindernisse 94
  Kapazität 148
  Kommunikation 85
  Motivation 89
  Rollen 87
  Teamrituale 211
  Typbewertungen 86, 149, 153, 189

# Index

Vertrauen 82
Ziel 90
Zusammenhalt von 82
Tech Talks 74
Test Doubles 202
Test-Driven Development (TDD) 199
Testen 180
   einplanen 183
   Entwickler 180
   externe Teams 180
   fehlgeschlagene Tests 188
   Kunden 180
   Tester 180
Test-Framework
   FIT 136
testgetriebene Entwicklung 200
   Beschreibung 201, 205, 207, 212, 226, 239, 241, 265, 271, 278
   Einführung 200
testgetriebener Entwurf 201
Tests 199
   Abdeckung 216
   Akzeptanz durch das Team 204
   Akzeptanztests 214
   Checkliste 218
   Hindernisse 216
   langsam laufende 214
Teststrategie 206
The Motivation to Work 93
The Pragmatic Programmer 233
The Secrets of Consulting 39
Thomas, Dave 205, 233
Toastmasters 283
Toyota-Produktionssystem 153
Trac 190
Tracking 154
Training 23
Trainingskurse 283
Triangulation 147
Typbewertungen 86, 149, 153, 189

## U

Und täglich grüßt das Murmeltier 261
Unit Tests 181, 202, 207
Unit-Tests
   Regeln 207, 212, 226, 239, 241, 265, 271, 278
Use Your Head 285
User Stories 88, 123
User-Stories
   berechnen 146
   Checkliste 137, 159
   Gespräche 125
   gruppieren 147
   Hindernisse 135, 155
   Kalkulation 146
   Karten 126
   Lebenszyklus 124
   präsentieren 141
   schätzen 142
   Story Tests 130
   unfertige 192, 257
   Vorlagen 128
   zerlegen 144

## V

Velocity 148, 154, 169, 206, 253
Vertrauen 47
   bewahren 47
Verzweigungsstrategien 217
Vodde, Bas 272

## W

Wake, Bill 225
Webseminare 282
Websites 281
Wechsel
   als Experiment 64
   Anteilnahme entwickeln für 64
   Checkliste 79
   Hindernisse 77
   Motivation 59
   vorstellen 59
Weinberg, Jerry 39
Weiterentwicklung 281
   Checkliste 295
Who Do You Trust? (Vortrag) 52
Wissen erweitern 281
Working Effectively with Legacy Code 208

## Z

Zeit für das Standup-Meeting 112
Zeit, für Training 40
Zeitmanagement
   Pomodoro-Technik 241
Zeitschriften 281
Zeitstrahl 264
Ziele
   SMART 292
Zuhören 44
   im Hintergrund 47
   klärende Fragen 46
   Körpersprache 46
Zurückspulen und Schneller Vorlauf 16, 35, 52, 60, 62, 102, 127, 142, 144, 173
Zustimmung aufbauen 54

Chad Fowler

# The PASSIONATE PROGRAMMER
# Der leidenschaftliche Programmierer

## Wie Programmierer ihre berufliche Laufbahn erfolgreich gestalten

Dieses Buch ist ein inspirierender Wegweiser für Programmierer und Softwareentwickler. Chad Fowler zeigt Ihnen, wie Sie sich nachhaltig persönlich weiterentwickeln können, um Ihre eigene berufliche Laufbahn erfolgreich zu gestalten und Schritt für Schritt Ihre eigenen Ziele zu verfolgen und zu realisieren.

Wenn die Softwareentwicklung für Sie eine Leidenschaft ist, dann werden Sie mit diesem Buch lernen, wie es Ihnen gelingt, Ihre Fähigkeiten bestmöglich zu entfalten und in Ihrer beruflichen Laufbahn Anerkennung und Erfolg zu erlangen.

Chad Fowler berichtet aus eigener Erfahrung, worauf es im Beruf ankommt, und macht Ihnen deutlich, dass Sie Ihre berufliche Entwicklung nicht dem Zufall überlassen, sondern selbst in die Hand nehmen sollten. Dies erfordert Nachdenken, Handeln und die Bereitschaft, einen eingeschlagenen Weg zu ändern.

Wählen Sie den Markt und die Technologien, mit denen Sie sich beschäftigen, gezielt und bewusst aus. Investieren Sie in Ihre eigenen Fähigkeiten. Lernen Sie, wie Sie Ihre Fähigkeiten wie ein Produkt behandeln und vermarkten müssen, um damit erfolgreich zu sein. Sie werden erfahren, wie Sie Ihre Situation selber positiv beeinflussen und verbessern können.

Chad Fowler gibt Ihnen praktische Anleitungen und für jeden umsetzbare Methoden an die Hand und erläutert Ihnen die notwendigen Schritte, die für Sie wichtig sind, um die eigenen Wünsche und Fähigkeiten zu erkennen, weiterzuentwickeln und diese auch gut verkaufen zu können.

Beispielhafte Laufbahnen erfolgreicher Softwareentwickler zeigen Ihnen, wie es andere geschafft haben.

Mit diesem Buch kann jeder seine persönliche Entwicklung ganz individuell gestalten. Es wird Ihr Leben, Ihre Einstellungen und Ihre Motivation positiv verändern! Und Sie werden Erfolg damit haben!

„Das Großartige an diesem Buch ist, dass es zahlreiche Handlungsanweisungen enthält – Dinge, die ich tun kann. Es macht deutlich, dass die Verantwortung für meine Situation dort liegt, wo sie hingehört – bei mir. Dieses Buch arbeitet heraus, was ich heute tun kann. Und morgen. Und im Rest meiner beruflichen Laufbahn."
Kent Beck, Programmierer

„Knapp sechs Monate, bevor ich dieses Buch las, stand ich kurz davor, meinen Beruf zu wechseln. Mehrere Zufälle brachten mich dazu, nicht nur bei der Softwareentwicklung zu bleiben, sondern aus ihr eine Leidenschaft zu machen, die ich wirklich meistern wollte. Dabei diente mir dieses Buch mit seiner gesunden Prise Inspiration als Wegweiser zu meinen Zielen."
Sammy Labri, Chief Spaghetti Coder

Probekapitel und Infos erhalten Sie unter:
www.it-fachportal.de/5885

ISBN 978-3-8266-5885-3